実務事例
会計不正と粉飾決算の発見と調査

松澤綜合会計事務所
Matsuzawa General Accounting Office

日本加除出版株式会社

まえがき

本書の特長

　社会の目が厳しさを増す中，企業の会計不正や粉飾決算の発覚は，その企業の存続にも関わる重大なリスクとなっている。例えば，投融資元の担当者が，融資先・投資先の過去の業績，財務数値を正確に理解できないということは，その企業の実情を反映しない事業計画を受入れることにつながり，投融資を実行してしまうという誤った意思決定を招く結果となる。また，会計監査人が監査先の財務数値を正確に理解できないということは，当該決算書や財務諸表が正しいと保証してしまう結果となり，投資家は誤った意思決定をしてしまう結果となる。この結果，はじめは小さな会計不正も，次第に大きくなり，最後には取返しのつかない結果を招くであろう。

　このように，財務報告等の利用者を欺く目的をもって行われる会計不正は，投資家・債権者を含む財務諸表利用者の意思決定において甚大な悪影響を及ぼす。当該会計不正は通常，上級管理者や経営者が関与し，意図的に隠蔽行為を実行するため，その発見には極めて大きな困難が伴うことが多く，一方で，会計不正の多くは，ビジネスを正しく理解し経済実態を勘案したうえで，入手した財務数値に対して深度のある分析を実施していれば早期発見が可能であったことも，また，事実である。

　さて，本書の特長は二点ある。

　第一に，「公表された会計不正事例の解説や分析に終始したものではない」という点である。筆者及び執筆応援団（以下，「筆者ら」）の多くは，不正調査や財務調査の専門家であり，実務家である。会計不正事例

の研究は非常に重要であり，筆者らも日々研究をしている。しかしながら，本書は，筆者らが自ら経験した会計不正事例をもとに執筆しているため，第三者委員会等が公表した調査報告書等の公表事例を閲覧しその解説や評論に終始し，「会計不正が発見できたはずだ」とする，いわゆる「後出しじゃんけん」的な内容や，「懐疑心の保持が重要だ」とする「精神論」的な内容になっていない。また，Q&Aと称してさまざまな書籍をコピペしただけの書籍とも異なる。生きた事例をもとに，会計不正が発覚前の投融資元の担当者の融資実行段階や，会計監査人の監査意見形成段階に直面する状況などと同じ視点・目線で記載している。

　第二に，筆者らは，民間人であり，当局のように強制調査権限は持ち合わせていない。そのような中で，会計不正に直面し，さまざまな担当者と共に調査を実施し，また，発見手法を議論してきた経験を多数持ち得ている。よって，強制調査権限を持っている人又は持っていた人には理解し得ない，投融資元の担当者の融資実行段階や会計監査人の監査意見形成段階の苦悩・課題・判断を理解して記載しており，また，強制調査権限なしで実践できる会計不正や粉飾決算の対策を多く記載している。哲学及び精神論は，多少の記載があるものの極力排除し，民間調査に意味のあることを記載している。

　本書では，上記のような問題意識を背景に，筆者らの企業再生，財務分析や不正調査・不正発見の豊富な経験も踏まえ，会計不正の手口やその発見のヒントを，事例も交えて具体的な財務報告等に基づき，かつ，実態に即して解説を行うものである。

　もちろん，事例は匿名にしているものの，具体的な数値を除き全て「実話」である。

❷ 発刊にあたっての御礼

　残念ながら，会計不正は，企業が開示した財務報告等を見ただけでは見抜けない。財務分析をとことんやって，企業訪問をして，それでも見抜けないのが会計不正であろう。また，最近では，第三者性のない人間が第三者委員等と名乗り調査を請負う事例，重要な不正事実を隠蔽し，あえて調査をしない事例，火事場泥棒のように不正調査の対価として高額な報酬を請求する事例など不正調査側にも問題がある事例が発生しているようである。

　そのため，本書は，最低限上記の状況を理解し「不正と戦う」若しくは「会計不正と戦う」者を想定読者としている。大げさに聞こえるかもしれないが，筆者らは，この世から不正がなくなることを真剣に願っているのである。

　なお，筆者らの不正調査の経験は，営利組織だけではなく，非営利組織，組合，個人とさまざまであり，また，筆者らの経験をベースに記載しているため，経営者目線，金融機関目線，会計監査人目線，不正調査人目線とさまざまな目線で記載されている。意図が汲み取れない箇所もあるかもしれないが，下記の想定読者以外も大いに参考にして頂ければ幸甚である。

（想定読者／事業会社・金融機関など）
- ❏　経営者など（経営者・社外役員・監査役，理事・監事，上級管理者）
- ❏　内部監査担当者・広報担当者
- ❏　法務コンプライアンス担当者・人事担当者
- ❏　子会社・関係会社管理担当者
- ❏　投融資先を選定・管理する担当者
- ❏　金融機関の投融資担当者・審査担当者

- ❏ その他会計不正と戦う人々　など

（想定読者／専門家など）
- ❏ M&A実施前にデューデリジェンスを実施する専門家
- ❏ 会計監査人・顧問弁護士・顧問税理士
- ❏ 弁護士・司法書士　など

　本書を執筆するにあたり，多くの方に非常に多忙な中，貴重なお時間を割いて頂き，執筆の協力を得た。この場を借りて改めて御礼申し上げる。なお，執筆協力者（執筆応援団）の氏名は巻末に記載している。

　最後に，上述したとおり筆者らの多くは，不正調査や財務調査などの実務家であり，作家ではない。そのため文章作成能力もまちまちであり，稚拙であるため，発刊まで非常に多くの時間を費やしてしまった。このような状況の中，時には優しく，時には厳しく，非常に辛抱強く，多大のご尽力をいただいた日本加除出版株式会社のスタッフの方々，とりわけ宮崎貴之氏に，ここに改めて心から御礼を申し上げる。

2017年7月

編者代表　松　澤　公　貴

目　次

第1章　会計不正を発見できない理由を探る

第1　会計不正の特性を知る ―――――――――――――― 2

1　会計と不正の領域の理解 …………………………………… 3

事例紹介1　情報通信業　　4

事例紹介2　製造業　　4

事例紹介3　企業全般　　6

(1)　認識と測定 ……………………………………………… 7

事例紹介4　企業全般　　7

(2)　会計上の見積り ………………………………………… 8

(3)　企業会計と不正の目的 ………………………………… 11

2　会計不正の被害状況 ………………………………………… 12

3　手口の存在 …………………………………………………… 14

4　統計等から会計不正の特性を理解する …………………… 14

企業担当者の対応状況❶　　15

(1)　上場企業の会計不正の公表 …………………………… 15

(2)　会計不正の類型のトレンド …………………………… 18

(3)　粉飾決算の手口のトレンド …………………………… 19

(4)　業種別トレンド ………………………………………… 20

(5)　上場市場別トレンド …………………………………… 22

(6)　所在地別トレンド ……………………………………… 27

(7)　監査法人別トレンド …………………………………… 28

(8)　上場年数別トレンド …………………………………… 30

(9)　会計不正の発覚経路 …………………………………… 32

(10)　不正実行者及び主体的関与者 ………………………… 33

(11)　不正調査の実施体制のトレンド ……………………… 33

⑿　会計不正による損害額 ………………………………………… 35
　5　粉飾決算の一般的手口と類型 …………………………………… 36
　　⑴　収益の操作 ………………………………………………………… 37
　　事例紹介5　建設業　42
　　⑵　費用の操作 ………………………………………………………… 43
　　事例紹介6　企業全般　45
　　事例紹介7　企業全般　45
　　事例紹介8　企業全般　46
　　事例紹介9　製造業　47
　　事例紹介10　企業全般　47
　　事例紹介11　企業全般　47
　　事例紹介12　学術業　48
　　事例紹介13　出版業　49
　　⑶　資産の操作 ………………………………………………………… 49
　　事例紹介14　卸売業　52
　　事例紹介15　金融業　53
　　事例紹介16　小売業　55
　　⑷　不適切な情報開示及びその他の操作 ……………………………… 56

第2　不正調査における都市伝説と不正発見のヒント ── 61

　1　全てが詳らかになるインタビューテクニック ………………… 61
　　⑴　質問の種類 ………………………………………………………… 62
　　⑵　効果的な手順 ……………………………………………………… 64
　　⑶　インタビューにおける心得7ヵ条 ……………………………… 66
　　失敗事例1　企業全般　69
　2　会っただけで不正をしているか否かを判断できる …………… 74
　　⑴　誠実な人が不正を働く …………………………………………… 74
　　⑵　適正意見の効力 …………………………………………………… 75
　3　魔法のチェックリストが存在する ……………………………… 76
　　⑴　不正のトライアングルと使用方法 ……………………………… 76

（2）　犯罪学のトレンド·· 80
4　懐疑心の保持により不正を発見できる ···················· 83
5　決算書を眺めると会計不正の有無が判別できる ········· 88
　（1）　分析の基礎·· 92
　（2）　ハイレベル分析（High level analysis）················ 92
　（3）　論理的分析（Logical analysis）·························· 94
　（4）　比較分析（Comparative analysis）····················· 96
　企業担当者の対応状況❷　　97
　（5）　予測分析（Predictive analysis）························ 102
　（6）　定性分析··· 103
　事例紹介17　企業全般　　105
　（7）　財務分析のポイント··· 106
　（8）　財務調査の実施や専門家の利用·························· 111
6　ITを活用すると粉飾決算が発見できる···················· 111
　失敗事例2　企業全般　　114
　失敗事例3　製造業　　114
　失敗事例4　企業全般　　118
　失敗事例5　企業全般　　118
　失敗事例6　企業全般　　119
　失敗事例7　企業全般　　119
7　「手口」は年々巧妙化している································ 120

第2章　フォレンジック会計士が遭遇した会計不正の事例考察

第1　水産ビジネスに潜む罠 ―――― 124

　水産業グループW社の事例　　124
　1　会計不正の看過と問題点 ···································· 127
　2　循環取引の特徴·· 132
　　（1）　スルー取引 ··· 133

(2)　クロス取引・バーター取引 ………………………………………… 133
　(3)　Uターン取引・まわし取引 ………………………………………… 134
　循環取引を利用した会計不正例　136

第2　新規事業に手を出した老舗企業に潜む罠 ─── 139
　事務機器メーカーAKD社の事例　139
　1　経営者による説明 ……………………………………………………… 141
　2　会計不正の看過と問題点 ……………………………………………… 143
　親会社又は本業と異なる業種で生じた会計不正例　144

第3　長期請負ビジネスに潜む罠 ─── 146
　建設業BKB社の事例　146
　1　会計不正の看過と問題点 ……………………………………………… 149
　2　建設業の特徴 …………………………………………………………… 151
　建設業における会計不正例　153

第4　小売業に潜む罠 ─── 155
　PC周辺機器販売業SX社の事例　155
　1　経営者による説明 ……………………………………………………… 155
　2　会計不正の看過と問題点 ……………………………………………… 158
　3　小売業の会計不正の特徴 ……………………………………………… 160
　小売業における会計不正例　161

第5　グループ会社取引に潜む罠 ─── 162
　ソフトウェア開発会社AC社の事例　162
　1　経営者による説明 ……………………………………………………… 163
　2　会計不正の看過と問題点 ……………………………………………… 163
　子会社等を利用した会計不正例　168

第6　偽装された売上と贈賄に潜む罠 ─── 169

| 製薬会社LM社の事例 | *169*

1 汚職行為の類型と手口 ……………………………………………… *170*
2 会計不正の看過と問題点 …………………………………………… *173*
3 手口の違いにみる発見の端緒 ……………………………………… *174*

第7 補助金に潜む罠 ―― *179*

| 私立大学XV学校法人の事例 | *179*

1 学校法人の財務報告等 ……………………………………………… *179*
2 会計不正の看過と問題点 …………………………………………… *182*
　| 学校法人における会計不正例 | *185*

第8 入札に依存した事業に潜む罠 ―― *187*

| 清掃業VX社の事例 | *187*

1 入札参加資格 ………………………………………………………… *187*
2 会計不正の発生要因 ………………………………………………… *189*

第9 サプライチェーンのグローバル化に潜む罠 ―― *193*

| 輸入商材加工業CPB社の事例 | *193*

1 会計不正の手口 ……………………………………………………… *194*
2 金融機関の対応 ……………………………………………………… *195*
3 サプライチェーンのグローバル化による会計不正リスク ……… *197*
4 調達（購買）不正とその兆候 ……………………………………… *199*
　| 調達（購買）不正における会計不正例 | *200*
5 製造不正とその兆候 ………………………………………………… *201*
　| 製造不正における会計不正例 | *204*
6 製造不正の手口を考慮した原価管理 ……………………………… *205*
　(1) 不正対応工程管理 ……………………………………………… *206*
　(2) 不正対応文書管理 ……………………………………………… *206*
　(3) 不正対応在庫管理 ……………………………………………… *207*
　(4) 不正対応人的資源管理 ………………………………………… *208*

7 流通不正とその兆候 ·· 208
- (1) 不正対応受注管理 ·· 209
- (2) 不正対応物流・配送・クレーム管理 ···························· 210
- (3) 不正対応請求管理 ·· 211

企業担当者の対応状況❸　214

第10 予算達成に取りつかれた子会社社長に潜む罠 ─── 215

グローバル製造業IK社の事例　215

1 会計不正の看過と問題点 ·· 216
- (1) 親会社による監視不足 ·· 216
- (2) 人材不足 ·· 217
- (3) 期待ギャップ ·· 217

2 計画予算の作成方法の検証 ·· 218
- (1) トップダウン方式 ·· 218
- (2) ボトムアップ方式 ·· 218
- (3) 参加方式 ·· 219

3 子会社にて会計不正が発覚した場合の対処方法 ················ 220
- (1) 子会社の経営者の目線 ·· 220
- (2) 親会社の経営者の目線 ·· 221
- (3) 親会社の関与の有無 ·· 222
- (4) 執行当局間の連携 ·· 222

子会社で発覚した不正・不祥事例　223

第11 SNSに取りつかれたベンチャー社長に潜む罠 ─── 225

物品レンタル業OM社の事例　226

1 OM社のビジネスモデルの検討 ···································· 228
2 会計不正の手口（振込人名の偽装）······························ 229
3 リース・レンタル等の主な違い ·································· 230

近年のベンチャー企業の会計不正例　231

4 真の成長企業を見抜く ·· 231

企業担当者の対応状況❹　　*232*

第12　パソコンの転売を日常化した子会社役員に潜む罠 —— *234*

コールセンター業GCG社の事例　　*234*

1　犯罪の概要 …………………………………………………………… *235*
　(1)　横領罪 ……………………………………………………………… *235*
　(2)　業務上横領罪 ……………………………………………………… *235*
　(3)　背任罪 ……………………………………………………………… *235*
　(4)　特別背任罪 ………………………………………………………… *235*
2　役職員等の横領等がある場合の税務問題 ……………………… *236*
　(1)　横領行為等の発生の有無 ………………………………………… *236*
　(2)　横領行為等を隠蔽した事実 ……………………………………… *237*
　(3)　損害賠償請求権の確定の有無 …………………………………… *237*
3　横領行為等に係る損害賠償金の計上時期 ……………………… *239*
4　役職員等が横領行為等から得た利得とその課税処理 ………… *241*

第3章　会計不正の調査と対応

会計不正発覚企業の失敗事例1　　*246*

第1　初動調査が重要 —————————————————————— *248*

会計不正発覚企業の失敗事例2　　*249*

第2　実態調査は仮説検証アプローチで ———————————— *253*

1　適格な情報を収集する ……………………………………………… *254*
　(1)　公開情報など ……………………………………………………… *257*
　(2)　非公開情報の提供 ………………………………………………… *258*
　(3)　容疑者等からの情報提供 ………………………………………… *259*
2　アンケート調査を活用する ………………………………………… *260*
　(1)　アンケート実施要領の作成 ……………………………………… *260*

（2）アンケート調査の挨拶文の工夫…………………………………… 263
　　（3）アンケート調査項目（What）………………………………………… 266
　3　フォレンジックテクノロジーを活用する……………………………… 267
　4　調査範囲を検討する……………………………………………………… 270
　5　効果的にインタビューを実施する……………………………………… 270
　6　海外での会計不正は要注意……………………………………………… 271

第3　要因分析を実施して是正措置へ ── 272

　1　緊急対応…………………………………………………………………… 272
　2　抜本対応…………………………………………………………………… 272

第4　報告の仕方で調査の印象が変わる ── 273

第5　調査報告書の記載例と調査手順の確認 ── 275

　1　表紙・宛先等……………………………………………………………… 275
　2　結果要約（Executive summary）……………………………………… 277
　3　前提事項と背景情報（Background）…………………………………… 277
　4　調査範囲・調査手続（Investigation Scope and Procedure）……… 279
　5　調査結果（不正の手口／Fraud Schemes）…………………………… 281
　6　調査結果（要因分析／Fraud risk factor）…………………………… 285
　7　調査結果（関与者の特定）……………………………………………… 286
　8　是正措置（Corrective action）………………………………………… 288

第6　高くついた代償 ── 290

　（1）破産か再生か…………………………………………………………… 290
　　事例紹介18　製造業　　291
　　事例紹介19　サービス業　　291

第4章 再発防止策の実践

第1 経営者のコミットが土台創りに有効である —— 296

企業経営者のコミット例　296
企業担当者の対応状況❺　297
企業担当者の対応状況❻　297
(1) 経営者に率先してもらう……………………………………298
企業担当者の対応状況❼　298

第2 部門横断的にプロジェクトチームを組成する —— 300

(1) 法務コンプライアンス担当部門…………………………300
(2) 経理担当部門……………………………………………………301
(3) 内部監査担当部門………………………………………………302
(4) 人事担当部門……………………………………………………302

第3 不正の定義とリスク評価を実施する —— 304

(1) 会計不正を定義する……………………………………………304
企業担当者の対応状況❽　304
(2) 初期的リスク評価………………………………………………305
企業担当者の対応状況❾　306
(3) 継続的評価………………………………………………………309

第4 道標となる行動規範を策定する —— 310

(1) 有効な行動規範の条件…………………………………………311
(2) 行動規範の作成手順……………………………………………311
(3) 経営者のレビューポイント……………………………………312
企業担当者の対応状況❿　313

第5 人事関連規程を改訂から教育へ —— 314

(1)　諸規程の改訂……………………………………………………314
　　企業担当者の対応状況⓫　　316
　(2)　人材育成・教育研修は怠らない…………………………………316
　　企業担当者の対応状況⓬　　317

第6　手口を無効にする統制をデザインする ── 319

第7　取引先との共謀を回避する ── 320

第8　内部監査を工夫する ── 322
　(1)　不正対策の浸透度を知る…………………………………………322
　(2)　内部監査の高度化…………………………………………………325

第9　通報制度の高度化を目指す ── 327
　　企業担当者の対応状況⓭　　328
　1　最低限必要な制度設計……………………………………………329
　2　継続的な周知………………………………………………………330
　　企業担当者の対応状況⓮　　330
　3　通報窓口の対応の向上……………………………………………331

第10　監査役・監査委員を巻込む ── 332
　　企業担当者の対応状況⓯　　332
　1　経営者不正の不正リスク要因の察知……………………………333
　　会計不正発覚企業の失敗事例3　　334
　2　取締役とのコミュニケーション強化……………………………335
　　企業担当者の対応状況⓰　　336
　3　関係機関等からの情報入手及び連携強化………………………336

第11　来たるべき有事に備える ── 339
　　企業担当者の対応状況⓱　　340

第5章　おわりに

　　製パン業界AM社の異物混入事例　　344
　「どうやったら不正がなくなるか。」……………………………346

巻末付録 ―――――――――――――――――――― 349
　事項索引………………………………………………………350
　主な会計不正の類型（例示）…………………………………352
　参考文献………………………………………………………356
　著者及び執筆応援団……………………………………………359

コラム目次

Column 1	ディスクロージャー（disclosure）と財務報告	6
Column 2	不適切会計	10
Column 3	IPOに関する規制緩和と厳格化	25
Column 4	工事進行基準適用に伴う会計と税務の関係	39
Column 5	収益認識に関する国際比較	40
Column 6	PEACEアプローチ	66
Column 7	眼の動き	72
Column 8	動機なき不正実行者	83
Column 9	歪	101
Column 10	循環取引が実行される業種	126
Column 11	水産業における循環取引の歴史	130
Column 12	仮装経理による過大申告をした場合の法人税の取扱い	135
Column 13	上場会社における不祥事対応のプリンシプル	137
Column 14	建設業における勘定科目と財務諸表	153
Column 15	医薬産業の特徴	169
Column 16	学校法人の経営が困難となる原因	184
Column 17	課徴金減免制度	191
Column 18	MECEとは	233
Column 19	「第三者委員」の素養	244
Column 20	有事に備えてログを保存	255
Column 21	囚人のジレンマ	265
Column 22	電子データが改竄されていないことを証明する	269
Column 23	グループワークと多数決	303
Column 24	監査役の前払費用請求権	337

第1章

会計不正を発見できない理由を探る

第1 会計不正の特性を知る

　会計不正や粉飾決算の発覚は，企業自身，株主，ステークホルダーに対して金銭的被害を与えるだけでなく，レピュテーション，企業の評価，企業内の雰囲気をも悪化させることは言うまでもない。多くの者はさまざまな専門家から，「会計不正や粉飾決算の兆候を見分けるための訓練を受ける」，「粉飾決算の端緒を見極める」，「会計上の違和感を理解する」などと教わるだろうが，会計不正は一向になくならないのが現状である。

　理由は明白である。多くの者は，さまざまな専門家を含めて会計不正の兆候や端緒を知る前に，会計不正の特性を理解していないからである。特性を知らずして，兆候や端緒は判別できないであろう。また，会計不正の兆候や端緒を知り得た時点では，既に多額な損害が発生し手遅れになっている事例も多数存在する。

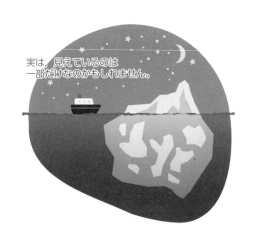

実は，見えているのは一部だけなのかもしれません。

　なお，教科書的に，会計不正の特性は，「内部統制」という用語で，以下のように解説されることが多い。

> 会計不正は当該取引スキームを熟知している人物が意図的に内部統制の欠陥をついて行うことが多い

> 不正実行者は，社内で信頼を得ていることも珍しくなく，長期間にわたり同一業務を担当しておりローテーションが行われてい

> ないケースが多い
> 不正実行者以外は,取引の詳細を把握しておらず,モニタリングが行われていないことが多い

上記を踏まえながら,統計情報などを交えながら解説を行う。

 会計と不正の領域の理解

会計不正(Accounting fraud)は,主に「粉飾決算」と「資産の流用」と2つの領域がある。重要なのは,この2つは明確に大別できるのではなく,重なる領域があるということである。

すなわち,粉飾決算には,資産の流用を伴うものと資産の流用を伴わないものの2種類が存在し,この2種類は粉飾決算を行う目的や手口が異なることを理解しておく必要がある。

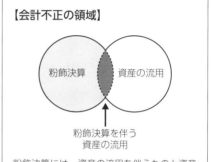

なお,一般的に粉飾決算[1]とは,財務報告等[2]の利用者を欺くために財務報告等に意図的な虚偽表示を行うことをいい,これは財務報告等に計上すべき金額を計上しないだけではなく,財務報告等に必要な開示を行わないこと両方を意味している。粉飾決算は,企業の業績や収益力について財務報告等の利用者を欺くために,経営者や管理者が利益の調整を図ることを目的として行われる場合もある。なお,粉飾決算は,下記の方法により行われる場合が多い。

---

1) 監査基準委員会報告書240「財務諸表監査における不正」(2011年12月22日日本公認会計士協会監査基準委員会)を加筆修正
2)「財務報告等」は,「財務諸表及び財務諸表の信頼性に重要な影響を及ぼす開示事項等に係る報告」という意味で用いている。すなわち,貸借対照表や損益計算書を含む財務諸表(注記情報も含む),「財務諸表に記載された金額,数値,注記を要約,抜粋,分解又は利用して記載すべき開示事項」と「その他財務諸表の作成における判断に密接に関わる事項」を含んでいる。

【会計不正の例】

分　類	内　容
不適切な収益認識	架空売上，循環取引，未出荷売上等
負債・費用の隠蔽	オフバランス取引，費用の資産計上等
費用・収益の期間帰属の操作	原価付替え，売上の先行計上，工事進行基準の悪用等
不適切な資産評価等	棚卸資産の水増し，売掛金の評価，固定資産の架空計上等
不適切な開示等	連結除外，後発事象・関連当事者間取引や保証債務の非開示等

> 財務報告等の基礎となる会計記録や証憑書類を改竄，偽造又は変造する。

> 取引，会計事象又は重要な情報の財務報告における虚偽の記載や意図的な除外をする。

> 金額，分類，表示又は開示に関する会計基準等を意図的で不適切に適用する。　など

事例紹介1　情報通信業

　情報通信業を営むA社は，経営者の関与のもと循環取引により架空売上高の計上を行っていた。通常の売上高の水増しによる手口においては，一部の資産が異常に増加して回転期間等の分析で発見できる場合があるが，循環取引による粉飾決算において，売買代金の決済まで行われていたA社の事例においては，粉飾決算を見破るのが極めて困難であるだけではなく，売上高の成長により優良企業として評価されていたことで，発覚が遅れた。

事例紹介2　製造業

　製造業を営むB社は，営業本部長関与のもと長年に亘り架空売上を計上していた。その手口は，①本社の端末の操作によって架空売上を計上するもの，②本社から支店，支社へ指示を出し，虚偽の売上票を作成さ

せるもの,③リース会社や子会社に対して架空の売上計上をするものに大別されていた。

　一方,資産の流用[3]は,一般に売上入金の着服,物的資産の窃盗又は知的財産の窃用,企業の資産を私的に利用すること等が含まれ,主として従業員により行われ,比較的少額であることが多いと言われている。資産の流用を偽装し隠蔽することを比較的容易に実施できる立場にある経営者や管理者が関与した場合,被害金額は多額になることは容易に想像がつくであろう。なお,資産の流用は,下記のような方法により行われることが多い。

【資産の流用の例】

分　類	内　容
窃盗（現預金）	小口現金の抜取等
不正支出	偽造請求書を用いた支払い,幽霊従業員への給与の支払い,その他経費に関する不正
売上入金に関する不正	現金等（売上金,回収金）を会計帳簿に入金する前に抜取る不正
窃盗（在庫）	在庫・備品の窃盗,流用,不正使用等

- 受取金を着服する（例えば,掛金集金を流用する,債権の回収金を個人の銀行口座へ入金させる　など）。
- 物的資産・知的財産を窃盗又は窃用する（例えば,在庫を私用又は販売用に盗む,スクラップを再販売用に盗む,企業の競争相手と共謀して報酬と引換えに技術的情報を漏らす　など）。
- 企業が提供を受けていない財貨やサービスに対して支払いを行わせる（例えば,架空の売主に対する支払い,水増しされた価格と引換えに売主から企業の購買担当者に対して支払われるキックバック,架空の従業員に対する給与支払い　など）。
- 企業の資産を私的に利用する（例えば,企業の資産を個人又はそ

3）監査基準委員会報告書240「財務諸表監査における不正」（2011年12月22日日本公認会計士協会監査基準委員会）を加筆修正。資産の横領とも呼称される。

の関係者の借入金の担保に供する　など）

事例紹介3　企業全般　……………………………………………………

　C社の財務担当者ｃ氏が現金保管庫のスペアキーを使って，数回にわたって現金を盗んでいたことが判明した。ｃ氏は，抜き取った紙幣の代わりに硬貨を増やし，総額が変わらないように見せていた。また，硬貨の下に空箱を積んで上げ底し，硬貨が増えたように見せていた場合もあった。横領金額は，ｃ氏個人の遊興費や借金の返済（10年以上にわたり家族や知人の名義で繰返し借入れをしていた）に使用していた。

ディスクロージャー（disclosure）と財務報告

　ディスクロージャーは，企業内容開示とも呼ばれ，企業の経営内容を含む内部情報を外部の利害関係者に伝達することをいう。ここで，伝達する情報には財務情報だけでなく非財務情報も当然に含まれることになる。財務情報を含む財務報告はディスクロージャーに包含される関係にあり，財務報告は，一般に公正妥当と認められる会計基準（GAAP）により算出された数値をベースとしていることから，特に利害関係者が他社比較，推移比較等の分析を実施するために重要な情報である。財務報告は，法令等の違いにより分類することができ，代表的な報告書は以下のとおりである（報告書には一部に非財務情報も含む）。

- 金融商品取引法：有価証券届出書，有価証券報告書，四半期報告書　など
- 証券取引所の規則：決算短信，四半期決算短信　など
- 会社法：事業報告，連結計算書類，計算書類　など

　これらの情報は，企業の経済活動をベースとして作成されるため，報告書間の相互の関連性を理解することが，ディスクロージャー実務において重要となる。

前述のとおり，粉飾決算は，会計不正（Accounting fraud）の一種である。そこで，最低限理解しておかなければいけないであろう会計の基礎知識を一部紹介する。この理解がなければ，ある事象が不正に該当するのか否か，そもそも判別ができないであろう。

(1) 認識と測定

会計不正のうち，特に粉飾決算を想定した場合，ある経済事象を財務報告等に計上するには，認識と測定と2つの概念を理解しておくことが重要である。

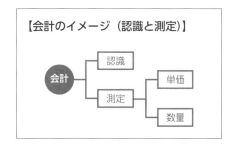

認識（Recognition）とは，資産，負債，収益及び費用の定義を満たす項目を，財務報告等に計上するプロセスをいう。すなわち，会計的には，「いつ」計上するかという概念である。

一方，測定（Measurement）とは，企業が財務報告等の資産，負債，収益及び費用を測定するに当たり，その金額を決定するプロセスをいう。すなわち，会計的には，「いくら」で計上するかという概念である。ほとんどの取引における金額（モノやサービスの金額）は，「単価（Price）×数量（Quantity）」で計算されている（サービス業の場合，「数量」は「時間」や「人数」，「日数」等）ことは理解できるであろう。

「認識×測定」を考えると無限に会計不正の手口が考えられる。しかしながら実際の会計不正においては，手口が限定される。これは不正実行者の権限や機会が限定されているのと，不正実行者の不正実行の癖があるからである。よって，上記の構成要素のどこが不正実行者に操作され，会計不正が行われている可能性があるかを理解できるようにしておく必要がある。

事例紹介❹ 企業全般 ....

例えば，売上の認識時期を操作することで，下記のような会計不正が

可能となるであろう。

種類	原則的処理	粉飾決算の方法
商品販売	通常は，出荷のタイミング（出荷基準）または仕入先の検収をもって（検収基準）売上計上	未出荷・未検収状態での早期売上計上
委託販売	委託品を最終消費者へ販売した日をもって売上高を計上	受託者に委託品を引渡した時点での早期売上計上
長期請負工事・長期プロジェクト	工事，コンサルタント業務等に関しては，進行程度によって売上高を計上（進行基準）するか，完成時に売上高を計上（完成基準）	工事等のプロジェクト開始時に売上計上。進行程度にかかわらず恣意的に売上前倒し計上

出典：松澤綜合会計事務所プレゼンテーション資料

(2) 会計上の見積り

　財務報告等には，過去の経済事象に伴う結果のみが記載されているというのは間違いである。財務報告等に計上される一部には，正確に測定することができず，見積りが必要となる場合がある。これを「会計上の見積り」といい，会計上の見積りを行う際に，裏付けとして利用可能な情報の性質及び信頼性は企業によりさまざまであるため，会計上の見積り自体が会計不正に利用される場合がある。また，会計不正が発覚し，正しい財務報告等に修正する過程で，「会計上の見積り」に対する前提が覆され，結果的に被害金額が拡大する場合もあるため留意が必要である。

　すでに発覚している不正だけを長期間かけて調査し，会計上の見積りの修正（例えば，のれんの減損処理など）を対象としない調査は，不正調査を実施していないのと等しいであろう。

【主な会計上の見積りの例】

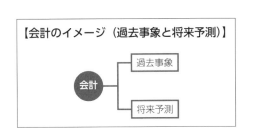

【会計のイメージ（過去事象と将来予測）】

▶各種引当金の見積り
　●貸倒引当金（対象債権，実績率　など）
　●賞与引当金
　●返品保証引当金（対象製品，返品率　など）
　●環境対策引当金
　●災害損失引当金
　●分譲事業損失引当金　など
▶棚卸資産（販売用不動産を含む）の正味実現可能価額　など
▶有価証券（市場性のない有価証券の実質価額　など）
▶固定資産関連
　●耐用年数，償却年数
　●減損会計（グルーピング，将来キャッシュフロー　など）
　●資産除去債務（除去費用・除去時期　など）
　●リース資産の現在価値
▶のれんの減損処理
▶退職給付引当金
　●過去勤務債務及び数理計算上の差異の費用処理年数
　●割引率　など
▶収益計上
　●工事進行基準に係る工事収益総額，工事原価総額および決算日における工事進捗度　など
▶税効果会計（繰延税金資産の回収可能性　など）

不適切会計

　不適切会計という言葉が使用されるようになって久しい。何を隠そう筆者らも最初に「不適切な会計処理（所謂，不適切会計）」という言葉を使用しはじめた人間の一人である。近年，「粉飾決算」という言葉が使われず，なぜ「不適切会計」などと呼ぶかという無駄な議論が新聞紙面を賑わしたこともあった。「粉飾決算」＝悪，それ以外はグレーだからというとても主観的な意見も散見された。

　それでは，なぜ「粉飾決算」と呼ばないのか。ここまで読み進めて頂いた読者は理解していると思うが，答えは至ってシンプルである。例えば，粉飾決算が発覚した場合，財務諸表を正しくするために修正するものは，「粉飾決算」に該当するものだけとは限らないからである。筆者らの経験上，粉飾決算が発生し，不正調査を実施すると，粉飾決算に該当するもののほかに，下記のものが新たに発見され修正を余儀なくされる。

- 「意図的か」「意図的でないか」区別できないもの
- 将来予測の前提が覆り会計上の見積りを修正せざるを得ないもの（引当金，繰延税金資産，固定資産の減損処理　など）
- 単純な誤り（誤謬）など

　会計監査用語では，もともと「不正（Fraud）」と「誤謬（Error）」が存在し，それは「意図的か」「意図的でないか」で区別されることは，前述したとおりである。また，会計監査は試査[4]で実施されるため，この時点で単純な誤り（誤謬）が発見されるのも容易に理解できるであろう。

---

4) 監査の対象となる母集団から一部の項目を抽出して監査を実施すること。巨大な企業を相手にすべての会計処理をひとつひとつチェックすること（精査）はできないため，公認会計士監査は，原則として試査に基づくこととされている。つまり，「監査上どこにリスクがあるか」を考慮した上で，サンプリング等の方法で抽出した部分をチェックしているのである。公認会計士はリスクと効率性を考慮して試査の範囲やサンプル数，実施時期等を決定し，計画的に監査を実行しているのである（出典：日本公認会計士協会「ハロー！　監査事典」）。

当時は，上記を含めて適切な会計処理に修正する必要があることから，「不適切な会計処理」と呼んだのである。10数年以上経ったのち，そのような議論に発展するとは思いもよらずに。

ちなみに，当時「不適正会計」という用語を使用するケースも存在したが，「適正」か否かを判断するのは，あくまで会計監査人であることから，この用語は適切でない。

【不適切会計のイメージ】

出典：松澤綜合会計事務所プレゼンテーション資料

(3) 企業会計と不正の目的

企業会計は，会計情報を主として誰のために作成し報告するのか（何の目的で会計を利用するのか）により，大きく財務会計，税務会計及び管理会計に分類できる（正確には，税務会計は財務会計のひとつである）。

財務会計は，株主，投資者及び銀行など外部のステークホルダーに企業の経営成績及び財務状態などを報告することを目的とした外部報告向けの会計である。また，税務会計は，主に税金を計算するため，つまり，企業が税務申告の為に作成するものである。税務会計と財務会計は，外部報告向けの会計ではある点では共通するが，計算目的が異なるために，導き出される数値に大きく差異が生じることになる。これは，会計不正を働く目的にも影響を及ぼす結果となる。例えば，財務会計を意識すると，資金調達のためにたとえ利益が出ていなくても，利害関係者に利益を多くみせたいという不正の動機が働くことになる。一方，税務会計を意識するとたとえ利益が出ていても，利益を小さくし税金をなるべく少

なくしたいという不正の動機が働くことになる。

一方で，管理会計とは，経営や社内管理などのために，さまざまな情報を会計的に集計・分析し，社内におけるさまざまな意思決定に役立てるためのものである。あくまで社内管理資料として企業の内部で利用するためのものであるため，各企業はその業界やビジネスモデルの特徴，経営者の意向などをふまえ，独自の管理会計制度を構築している。管理会計は財務会計と異なり，既定の制約がないため，自由に定義・設計することができる。そのため財務会計と管理会計を比較することができれば，会計不正の発覚に寄与することができる場合がある。

❷ 会計不正の被害状況

粉飾決算と資産の流用は，二大「会計不正」と言われることが多いが，両者の違いを比較しながら，粉飾決算による被害状況を解説する。ここでは，便宜上，資産の流用を伴う粉飾決算は資産の流用として取扱っている。

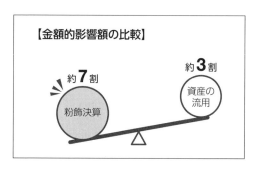

まずは，金額的影響の比較であるが，これは，粉飾決算の方が大きいと言われている。会計不正に係る報道を見ても，資産の流用は多くてもせいぜい数億円レベルであり，粉飾決算は数千億円レベルにのぼるケースもあり感覚的に理解できるであろう。筆者らの経験では，7対3若し

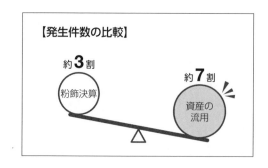

くは8対2位の割合で粉飾決算による金額的影響の方が多いと感じている。

次に，発生件数の比較であるが，これは，資産の流用の方が大きいと言われている。会計不正に係る報道は，両社は同じ位若しくは粉飾決算の方が多いように感じるかもしれないが，これは上場会社における適時開示制度により財務諸表全体に与える影響額が少ない会計不正は，公表されないからである。筆者らの経験では，3対7若しくは2対8位の割合で資産の流用による発生件数の方が多いと感じている。

最後に重要なのは，「不正実行者の罪の意識」である。筆者らが実施した不正調査の経験から言えば，資産の流用を行った不正実行者の多くは，容疑を認めて謝罪をする。これは，会社資産である現金等を盗むという行為が伴うからであろう。しかし，残念なことに粉飾決算を行った不正実行者は，謝罪をするケースは稀である。多くの

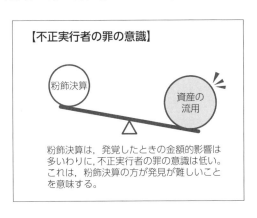

不正実行者は，「会社のためにやった」あるいは，「悪い行為とはわからなかった」と言い放つのである。

以上のとおり，粉飾決算は，「発覚したときの金額的影響は多いわりに，不正実行者の罪の意識は低い。」のである。これは，不正実行者以外の第三者が，粉飾決算の発生を発見しにくくする一つの要因になっている。特に，資産の流用を伴わない粉飾決算に関しては，通常，不正実行者の普段の態度に現れ，不正実行者の大半が，分不相応の生活や業者や顧客と通常以上に親密な関係にあるなど，犯罪の兆候となる行動特性を見せているというタイプの不正ではないということである。

❸ 手口の存在

不正リスクと,他のビジネスリスクとの一番大きな違いは,不正リスクにはそれを実行する目的と実行するための「手口が存在する」ということである(Fraud Schemes)。そのため,経営者による組織に対する不正リスクの評価が間違っていることも多々存在することになる。よって,会計不正の手口を正しく理解することなくして,兆候や端緒の判別はおろか,会計不正発覚時における実態解明は成し得ないであろう。なお,会計不正の主な手口は後述する。

また,会計不正は,従来型の窃盗犯罪と異なり,通常,不正実行者の身元が判明している。例えば,銀行強盗犯罪の場合,問題となるのは,犯罪がおきたかどうかではなく,犯人は誰かという点である。しかしながら,会計不正においては,多くの場合組織内に不正実行者が存在し

通常,会計不正の場合は,不正実行者の身元が判明しているため粉飾決算ではこのような状況なのかもしれません。

ているため,誰が容疑者かということよりも,そのものの行為が不正に該当するかどうかが問題となり,その行為が発生した要因(Fraud risk factors)を追及することが重要となる。

❹ 統計等から会計不正の特性を理解する

統計等から会計不正の特性を理解することも非常に重要である。筆者らは,上場企業及びその関係会社が公表した会計不正のトレンドを日々集計・分類しており,そのデータをもとに,日常的に不正調査業務をしている知見・経験から分析を加え考察する。

企業担当者の対応状況❶

「当社は，幸いにして上場以来不正の発覚はないが，同業他社で不正が公表された場合には収集分析して，当社でも同様な不正の発生可能性はないかを，検証するようにしている。」
（製造業　内部監査部部長）

「社長の口癖は，「人の振り見て我が振り直せ」であり，同業他社の行動を見て，良いところは見習い悪いところは改めよということである。当社の不正対策も，この言葉を実践している。」
（建設不動産業　CFO）

「今の世の中，競合他社や同業で不正が公表された場合，「対岸の火事」で済ませてはいけないであろう。」
（自動車部品メーカー　取締役）

(1) 上場企業の会計不正の公表

　下記は，各証券取引所が定める適時開示基準に従って適時開示が必要と会社が判断し，公表したものを集計したものである。適時開示基準においては，投資家の投資判断に重大な影響を及ぼす事実か否かを適時開示の判断基準としているため，公表の対象となった会計不正は，投資家の視点から定量（金額）的にあるいは定性的に重要な会計不正であるといえる。

　2010年1月以降，毎年30社以上は会計不正の発生を公表していることになるが，上述のとおりこれは氷山の一角に過ぎない。筆者らも公表に至らない不正調査の経験の方が圧倒的に多いのである。

　　2010年12月期：37社
　　2011年12月期：41社
　　2012年12月期：33社
　　2013年12月期：48社
　　2014年12月期：30社

出典：松澤綜合会計事務所が公表資料より作成
調査方法：2010年1月から2016年12月にかけて会計不正の事実を公表した上場企業271社を対象とした。
公表した日を基準として集計・分析している。
日経平均は年初と年末の日経平均株価の単純平均を記載している。

2015年12月期：46社
2016年12月期：36社
7年平均：38.7社

　近年は，会計不正を許容しないという姿勢を示すために，積極的に会計不正を公表する企業が増えており，いずれも公表されている会計不正は，主に①過年度の財務報告等を訂正する必要があるほど会計不正による損害額が巨額なもの，又は／及び②過年度の財務報告等を訂正する必要がないものの，不正に上場企業又はその関係会社の取締役を含む上級管理者が関与しているという共通点がある。

　折れ線グラフ（値は右軸）は，会計不正のトレンドに，日経平均を併せて作成したもので，日経平均は，年初の終値と年末の終値を単純平均したものである。会計不正の公表社数と明確な相関関係がみられないものの，景気上昇と共に公表数が増加している傾向にあるようにも見える。なお，一般に不況期や景気後退期には，下記の理由から会計不正の発生リスクが高まると言われている。

●会計不正を働く動機は，会計不正を実際に行う際の心理的なきっか

けであり，処遇への不満などの個人的な理由や，外部からの利益供与，過重なノルマ，業務上の理由，業績悪化，株主や当局からの圧力等の組織的な理由が主な原因となる。通常，不況期や景気後退期には，売上目標や予算達成へのプレッシャーがより強くなり，資本市場は売上高や利益の減少や悪いニュースに非常に敏感になるため，経営者や上級管理等者による粉飾決算へのリスクも伴って増加する可能性がある。また，ストックオプションやその他業績連動型の報酬を受けている経営者は，過度に強気な結果を従業員に求める可能性がある。

● 会計不正を働く機会は，会計不正を実行可能な環境が存在する状態を意味する。重要な事務を一人の担当者に任せている，必要な相互牽制や承認が行われていないといった内部統制上の不備，経営者又は上級管理者により内部統制を無効化するなどが主な原因となる。通常，不況期や景気後退期には，事業縮小や経費削減を伴った行動が求められ，従業員数の減少による職務分離・相互牽制による効果的な内部統制の構築が困難の状況となる。また，従業員数減少は，以前とは異なる慣れない役割や責任を与えることになり，適時かつ正確な監視・報告が困難となる。

● 会計不正を働く正当化の要因は，不正実行を思いとどませるような倫理観の欠如であり，不正が実行可能な状況で，当該行為を働かないという堅い意思が保てない状態を意味している。通常，不況期や景気後退期には，上述した会計不正を働く機会・動機の増加と相まって，不正行為を容易に正当化してしまう。つまり，経営者や上級管理者等は，実態の売上高が減少しているにも関わらず，企業や従業員，株主等にとって会計不正を働くことが最良な行為であると信じて，不正を正当化するのである。

しかし，上記グラフは寧ろ逆に見えるかもしれないが，会計不正には「発生」するタイミングと「発覚」するタイミングとの間にラグがあり，景気上昇期や好況期には「発覚」する件数が増加するのではないかというのが筆者らの実感である。

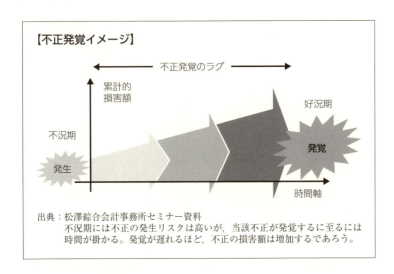

出典:松澤綜合会計事務所セミナー資料
不況期には不正の発生リスクは高いが,当該不正が発覚するに至るには時間が掛かる。発覚が遅れるほど,不正の損害額は増加するであろう。

(2) 会計不正の類型のトレンド

　粉飾決算による会計不正は,適時開示が必要となる重大な会計不正となる可能性が高い一方で,会計不正の発覚件数では資産の流用の方が一般的に多いものの,適時開示に至らないケースがほとんどであるのであろう。

　なお,公表された会計不正のうち,粉飾決算(横領を伴うものを含む)が占める割合は,下記のとおりである。公表するというフィルタを通すと資産の流用よりも多いことがわかる。

　　2010年12月期:54ケース(85.7%)
　　2011年12月期:43ケース(71.7%)
　　2012年12月期:43ケース(86.0%)
　　2013年12月期:58ケース(74.4%)
　　2014年12月期:28ケース(70.0%)
　　2015年12月期:56ケース(76.7%)
　　2016年12月期:48ケース(84.2%)
　　7年平均:60.1ケース(78.4%)

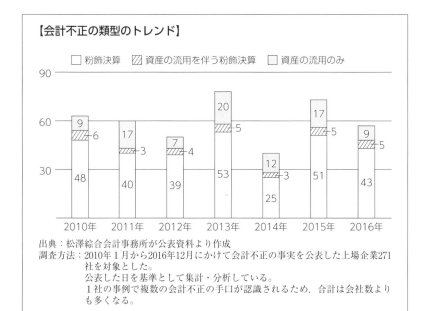

出典:松澤綜合会計事務所が公表資料より作成
調査方法:2010年1月から2016年12月にかけて会計不正の事実を公表した上場企業271社を対象とした。
公表した日を基準として集計・分析している。
1社の事例で複数の会計不正の手口が認識されるため,合計は会社数よりも多くなる。

(3) 粉飾決算の手口のトレンド

　前述したとおり,会計不正のうち粉飾決算は,財務諸表の作成の基礎となる会計記録や証憑書類の改竄・偽造（文書偽造を含む）又は変造,取引・会計事象又は重要な情報の財務諸表における不実記載や意図的な除外,金額・分類・表示又は開示に関する会計基準の意図的な適用の誤り等の手法により実行される。経営状態をよく見せる粉飾決算の類型としては,売上,利益,資産,自己資本を水増しすることが多い。近年の日本の上場企業における粉飾決算のトレンドは下記のとおりである。

　売上高は企業にとって重要な指標の一つであることから,もっとも多く利用される項目であろう。また,公認会計士が行う財務諸表監査[5]に

---

5)「監査基準委員会報告書240　財務諸表監査における不正」（日本公認会計士協会）
　25. 監査人は,不正による重要な虚偽表示リスクを識別し評価する際,収益認識には不正リスクがあるという推定に基づき,どのような種類の収益,取引形態又はアサーションに関連して不正リスクが発生するかを判断しなければならない。監査人は,収益認識に関する推定を適用する状況にないと結論付け,そのため収益認識を不正による重要な虚偽表示リスクとして識別していない場合には,第46項に従い監査調書を作成しなければならない。（A26項からA28項参照）

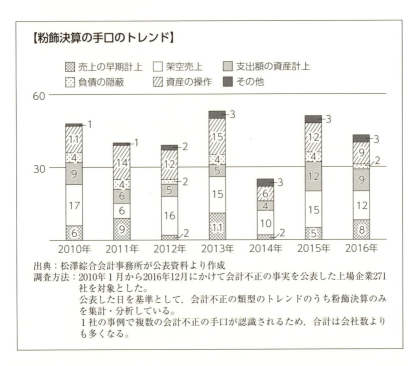

おいても，収益認識には不正リスクが存在することを前提として監査を実施することになっている。なお，公表された粉飾決算のうち売上高が利用されている手口が占める割合は，下記のとおりである。

　2010年12月期：23ケース（47.9％）
　2011年12月期：15ケース（37.5％）
　2012年12月期：18ケース（46.2％）
　2013年12月期：26ケース（49.1％）
　2014年12月期：12ケース（48.0％）
　2015年12月期：20ケース（39.2％）
　2016年12月期：20ケース（46.5％）
　7年平均：19.1ケース（44.9％）

(4)　業種別トレンド

　過去7年間で会計不正を公表した271社を業種別に分類すると，下記

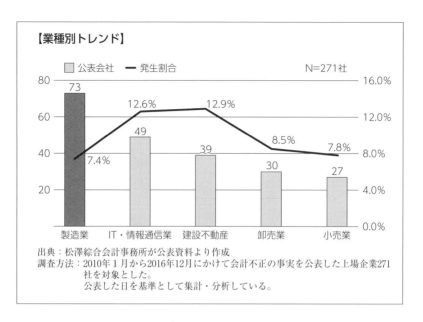

のとおりである。

製造業：73社

IT・情報通信業：49社

建設不動産業：39社

卸売業：30社

小売業：27社

であり，製造業が多いことがわかる。しかしながら，有価証券報告書提出会社に製造業が多いことから当然のことであろう。

そのため業種の会社数の多さを排除するために，上表の右軸に示している発生割合は，上記業種別会計不正公表会社数を2016年3月における有価証券報告書提出会社数で除した割合である。このように計算すると，製造業よりもIT・情報通信業，建設不動産業，卸売業及び小売業の方が，会計不正発生割合が高いことがわかるであろう。

建設不動産業：39社／303社（12.9％）

IT・情報通信業：49社／388社（12.6％）

卸売業：30社／352社（8.5％）

22　第1章　会計不正を発見できない理由を探る

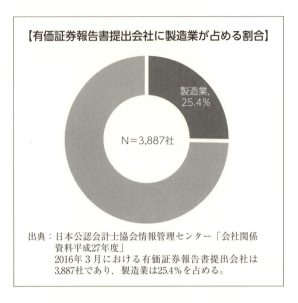

　　小売業：27社／346社（7.8％）
　　製造業：73社／987社（7.4％）

(5) 上場市場別トレンド

　日本の証券市場には，東京証券取引所（東証），名古屋証券取引所（名証），福岡証券取引所（福証），札幌証券取引所（札証）が存在し，各取引所が企業の規模や業績，株式の流動性など別に上場できる市場を設けている。また，各取引所には，一般市場（本則市場）と呼ばれるメインマーケットと，新興市場と呼ばれる市場に各取引所が設けている新興企業向けの市場があり，それぞれに上場審査基準が存在している。

　過去7年間で会計不正を公表した271社を市場別に分類すると，本則市場が多いことがわかる。しかしながら，本則市場の上場会社数は新興市場の上場会社数の約2.5倍（2016年12月末現在）であることから当然のことであろう。なお，下記は本則市場の数値である。

　　2010年12月期：20社（54.1％）
　　2011年12月期：23社（56.1％）

第1 会計不正の特性を知る　23

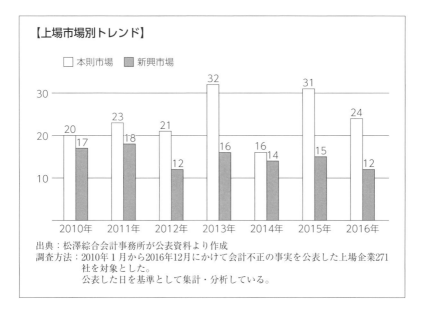

出典：松澤綜合会計事務所が公表資料より作成
調査方法：2010年1月から2016年12月にかけて会計不正の事実を公表した上場企業271社を対象とした。
公表した日を基準として集計・分析している。

　2012年12月期：21社（63.6％）
　2013年12月期：32社（66.7％）
　2014年12月期：16社（53.3％）
　2015年12月期：31社（67.4％）
　2016年12月期：24社（66.7％）
　7年平均：23.9社（61.6％）

　そこで，期末の市場の会社総数を分母（簡易的に日本上場取引所ベース）として，会計不正の発生割合を求めると，新興市場の方が本則市場に比べ，発生割合が高いことがわかるであろう。

　なお，下記は本則市場の数値である。
　2010年12月期：20社／2,101社（1.0％）
　2011年12月期：23社／2,103社（1.1％）
　2012年12月期：21社／2,110社（1.0％）
　2013年12月期：32社／2,323社（1.4％）
　2014年12月期：16社／2,399社（0.7％）
　2015年12月期：31社／2,477社（1.3％）

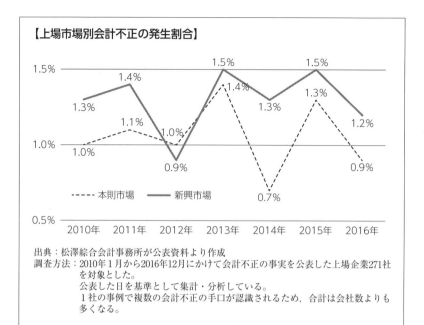

出典：松澤綜合会計事務所が公表資料より作成
調査方法：2010年1月から2016年12月にかけて会計不正の事実を公表した上場企業271社を対象とした。
公表した日を基準として集計・分析している。
1社の事例で複数の会計不正の手口が認識されるため，合計は会社数よりも多くなる。

　2016年12月期：24社／2,533社（0.9％）
　7年平均：23.9社／2,292.3社（1.0％）
　対象期間における本則市場での会計不正の特徴は，業績予測へのコミットや株価維持といった企業を取巻くステークホルダーへの経営責任の説明がプレッシャーとなり，会計不正を行う事例が多い。予算の未達分を埋合わせるために売上の先行計上や原価の付替えなどが行われる点も特徴である。
　一方，新興市場は，ベンチャー企業が中心であり，主に企業の成長性が，上場審査の重要なポイントである。そのため，利益よりも成長の可能性，内部統制の整備状況よりも成長の可能性を優先しているので，不正の発生可能性が高いと考えられる。なお，全国の新興市場は下記のとおりである。

　●ジャスダック（東証）
　●マザーズ（東証）

- TOKYO PRO Market（東証）
- セントレックス（名証）
- Q-Board（福証）
- アンビシャス（札証）

　対象期間における新興市場での会計不正の特徴は，ベンチャーキャピタルに代表される投資家のエグジットのために，上場するよう強いプレッシャーを受けて，上場前から会計不正を行っていた事例が多い。筆者らもこのような会計不正の不正調査を，数多く経験しており，各経営者の悔しい顔が今でも忘れられない。

IPOに関する規制緩和と厳格化

　2013年12月に公表された金融審議会「新規・成長企業へのリスクマネーの供給のあり方等に関するワーキング・グループ」報告書では，新規・成長企業の新規上場を促進するために，新規上場時の負担を軽減する提言がされており，これに伴い，金融商品取引法及び企業内容等の開示に関する内閣府令等の改正が行われ，新規上場時の負担を軽減する改正が行われている。そして，2015年2月13日において平成26年金融商品取引法等改正等に係る政令・内閣府令案等を公表している。これにより新規上場企業においては，従来に比べ下記の事項の負担が軽減されることになる。

- 新規上場直前に行われるファイナンスに係る「有価証券届出書」について，財務諸表の開示対象が従来の直前5期分から直前2期分に短縮．
- 「内部統制報告書」の監査義務を新規上場後3年間は免除（ただし，「資本金100億円以上または負債総額1,000億円以上」の企業は対象外）など

　一方，近年の上場会社による不正の多発を踏まえ，独立性の高い社外取締役の確保について，2014年5月には東証の規則において，上場会社は取締役である独立役員を一人以上確保するよう努める旨の規律が設けられ，さらに2014年8月から金融庁ならびに東証が

開催した有識者懇談会にて，さらにコーポレートガバナンスの機能面の実効性が求められ，上場会社に対しては，「コーポレート・ガバナンス・コード」の制定をしている。

日本取引所グループは2015年3月31日，一部のIPO企業が市場不信を招いている問題で緊急の対策を公表している。証券会社や監査法人と協力し，上場時の業績見通しを開示する際に具体的な根拠を示すよう企業に求め，証券会社などの業務が過密にならないよう上場時期も分散し，投資家保護につなげ，市場の信頼低下を防ぐことを目指しているようである。

会社名	上場	内容	主幹事証券	監査法人
エナリス	2013年10月	ディーゼル発電機の取引で不正会計疑惑。2014年12月に創業社長等が引責辞任。	野村證券	トーマツ（現在，京都）
ジャパンディスプレイ	2014年3月	2014年4月を含め業績予測を3回下方修正。株価は一時公募価格の3分の1へ。	野村證券	あずさ
gumi	2014年12月	上場2ヵ月半で営業赤字に下方修正。株価は一時上場来高値から6割低い水準へ。	野村證券	新日本

出典：松澤綜合会計事務所が公表資料より作成

近年のIPOの特長は以下のとおりである。

- スキームの多様化：普通株式だけではなく，いわゆる黄金株（10倍の議決権を有する種類株式）を発行したまま上場した事例や，国際会計基準（IFRS）適用会社など
- 上場直前期の経常利益水準の低下：上場準備期間の短期化や小規模な業容での上場事例の増加により，直前期の経常利益（中間値）の水準が低下傾向
- PEファンド等の投資先企業の出口戦略の増加：PEファンド等では，IPO市場において投資先企業の回収機会を検討する事案が増加
- 資本上位会社を有する新規上場事例の増加：上場会社等を資本上位会社とする新規上場が増加

(6) 所在地別トレンド

　上場企業の連結グループは，子会社が一つもない企業から1,000社を超える企業までさまざまである。過去7年間で会計不正を公表した271社を所在地別に分類すると，親会社で発覚する場合が多いことがわかる。しかしながら，海外子会社も年々増加傾向であると言われている。

　親会社：169社（62.4％）

　国内子会社：79社（29.2％）

　海外子会社：23社（8.5％）

【連結子会社数ランキング】

	会社名	連結子会社数
1	ソニー	1,297
2	日立製作所	1,056
3	日本電信電話	907
4	三菱商事	815
5	オリックス	793
6	ソフトバンクグループ	739
7	豊田通商	698
8	住友商事	577
9	伊藤忠商事	571
10	日本郵船	560
11	東芝	551
12	トヨタ自動車	548
13	三菱ケミカルホールディングス	522
14	富士通	514
15	パナソニック	474
16	ホンダ	368
17	商船三井	362
18	住友電気工業	353
19	新日鐵住金	339
20	ジェイ エフ イー ホールディングス	322

出典：東洋経済データ事業局（2016.12.7）

近年は，国内の業界再編や海外企業の買収が活発になり，コンプライアンス意識が欠如した「不良な」会社を買収した結果，国内外の子会社にて会計不正が発覚するケースが増加している。

なお，海外子会社23社の中で，アジアパシフィック地域が16社と多い状況にある。

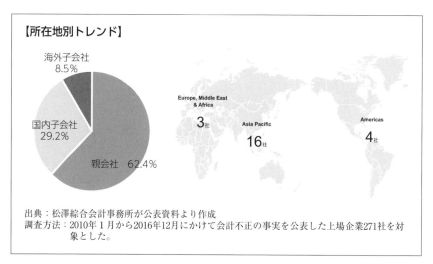

出典：松澤綜合会計事務所が公表資料より作成
調査方法：2010年1月から2016年12月にかけて会計不正の事実を公表した上場企業271社を対象とした。

筆者らの経験においても中国・タイ・インドネシア・マレーシアなど，海外子会社における会計不正も増加傾向にある。海外子会社における不正実行者は，主にマネジメントであり，業績ノルマ達成のための粉飾決算や，一国一城の主となった会社を私物化し，会社資金を横領するといった事実が判明している。

(7) **監査法人別トレンド**

公認会計士法第1条には，「公認会計士は，監査及び会計の専門家として，独立した立場において，財務書類その他の財務に関する情報の信頼性を確保することにより，会社等の構成な事業活動，投資者及び債権者の保護等を図り，もって国民経済の健全な発展に寄与することを使命とする。」と記載されており，世界約120ヶ国（約160団体）で，約250万人の公認会計士が，自国の企業等が公開する財務情報を検証し，世界中

の投資者に開放される株式市場においてその正しさを保証している。言い換えれば，公認会計士は証券市場・株式市場の番人である。

公認会計士5人以上が出資者となり，内閣総理大臣の認可を受けて設立される公認会計士法上の特別法人が監査法人である。上場会社などの大企業に対する会計監査を個人組織の会計事務所が行うことの限界が指摘されたため，組織的監査体制を実現すべく，1966年の公認会計士法改正により制度化されている。

上場している被監査会社の73％は，大手監査法人が監査しており，特に，大規模な会社ほど大手監査法人が監査を行うことが多いため，時価総額ベースでは大手監査法人の割合が9割を超えている。

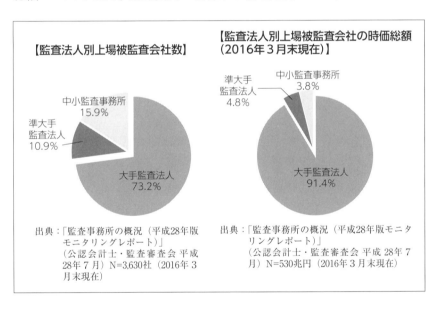

残念なことに，公認会計士という証券市場・株式市場の番人は神ではない。警察がいても犯罪が発生するように，証券市場・株式市場の番人がいても会計不正は発生するのである。

会計不正の監査法人別トレンドは，下記のとおりである。

2010年12月期：大手監査法人23社（62.2％）
2011年12月期：大手監査法人23社（56.1％）

30　第1章　会計不正を発見できない理由を探る

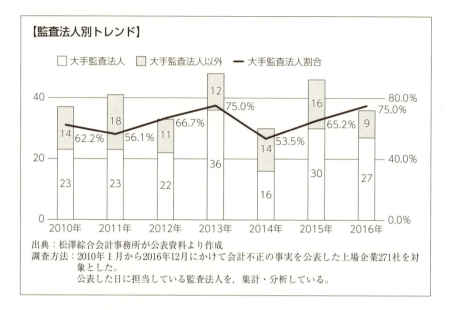

出典：松澤綜合会計事務所が公表資料より作成
調査方法：2010年1月から2016年12月にかけて会計不正の事実を公表した上場企業271社を対象とした。
　　　　　公表した日に担当している監査法人を，集計・分析している。

　2012年12月期：大手監査法人22社（66.7％）
　2013年12月期：大手監査法人36社（75.0％）
　2014年12月期：大手監査法人16社（53.3％）
　2015年12月期：大手監査法人30社（65.2％）
　2016年12月期：大手監査法人27社（75.0％）

　大手監査法人の中では，ベンチャー企業の上場支援に力を入れ，ベンチャー企業のクライアント数が多い監査法人が一番会計不正の発生が多い。また，大手監査法人以外にも，中堅中小監査法人にて会計不正が発覚するケースは後を絶たない。大手監査法人から中堅中小監査法人に，会計監査人が変更されてからの発覚も散見される。

　正当な注意を払わずに会計不正を看過した監査法人に対して，金融庁は，処分を厳格化している（行政処分公表事例：KDA監査法人，清和監査法人，監査法人セントラルなど）。

(8)　**上場年数別トレンド**
　会計不正の上場年数別トレンドは，下記のとおりである。

第1　会計不正の特性を知る　31

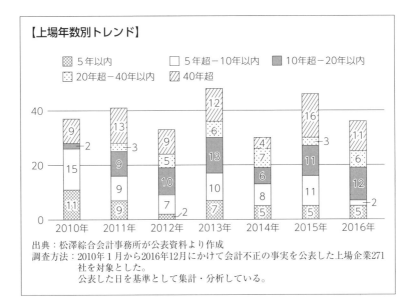

出典：松澤綜合会計事務所が公表資料より作成
調査方法：2010年1月から2016年12月にかけて会計不正の事実を公表した上場企業271社を対象とした。
公表した日を基準として集計・分析している。

2010年12月期：10年以内26社（割合70.3％）
2011年12月期：10年以内16社（割合39.0％）
2012年12月期：10年以内9社（割合27.3％）
2013年12月期：10年以内17社（割合35.4％）
2014年12月期：10年以内13社（割合43.3％）
2015年12月期：10年以内16社（割合34.8％）
2016年12月期：10年以内7社（割合19.4％）

　2010年12月期は，2000年代前半にIT関連企業の上場バブルに乗じて上場した企業が，その後の不景気の煽りを受け粉飾決算を行い，リーマンショックが引き金となり，粉飾決算が明るみに出る事例が相次いでいる。傾向として上場年数が増加するにつれ，企業としての成熟度が増し，会計不正は減少しているが，一方で上場年数が50年を超えると増加に転じるようである。組織が硬直化しいわゆる「大企業病」に浸食された企業は，部門予算の達成といった内向きである目標に執着し，会計不正に手を染める事例が多いように思える。

(9) 会計不正の発覚経路

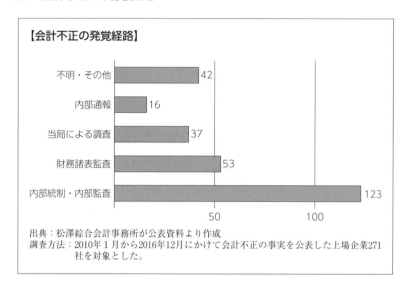

会計不正の発覚経路は，不正発生企業のガバナンスや内部統制に依存するため，中小・中堅企業とは不正の発覚経路の統計とは異なる可能性が高いが，上場企業の公表されている会計不正の発覚経路は，上表のとおりである。

　内部統制・内部監査：123社
　公認会計士による財務諸表監査：53社
　税務署や証券取引等監視委員会などの当局による調査：37社
　内部通報：16社

内部統制・内部監査や財務諸表監査といったモニタリングの場面で発覚するケースは多いものの，公表しなければならないほど重要な会計不正であることを鑑みると，会計不正の早期発見ができていないのではないか，との懸念がある。なお，取引先などからの認識していない取引についての照会により判明する事例もある。

⑽ 不正実行者及び主体的関与者

【上場市場別会計不正の発生割合】

	単独犯	内部共犯	外部共犯
経営層	62名	77名	18名
管理職	19名	15名	12名
一般従業員	35名	7名	26名

出典：松澤綜合会計事務所が公表資料より作成
調査方法：2010年1月から2016年12月にかけて会計不正の事実を公表した上場企業271社を対象とした。
　　　　　調査報告書にて，不正実行者及び主体的関与者が，判明しているもののみを集計し分析している。

　過去7年間で会計不正を公表した271社のうち，不正実行者及び主体的関与者を分析すると上表のとおりである。
　経営層が関与する会計不正は，主に粉飾決算である。多くはステークホルダーに対する決算説明のために，組織ぐるみと思える状況で行われており，複数の人間が関与する場合がほとんどである。
　また，管理職が関与する会計不正は，部門などの予算達成のための粉飾決算や，決裁権限者としての地位を利用した取引先からのキックバックによる会社資金の横領などが多い。
　最後に，従業員が関与する会計不正は，会社の内部統制の脆弱性や不備をついて，会社資金を単独でないしは共謀にて詐取する事例が多い。

⑾ 不正調査の実施体制のトレンド
　最近の日本企業においては，不正・不祥事が発覚したときに，外部の不正調査専門家を利用することや，外部有識者による外部調査委員会を設置するケースが多くなっており，会計不正発覚時も例外ではない。こ

れは，本来，外部調査委員や第三者委員会を設置することで，会計不正の発覚後における会社内部の調査に透明性・客観性を担保する，役員責任等の追及に備えた法的な側面からのアドバイスが受けられる等といったメリットや目的がある。

　残念なことに，近年では，第三者性のない人間が第三者委員等と名乗り調査を請負う事例，（経営者の意向に沿うように調査をするため）重要な不正事実を隠蔽する事例，火事場泥棒のように不正調査の対価として高額な報酬の請求など不正調査側にも問題がある事例が発生しているようである。企業には，不正調査人をきちんと見極めて頂きたい。

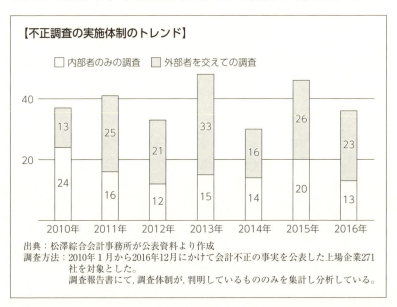

不正調査の実施体制には，第三者委員会，内部調査委員会に専門家の参画，専門家の参画がない内部調査委員会等さまざまな形態が存在する。不正調査は，通常，組織的に実施され，実施体制は，不正の手口，不正の容疑者の職位，ステークホルダーへの影響の大きさの程度から慎重に行うべきであり，想定外の状況が生じた場合は，柔軟かつ迅速に不正調査体制を変更することが望まれる。すなわち，企業等の外部者（第三者委員）で不正調査を実施することが重要なのではなく，効果的な不正調

査をするために，不正調査の実施体制を選択することが重要である。

　企業は，不正調査の有効性を担保するために，あるいは真実を解明すべく，必要に応じて内部調査をサポートするフォレンジック会計士を活用することが効果的である。フォレンジック会計士とは，不正調査を業とする公認会計士であり，電子データを含む関連記録を調査・分析し，当該記録を復元・再構築するとともに，関係者への聞き取り調査等を実施し，会計不正が行われたかどうか，いつから行われ，またどのようにして隠匿されてきたのかを見極めるとともに，影響の大きさを評価し，会計不正が引起こした損害を数量化し，訴訟や保険請求等を含むその後の是正措置の戦略策定をサポートする公認会計士をいう。会計不正の調査とその是正措置に実行性を担保するために，必要に応じて事前に外部の専門家に相談をすることが重要であろう。

⑿　会計不正による損害額

　最後に，粉飾決算においては純資産に与える累積的影響額を，資産の流用においては流用額を，企業における「不正による損害額」

【会計不正による1社当たりの平均損害額】

約**30**億円

と見做し，過去7年間で会計不正を公表した271社のうち，損害額が判明しているものにつき平均損害額を試算した。

　その年度に巨額な会計不正が発覚すると，その値に影響を受けてしまうことがわかるが，過去7年間の1社当たりの平均損害額は，上表のとおりである。

　　2010年12月期：1,273百万円
　　2011年12月期：4,074百万円
　　2012年12月期：3,949百万円
　　2013年12月期：850百万円
　　2014年12月期：264百万円
　　2015年12月期：10,186百万円

2016年12月期：365百万円
7年平均：2,994百万円

出典：松澤綜合会計事務所が公表資料より作成
調査方法：2010年1月から2016年12月にかけて会計不正の事実を公表した上場企業271社を対象とした。
調査報告書にて，損害額が判明しているもののみを集計し分析している。

❺ 粉飾決算の一般的手口と類型

　繰返しとなるが，粉飾決算の兆候や端緒の把握による早期発見，粉飾決算発覚後の実態把握のためには，粉飾決算の一般的な手口と類型（パターン）を理解しておくことは重要である。下記では，上場企業において生じうる典型的な粉飾決算の類型及び兆候を記載し留意するポイントを述べる（所謂，逆粉飾は考慮せず，また，資

【粉飾決算の基本的構図】

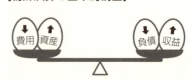

記載されている内容が，難しいと感じる場合は，上記の天秤をイメージすると理解しやすいであろう。例えば，全ての卵の重さが同じであると仮定すると，売上高を1個増加させた場合（右側）は，費用又は資産を1個増加させるか，収益又は負債を減少させれば天秤は釣合うことになる。これが粉飾決算の基本的な構図である。

産の流用を伴う粉飾には敢えて言及をしていない)。上場企業特有の論点も記載されているが,非上場企業にも十分に参考になるであろう。

粉飾決算の類型は,結果として下記の2つに集約される。

- 資産,収益は過大計上する
- 負債,費用は過小計上する

多くの場合,どちらも企業の純資産額が増加することになり,形式上安定した状態を示すことになる。

(1) 収益の操作

売上高の過大計上や不適切な会計期間での売上高の計上(早期計上等)による売上高の操作は一番多く用いられる粉飾決算の類型である。前年対比および予実対比による売上高の趨勢分析,売上高成長率の同業他社との対比,売上債権回転期間の分析等の実施により整合性を慎重に検証することがポイントとなるであろう。

- 長期的に売上高の増加と営業キャッシュフローの増加に連動性がない。
- 異常または複雑な取引が決算日直前に計上されている。
- 売上債権回転期間が異常に増加している。
- 同業他社の売上高成長率に比して著しく成長している。　など

【収益の早期計上・架空計上】

	資産	負債	収益	費用
粉飾決算実行			↑	
理論上の粉飾決算の操作	↑	↓	↓	↑

※理論的には,上記の方法が考えられるが,収益の過大計上に対しては,資産を過大計上させるのが一般的である。

収益の過大計上における手口の粉飾決算においては過大計上した収益に対して,資産を過大計上するのが一般的である。なお,本来的には主

に以下の特長があり，これを偽装又は隠蔽することになる。

> 収益に関する契約や取決め等の証拠が存在しない
> 商品を発送した事実，サービス提供の事実が存在しない
> 販売価額が確定していない，または決定できない
> 債権の回収可能性が保証されていない　など

① 通常の収益の早期計上

　企業は解散や倒産・清算などを予定することなく永久にその事業を継続するとの前提のもと，事業を営んでいる。これを会計理論上，継続企業の公準といい，当該公準もと，終わりのない事業活動の前提にたち会計報告のため人為的な会計期間を設定し，会計報告（期間損益計算）を行っているのである。収益認識時期の操作による手口は，収益を本来認識すべき会計期間ではなく，早期に認識する（収益の早期計上）ことにより，利益を有利に増加させるというものである。

　収益の早期計上（質に問題がある収益の計上も含む）は，翌期以降に実際に収益を認識できるものを先行して計上を行う。筆者らの知見では，多くの場合，一度実施してしまうとそれ以降毎期繰り返さざるを得なくなり，毎期規模が大きくなる。また，経常化している場合も多く，粉飾決算を行っているという感覚が希薄な場合が多い。

② 長期契約を利用した収益の早期計上

　長期契約には，会計上の収益認識において特殊な問題が発生する。例えば，建設業，システムインテグレータ（SIer），受託のソフトウェア開発業等の長期契約では一部は状況に応じて，売上高の計上基準として工事完成基準か工事進行基準が用いられる。工事完成基準は，完成引渡時に収益を計上するもので，業務に係る費用は，収益を計上するまで未成工事支出金などに仕掛品として資産に計上されている。一方，工事進行基準では，工事の進捗率に応じて収益及び費用を認識するが，当該基準の収益認識は特に不正に利用されやすい。経営者は，収益を早期計上するために，自身の裁量により決算日における工事進捗度等を不正に操作するのである。

工事進行基準適用に伴う会計と税務の関係

 本書執筆時現在,上場企業においては,工事進行基準の適用に伴い,会計上と税務上で異なる処理となり得る場合があり,収益認識時期の操作という粉飾決算の手口をより複雑化することがある。すなわち,会計上は,企業会計基準第15号「工事契約に関する会計基準」及び企業会計基準適用指針第18号「工事契約に関する会計基準の適用指針」(共に企業会計基準委員会)に従い,成果の確実性が認められる場合,すなわち①工事収益総額の信頼性,②工事原価総額の信頼性,③決算日における工事進捗度の信頼性の3要件を満たす場合のみに工事進行基準が適用され,一方,税務上は長期大規模工事に該当する場合に工事進行基準が強制適用されることになる(法人税法第64条第1項,法人税法施行令第1項・第2項,法人税法基本通達2-1-5等)。

 このように,上場企業において,会計と税務では工事進行基準が適用される条件が異なることになる。

税務基準			
長期大規模工事	要件	●着手の日から目的物の引渡しの期日までの期間が1年以上 ●請負の対価が10億円以上 ●請負対価の2分の1以上がその工事の目的物の引渡しの期日から1年を経過する日後に支払われることが定められていない	▶工事進行基準(強制適用)
その他の工事		●長期大規模工事以外の工事で2事業年度以上にわたる	▶工事進行基準・工事完成基準(選択可能)
		●上記以外	▶工事完成基準

③ 押込み販売を利用した収益の早期計上

 押込み販売とは,他社が注文してきた商品の数量より多く,または注

文していない商品も無理やり納入して販売することであり，売上を実際よりも多めに見せる手口である。例えば，メーカーや卸売業者は，売上達成のためや決算対策，また小売業は在庫を抱えればもっと売る気になるという勝手な論理から，無理な販売を行う。この手口は，一般的にグロスマージンが高い消費財を販売するような業界において慣行的に行われる傾向にある（たばこ，薬品，化粧品，ブランド品などの消費財）。また，経営者が所有する会社や連結財務諸表の範囲に含まれない関連当事者を通じて行われる場合もある。押込み販売は，返品によって不必要な費用が発生し，小売店でのディスカウントの対象になるなど，翌期に販売目標を達成するのが困難になる。

④ 条件付売上を利用した収益の早期計上

条件付売上は，完結していない条件等が存在し，所有者としての権利やリスク等が買い手に移転していないものをいう。取引条件等によって異なるが，多くの場合は商品等の買戻しの可能性，販売対価決済条件，売価と仕入価額の関係，買い手による売戻し権行使可能時点までの在庫リスクの負担関係等を総合的に勘案して，収益認識の適否が判定されることになる。将来は収益認識の条件を満たす可能性があるが，それをその時点で条件を満たしたと偽装を行い収益を早期計上するのである。

収益認識に関する国際比較

(日本の会計基準)

　日本において，収益認識に関する包括的な会計基準は存在しないものの，企業会計原則（1949年経済安定本部企業会計制度対策調査会）において，収益認識は実現主義によることとなっている。この実現主義の下で収益を認識するためには，一般に「財貨の移転又は役務の提供の完了」とそれに対する現金・現金等価物等受領による「対価の成立」が要件とされている。

(国際会計基準)

国際会計基準では，IAS18において，収益認識の要件を下記のよう

に「物品の販売」,「役務の提供」及び「企業資産の第三者による利用」の取引形態に分けて定めている。

	物品の販売	役務の提供	企業資産の第三者による利用
物品の所有に伴う重要なリスクと経済価値が移転していること	○		
重要な継続的関与がないこと	○		
収益の額を信頼性をもって測定できること	○	○	○
経済的便益の流入可能性が高いこと	○	○	○
原価の額を信頼性をもって測定できること	○	○	
決算日現在の進捗度を信頼性をもって測定できること		○	

出典：会計制度委員会研究報告第13号「我が国の収益認識に関する研究報告（中間報告）―IAS第18号「収益」に照らした考察―」（平成21年7月9日日本公認会計士協会）

⑤ 架空収益の計上

架空または虚偽の売上は，実際には販売していない商品や提供していないサービスに対して計上することになる。得意先は誰でもよく，実在しない得意先や，時には実在する得意先への売上として計上される。

例えば，実在する得意先宛に虚偽の請求書を作成し，実際には商品販売しない。翌期期初に不正を隠蔽するための売上を取消し，その結果，翌期の売上が不足し，さらに架空の売上を計上する必要が生じてくる。また，実在する得意先へ売上を実際より多く販売したように虚偽の請求書を作成する場合もある。

架空または虚偽の売上は，「A.売上高の著しい減少を隠す場合」と「B.継続的な営業損失の発生を隠す場合」とでは，どちらの目的に力点を置くかによって粉飾決算の方法が異なってくる。「A.売上高の著しい減少を隠す場合」では，架空売上高を大きく積上げる必要がある。売上高のみを過大に積上げていくと売上総利益，営業・経常利益率等は通常年と比較して過大となり，粉飾決算が発覚しやすくなるため，これを防

止する目的で売上原価も同時に計上することになる。具体的には，売上債権（借方）と売上高（貸方），売上原価（借方）と棚卸資産（貸方）の仕訳を計上する。この仕訳を行うと実態とかけ離れて過大計上された売上債権，過小計上された棚卸資産を翌期以降も引きずることになるため，売上債権，棚卸資産を実態の残高に戻す修正仕訳（振戻し仕訳）を翌期首に行う場合もある。「B．継続的な営業損失の発生を隠す場合」では，架空売上高の計上のみを行い売上原価の計上を行わず，通常，増加させたい営業利益分だけ売上高を計上して，売上原価を計上しない処理となる。

事例紹介5　建設業

建設業を営むA社は，売上先行計上により，結果として売上債権の水増しの粉飾決算を行っていたが，売上高の先行計上分に見合う未成工事支出金の取崩しが同時に行われるので，負債の隠蔽の粉飾も並行して行われていた。

収益の操作による粉飾決算事例は最も多く，循環取引のように多数の会社がからむ場合もあれば，2社間で売上と仕入のキャッチボールとなる例もあり，さまざまな手口が存在する。

⑥　売上代金の着服

収益の操作に関して売上代金を着服する手口がある。これは，通常，資産の流用（横領）を伴う粉飾決算となる。

- 入金処理する前に着服する（スキミング）。
- 回収金を着服した後，他の得意先の回収金で穴埋めする（ラッピング）。

スキミング（Skimming）は，例えば，営業担当者が小切手で回収した売上代金を入金処理前に着服してしまう場合や，小売店や外食産業のような業態でレジを打たずに着服する場合である。結果的に売上高が過小計上となる。なお，スキミングによる不正は，売上債権や棚卸資産が異常値を示すことが多い。

ラッピング（Lapping）は，例えば，営業担当者がある得意先の売上代金を着服した後に，他の得意先の回収金で穴埋めするという場合である。得意先の回収期日が異なる場合は，発見がしにくい場合がある。なお，ラッピングは，スキミングの隠ぺいに最も頻繁に使用される手口である。

(2) 費用の操作

上述した収益の操作の他に一般的な粉飾決算は，収益の増加に伴う費用の操作（過小計上または不計上）である。費用を操作し，経営者の都合の良い時期に費用を計上するのは，多くの場合，主に重要な営業損失，経常損失又は当期純損失の計上の隠蔽や，債務超過を隠蔽する目的や，そのような状況に至っていなくても予算や目標を達成する目的であるが，内部統制が脆弱で経理により費用を正確に管理できていない場合も存在する。本来発生した以外の期間に費用が計上されるため，利益率に異常が生じる場合がある。例えば，当期にある商品の販売時点で収益認識するが，商品に係る費用やサービスは，翌期に繰越す操作をするため，当期は売上高の増加が利益の増加に連動しているように偽装できるかもしれないが，当然のことながら翌期には，利益は同額だけ減少することになる。

- ▷ 費用を資産に付替える。
- ▷ 売上原価を営業外費用へ付替える。

【費用の過小計上】

	資 産	負 債	収 益	費 用
粉飾決算実行				↓
理論上の粉飾決算の操作	↑	↓	↓	↑

※理論的には，上記の方法が考えられるが，費用の過小計上に対しては，資産を過大計上させるのが一般的である。

> 費用の一部を計上しない,または,費用の繰延べを行う。

前年対比および予実対比による売上総利益率の趨勢分析,売上総利益の要因分析,当期純利益の同業他社との対比,当期購入した固定資産の価額の妥当性および減価償却方法の分析等の実施により整合性を検証することがポイントとなる。また,仕入先等との関係においては,キックバック等の資産の流用が実行されていることも念頭において検証する必要がある。

> 営業利益が著しく増加している,または,同業他社よりも多額な利益が計上されている。
> 説明のつかない固定資産が著しく増加している。
> 利益が増加しているにも係らず,営業キャッシュフローのマイナスが継続している。
> 返品率,製品保証引当金率が減少している。
> 返品調整引当金,製品保証引当金が同業他社に比して多額である。

① 支出額の資産計上

計上された資産は,すぐに費用になるのではなく,売却するまで費用とならないものや,減価償却費等を通じて何年もかけて費用となるものがある。本来費用として処理するべきものが資産に計上された場合,費用が翌期以降に繰延べられることになり,利益を過大計上することが可能である。詳細は,後述する。

② 立替経費の精算

役職員が立替えて支払った諸経費を,精算のために会社に請求する際に実行され,通常,資産の流用(横領)を伴う粉飾決算となる。

> 会食等の個人支出の飲食費を「営業のため」と称して請求する(虚偽申告)
> 正当な経費を水増しして請求す

白紙領収書を入手しているかもしれません。

る（過大申告）
- 領収書や請求書を改竄又は偽造して請求する（架空請求）
- 別の確証により，二重に請求する（二重請求・多重請求）など

　立替経費の精算に係る不正は，通常1件当たりの損害額は比較的少額であるものの，長期継続的に実行される場合には発見しづらい。また，第三者と共謀により実行された場合は，損害額も多額になる場合がある。前年度同期比，予算比及びスケジュール表（時間的・地理的プロファイリングなど）と多面的に分析が必要である。

- 上長が，担当者の経費のチェックをしていない。
- 特定費用，特定の担当者の経費が他者に比して多額である。
- 経費の発生日が，休日や精算者の休暇中である。
- 証憑や確証が存在しない，又はコピーである。
- 費用の明細が報告されていない。
- 常に同じ様式の領収書が使用されている。
- 領収書の記載の文字が精算者の筆跡に酷似している。
- 領収書の日付が古い。
- 経費金額が常にラウンドされている（端数のない数字）。
- 経費限度額いっぱいの精算が多い。
- 所属部門以外の管理者による承認がなされている。　など

事例紹介6　企業全般

　担当者甲氏は，出張のたびに通常運賃の航空券を購入し，正当な領収書を得た後に航空券の払戻しを行い，割引運賃で航空券を再購入した。会社には通常運賃で購入した領収書を提出していた。

事例紹介7　企業全般

　担当者乙氏は，行きつけの飲食店から白紙領収書を入手し，自身で架空の金額を書き込んで会社に請求していた。また，友人が個人的に支払った経費の領収書を譲受け，自身が支払ったように会社に請求してい

た。

事例紹介8　企業全般

担当者丙氏は，クレジットカードの明細を用いて経費精算をするとともに，後日飲食店から別途入手した領収書を根拠に会社に対して二重に請求していた。領収書は，日付を記載しないで入手していた。

③　他社請求書の偽装

請求書を偽装や改竄し会社に請求するものであり，資産の流用を伴う粉飾決算の中では，会社の損害額が最も多額になる手口である。資産の流用を伴う粉飾決算の多くは，不正のキックバックとなり，不正実行者へ金銭がわたることになる。

偽装に用いられる会社は，実在しない会社（いわゆる幽霊会社）や，会計不正に関して善意の会社などが用いられる。筆者らの経験でも，残高確認を発送する際には，このような会社がないか細心の注意を払うことにしている。

購買担当者，総務部担当者，工場長など支払いに係る部署が実行しやすいが，会社ぐるみで実行される場合もある。筆者らの経験では，アジア某国では，総務部長や工場長が一番金持ちになると言われ，多くの場合仕入先などと共謀により実行されている。仕入先から不正なキックバックを受取っているがために，金持ちになるのである。これらは，発見がしづらいだけではなく，不正による損害額も多額になる。特に，国外の工場長の不正の追及には，ストライキに発展する可能性があり，非常厄介な問題であろう。

- 不正実行者が設立した会社を用いて請求する。
- 実在する会社であるが，不正実行者の個人口座に入金させる。
- 実態のない会社又は取引実態のない会社を用いて請求する。
- （共犯でない）善意の会社を用いて請求する。
- 私物を購入して会社名義の請求書を作成し請求する。など

通常，（共犯でない）善意の会社に対しては，「支払・返金（pay and return）」という手口が用いられる。これは，会社に1回の請求に対して2回以上支払われるように仕向け，仕入先に対して過入金分を不正実行者自身の口座に，返金依頼するという手口である。

請求書を利用した会計不正の場合，物品の購入よりもサービスの対価としての支払いが利用される場合が多い。これは，資産が実在しないからである。また，物品の購入においても，第三者が容易にその価値が判断できないものは利用される可能性は高い。例えば，購入担当部署以外の人間が，会社の機械装置1台の購入代金につき1,500万円が適正であり，1,800万円が適正でないとは，瞬時に判断できない（300万円がキックバック相当額）であろう。

事例紹介❾　製造業

洋菓子製造業を営むTK社の生産計画担当課長は，原材料の購買を担当しており，遊興費欲しさに架空会社を設立し，同社が発行したとする請求書を作成したうえ，支払依頼書を担当部署に提出し金銭を搾取していた。

事例紹介❿　企業全般

コンサルティング会社のYZ社の営業責任者は，得意先担当者と共謀し，YZ社受注案件の一部に架空のサービスを紛れ込ませ，これを別の共謀者が経営する下請会社に架空発注することにより，YZ社から支払われた外注委託費を横領した。

事例紹介⓫　企業全般

旅行会社の経理担当者であるn氏は，代理店3社に対して業務委託料を二重に支払うなどして過剰に送金した。その後，「代金に過払いがあった」などと説明し，自らの管理する他人名義の銀行口座に返金させ

て，当該代金を騙し取っていた。

④ 人件費の偽装

人件費の偽装は，給与記録の情報を改竄し会社に請求するものであり，資産の流用を伴う粉飾決算である。

> 勤務時間などの諸条件を改竄する。
> 幽霊社員・幽霊従業員を用いる。

諸条件を改竄する手口は，実際には働いていない時間についても残業代を請求するなどの勤務時間の改竄や，歩合制の営業担当者がコミッションを過大に得る目的で販売実績を過大に申告するなどがある。

幽霊社員・幽霊従業員を用いる手口は，実際には勤務していない人間やすでに退職している人間に対して給与が計算され，不正実行者の銀行口座に入金されるなどがある。

事例紹介12 学術業

大学教授であるmh氏は，架空のアルバイト代として研究費を不正に受給し，学生にmh氏名義の口座に振り込ませていた。

⑤ 費用の操作（負債の隠蔽）

費用の過小計上に伴う負債の隠蔽は，負債を計上しないか，不適切に減額することで，主に重要な営業損失，経常損失又は当期純損失の計上の隠蔽や，債務超過を隠蔽する目的をもって行われる。すなわち，費用の過小計上に伴う負債の隠蔽は，企業がより利益率が良いように見せかける手段の1つである。

そのため，費用や負債の隠蔽のため一番利用される手口は，記帳しないということである。請求書は破棄され（あとで別の書類を送る），仕入債務に計上されずに財務報告等が作成される。例えば，実際には生命保険会社から借入が存在するが，保険積立金を支払うものの借入金を計上せずに架空売上高を計上するというような手口である。ただし，借入金が簿外処理になっていても，支払利息が適切に処理されていれば借入金

平均残高と支払利息の割合から異常性を判断することもできる。また，多額の保険積立金があれば借入金の有無を検証することは必須である。

しかしながら，資産は実在性，負債は網羅性の検証が重要であるが，「あるもの」の実在性を検証することに比べて，「あるべきであるにもかかわらず，ないもの」を見つける作業はより一層困難となる。また，利益は，費用及び負債を減少させれば増えるので，いくつかの売上取引を偽装するよりは，比較的手間を掛けずに操作が可能である。なぜならば，不正に記帳された取引よりも簿外取引の方が，証跡が残らないため発見されにくい。

このように簿外負債の検出は難しいことから，簿外負債を利用した粉飾決算は発見できない場合が多い。例えば，資金繰りに苦しんでいる経営不振企業は，多くの会社を巻き込んで資金の融通をし合っている場合が多いため，その保証関係も複雑となりやすい。これらの保証関係を隠している粉飾決算というのも数多く存在する。筆者らは，倒産したグループ会社の資金融通・保証関係図をみる機会があり，殆どが電気回路の配線図のような状態になっていることがある。

事例紹介13　出版業

出版業を営むG社は，H社というa氏の個人資産管理会社に対して，a氏の個人的な知人が多額の融資を高金利で行い，その見返りにG社またはH社の手形を保証手形として簿外で渡していた。そこで調達した資金はG社，H社，第三者の会社での粉飾決算に利用されていた。その後，調達した資金の決済が困難になったため，乱発した簿外手形の一部は暴力団系の金融会社にも渡り，これがG社の信用不安説を引き起こし倒産の引き金となり，簿外債務が一挙に顕在化することになった。

(3) **資産の操作**

資産の操作のほとんどは，棚卸資産，売上債権，固定資産の評価が絡む問題である。会計上の見積りを用いて評価を行うものもある。減価償却資産の残存価値や耐用年数の決定，売掛金の回収不能額の決定，棚卸

資産の評価損の決定等に会計上の見積りが用いられ，これらの会計上の見積りを操作することで粉飾決算が可能である。

また，上述した収益の過大計上および費用の過小計上は，それを隠蔽するために資産を過大に評価する可能性もある。現在の利益を増加させるために，また，即時費用化を遅らせるために，費用ではなく資産に分類するのである。

さらに，予算の要請や経営計画に合わせる等のさまざまな理由により，資産は本来当該資産が属さない資産へ意図的に分類することもある。この操作は財務比率を歪め，ローン契約やその他の借用条件を満たす等の目的もある。

- 資産への単価調整により費用の付替えを行う。
- 資産の償却年数，償却方法の変更を行う。
- 必要な減損処理を実施しない。
- 公正評価額を変更する。
- 無形資産への付替えや取引価額の合理性がない資産の計上を行う。
- 滞留資産を新規取得資産へ付替えを行う。　など

【資産の過大計上】	資　産	負　債	収　益	費　用
粉飾決算実行	↑			
理論上の粉飾決算の操作	↓	↑	↑	↓

※理論的には，上記の方法が考えられる。

特に資産の適切な価額が識別できるかがポイントとなる。資産の評価方法の継続性の検証，実地棚卸の有無の検証，異常に単価の高い資産，取引価額の合理性がない資産の分析，無形資産が組込まれた資産や頻繁に単価変更がなされている資産の分析等の実施により資産の評価を検証することがポイントとなる。

- 利益が増加しているにも係らず，営業キャッシュフローのマイナスが継続している。
- 業界の価格競争が激化している。
- 業界の倒産が増加している。
- 主観的な判断に基づき資産を評価している。
- 棚卸資産等の資産が著しく滞留している。　など

① 棚卸資産の操作

【棚卸資産の評価】

	品質低下評価損	陳腐化評価損	低価法評価損
発生要因	物理的な劣化	経済的な劣化	市場の需給変化
棚卸資産の状態	欠陥	欠陥	正常
売価の回復可能性	なし	なし	あり

出典：企業会計基準第9号「棚卸資産の評価に関する会計基準」を参考に作成

　通常の販売目的で保有する棚卸資産は，取得原価をもって貸借対照表価額とし，期末における正味売却価額が取得原価よりも下落している場合には，当該正味売却価額をもって貸借対照表価額とする。この場合において，取得原価と当該正味売却価額との差額は当期の費用として処理することになる。棚卸資産は適切に評価減しないと，資産が過大に評価されることに伴い費用を過小計上するという操作が可能である。

　また，棚卸資産は，物理的な数量の不正操作，在庫にコストを上乗せする単価の水増し，売上原価への配賦分の間接経費を少なくする，あるいは他の手段によって，過大評価が可能となる。

　架空の棚卸資産には，在庫数の数量シート，受領報告書等の偽造文書の作成が，たいてい存在する。筆者らの経験では，棚卸資産の評価損を計上していない例として，売却不能な商品が多量に倉庫に残っているにもかかわらず，創業時より数十年に亘って，棚卸資産の評価損の計上を行ったことがないという事例があった。

事例紹介14　卸売業

卸売業を営むD社は，棚卸資産を水増しすることにより粉飾決算を行ってきたが，途中から一部の金額は繰延税金資産に振替えられていた。繰延税金資産の計上額の妥当性に関する外部の分析では，粉飾決算の有無を判断することは困難であった。

② 売上債権の操作

売上債権は，売上の操作や棚卸資産の操作と同様操作されやすく，多くの場合，組合わされて操作が行われる。売上債権で多い操作は，架空売上債権の計上，滞留売上債権を不良債権等として処理しない（または貸倒引当金が十分ではない）というものである。

【売上債権の会計と税務の相違】

会計	一括評価	貸倒実績率（当期を含む過去3年）に基づいて評価
	個別評価	貸倒懸念債権
		破産更生債権等
税務	一括評価	貸倒実績率（当期を含む過去3年）に基づいて評価。ただし，中小企業は法定繰入率を使用することができる。
	個別評価	更生計画認可の決定等
		実質基準
		更生手続開始の申立等
		外国の政府等に対する債権

出典：松澤綜合会計事務所プレゼンテーション資料より抜粋

架空の売上債権は，通常，上述した売上高の早期計上や架空売上から生じる。また，当初，適切な会計基準に基づいて資産計上を行ったが，得意先の業績不振等で回収可能性に問題が発生したにもかかわらず，貸倒引当金を未引当の滞留売上債権となっているものもある。回収可能性の判断には，必然的に恣意性が介入し，その評価額を絶対的に決めることはできないが，得意先の倒産や，実態のない状態になっているにもかかわらず，貸倒引当金の計上を全く行っていない状態は粉飾決算と言える。

③ 固定資産の操作（PPAの操作）

パーチェスプライスアロケーション（PPA）とは，M&Aにおける買収対価（買収価額）を，買収対象企業の資産及び負債の基準日時点における時価を基礎として，買収対象企業の資産及び負債に配分する手続である。PPAは，買収対象企業の動産・不動産等の有形資産のみならず，貸借対照表に計上されていない無形資産も併せて時価評価する必要があることから，PPA手続の一環として，買収対象企業に存在すると考えられる無形資産（商標権，技術，ブランド，顧客リスト等）を識別・測定し，買収対価を当該無形資産に配分するという手続が必要となる。PPAは，日本の会計基準においても，2010年4月1日以降より必要な会計処理となっており，買収完了後，1年以内の処理が求められている。

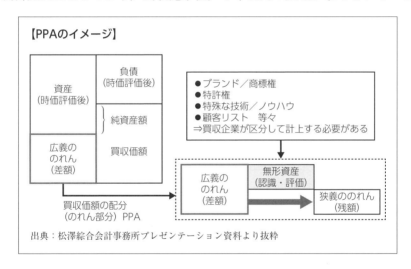

貸借対照表に計上されていなかった無形資産を評価することで，買収対象企業の資産が実質増え，それに伴い純資産も増えることになる。すなわち，この評価を通じて粉飾決算を行うのである。

事例紹介15 金融業

投資銀行業務を業務の一部としているE社は，M&A時に生じる「のれん」の償却において，のれんの効果が20年も持続するとは考えにく

い状況において最長となる20年を償却期間として適用することで，償却年数を実態以上に長く設定して，毎期償却費を少額にする粉飾決算を行っていた。

④　固定資産の操作（減価償却費の操作）

　重複するかもしれないが，固定資産の過大計上は，さまざまな方法で行われる。そして，異なる粉飾決算の結果を受けて操作される場合もある。金額的に重要性があり，多く行われる粉飾決算は，固定資産の減価償却費の未計上又は不計上である。具体的には，製造業，ビル賃貸業のように固定資産を多く保有している企業の場合，減価償却費の損益に及ぼす影響額が大きく，減価償却費を計上すると営業損失となってしまう等の理由で，減価償却費の過小計上や，一切計上していないという状況がある。例えば，営業損益が「トントン」である製造業があり，大型設備投資を行ったので毎期減価償却費を計上しなければならない状況になったとする。しかし，減価償却費を計上すると直ちに営業損失となってしまい，今後追加融資が受けられなくなる虞があることから減価償却費を計上していない例や，減価償却費を計上するものの仕掛品（棚卸資産）に配賦しておき営業損失を免れるという例もある。筆者らの経験では，この方法で粉飾決算をしている企業は相当数に上る。

⑤　固定資産の操作（セール・アンド・リースバック取引の利用）

　所有する資産を貸手に売却し，貸手から当該資産のリースを受ける取引は「セール・アンドリースバック取引（Sale and Leaseback）」と呼ばれ，例えば所有する機械装置をリース会社に売却し，機械装置をリース会社から借りてそのまま事業の用に供するといった取引がこれにあたる。この取引により，事業に影響を及ぼすことなく資金調達が可能であり，所有する機械装置に含み益があれば，売却時に売却益を計上することが可能であり，利益操作に利用される場合がある。

⑥　固定資産の操作（減損の不計上）

　固定資産の減損会計とは，資産の収益性が低下して投資額の回収が見込めなくなった場合，当該資産の帳簿価額にその価値の下落を反映させ

る手続のことであり，上場企業では，「固定資産の減損に係る会計基準」（平成18年8月企業会計審議会）の導入により，2006年3月期から強制適用となっている。また，中小企業においても「中小企業の会計に関する指針」（最終改正　平成23年7月，日本公認会計士協会，日本税理士会連合会，日本商工会議所，企業会計基準委員会）において，固定資産の減損が求められている。減損損失の認識に際しては，金額的にも重要なケースが多いだけでなく，将来の利用見込や将来キャッシュフロー見込等の将来の事象に関連するため，主観的判断や恣意性が介入しやすく，粉飾決算に利用することが可能となる。

事例紹介16　小売業

　小売業を営むF社は，減損処理を実施すべき有形固定資産が存在したにも係らず，減損損失の計上時期を遅らせることにより粉飾決算を行っていた。

　　⑦　固定資産の操作（資産とならない費用の資産計上）
　固定資産の取得後において修繕や改良のため要した支出は，会計上資本的支出と収益的支出の2つに分類される。資本的支出は，物理的な機能を付加したり，より品質の高い部品に取換えるなどにより，固定資産の価値が高まったり，あるいは耐用年数が延長されるような支出であり，固定資産として処理を行う。一方，収益的支出は，物理的な機能の維持，補修のための支出など，主に維持・原状回復を目的とする支出であり，支出時に修繕費として処理を行う。
　上記の収益的支出を資本的支出であると処理を行えば，固定資産を過大評価でき操作が可能である。また，修繕や改良とは全く異なる本来費用として計上すべき取引を固定資産として計上し，費用を翌期以降に繰延べるという操作も可能である。
　筆者らの経験では，借入利息が固定資産に含まれていた例や，滞留棚卸資産を隠蔽するために棚卸資産を固定資産に振替て計上していた例があった。なお，綿密なレビューをしなければ，この種の粉飾決算は，通

常見落とされてしまう。

⑧ 投資有価証券の操作（減損の不計上）

有価証券の減損処理は，評価差額が純損益に計上される売買目的有価証券以外の有価証券に係る時価又は実質価額の著しい下落に伴って，当該時価又は実質価額を翌期首の取得原価とするために，取得原価を強制的に切下げ処理し，当該切下額を当期の損失として認識すべき場合の処理をいう。他の資産同様に認識すべき損失を計上しないことにより，粉飾決算に利用することが可能となる。

(4) 不適切な情報開示及びその他の操作

後発事象，関連当事者との取引，会計方針の変更，債務保証等の注記情報を不適切に開示することも多く利用される粉飾決算の類型である。特に上場企業の経営者は，公正な株価等の形成および投資者保護を目的として財務報告等を含む重要な会社情報を開示する義務を負っている。この重要な会社情報を開示しない，または虚偽の開示をすることになる。

① 後発事象の不開示

後発事象とは，決算日後に発生した企業の財政状態及び経営成績及びキャッシュフローの状況に影響を及ぼす会計事象のことであり，財務諸表を修正すべき後発事象（修正後発事象）と財務諸表に注記すべき後発事象（開示後発事象）がある。財務報告等の前提が崩れたり，簿外負債の存在を示したり，経営者の誠実性に不利な影響等がある場合，開示後発事象を開示しないという粉飾決算を働くことがある。

② 経営者等の不祥事の発生の不開示

経営者やその他上級管理職が，犯した不祥事やコンプライアンス違反は，株主に対して説明する必要がある。必ずしも全ての不祥事等の公表を直ちに行う必要はないが，積極的な損害回避の方策の検討を怠った場合，善管注意義務違反を問われる可能性がある。また，不祥事やコンプライアンス違反で発生した損害を隠蔽するために違う名目の損失を開示しているケースもある。筆者らの経験では，海外子会社の役員が行った不正を隠蔽するために，他の子会社の清算に合わせて清算損失として計

【開示後発事象の例】

分　類		内　容
財務諸表提出会社，子会社及び関連会社に関する事象	会社が営む事業に関する事象	重要な事業の譲渡
		重要な合併，会社分割
		重要な事業からの撤退
	資本の増減等に関する事象	重要な新株の発行
		重要な株式交換，株式移転
		重要な自己株式の取得，処分，消却
	資金の調達又は返済等に関する事象	多額な社債の発行，資金の借入
		多額な社積の買入償還又は繰上償還
		借換え又は借入条件の変更による多額な負担の増減
	子会社等に関する事象	重要な子会社等の株式の売却
		重要な子会社等の設立，株式取得による会社等の重要な買取
		重要な子会社等の解散，倒産
	会社の意思にかかわりなく蒙ることになった損失に関する事象	火災，震災，出水等による重大な損害の発生
		不祥事等を起因とする信用失墜に伴う重大な損失の発生
	その他	重要な係争事件の発生又は解決
		重要な資産の担保提供
連結財務諸表固有の後発事象に関する事象		重要な連結範囲の変更
		セグメント情報に関する重要な変更
		重要な未実現損益の現実

出典：松澤綜合会計事務所プレゼンテーション資料
注：事象発生の原因により，修正後発事象に該当する場合があり得る。

上している例，また，従業員の現金横領に伴う損失を貸付金として計上している例があった。

③　関連当事者との取引の隠蔽

関連当事者とは，ある当事者が他の当事者を支配しているか，または，他の当事者の財務上および業務上の意思決定に対して重要な影響力を有

している場合の当事者等をいい，以下に掲げる者をいう（関連当事者の開示に関する会計基準（平成18年10月17日　企業会計基準委員会））。

【関連当事者の範囲】	
●親会社 ●その他親会社 ●法人主要株主	●子会社 ●関連会社 ●関連会社の子会社
●個人主要株主 ●役員及び親族者 ●親会社又は子会社の役員及び近親者	●兄弟会社 ●法人主要株主の支配会社

(ア)　親会社
(イ)　子会社
(ウ)　財務諸表作成会社と同一の親会社をもつ会社
(エ)　財務諸表作成会社が他の会社の関連会社である場合における当該他の会社（その他の関係会社）並びにその親会社及び子会社
(オ)　関連会社及び当該関連会社の子会社
(カ)　財務諸表作成会社の主要株主及びその近親者
(キ)　財務諸表作成会社の役員及びその近親者
(ク)　親会社の役員及びその近親者
(ケ)　重要な子会社の役員及びその近親者
(コ)　(カ)から(ケ)に掲げる者が議決権の過半数を自己の計算において所有している会社及びその子会社
(サ)　従業員のための企業年金（企業年金と会社との間で掛金の拠出以外の重要な取引を行う場合に限る。）

　関連当事者との取引は，通常の取引条件で行われていないことがあり，その状況が財務諸表から容易に識別できないため，企業の財政状態や経営成績に及ぼす影響を，その利用者が適切に理解できるように開示が要請されている。関連当事者との取引が生じるのは，通常，経営者または事業方針がその会社または他の共通の当事者により，管理または多大な

影響下にある場合である。関連当事者との取引自体は，適切に開示すれば問題はないが，適切に開示せずに粉飾決算に利用されることがある。もし，取引等が公正・公平に行われていないなら，企業は経済的な損失を被り，株主に損害を与える可能性がある。

　④　会計方針変更の不開示

　会計方針とは，財務諸表の作成にあたって採用した会計処理の原則及び手続をいい，会計方針の変更とは，従来採用していた一般に公正妥当と認められた会計基準から他の一般に公正妥当と認められた会計基準に変更することをいう。

【会計上の原則的な取扱い】

	会計上の原則的な取扱い
会計方針の変更	遡及処理する（遡及適用）
表示方法の変更	遡及処理する（財務諸表の組替え）
会計上の見積りの変更	遡及処理しない

出典：企業会計基準第24号「会計上の変更及び誤謬の訂正に関する会計基準」より抜粋

　会計方針の変更を行った場合に，会計方針の変更そのものを開示しないか，また，会計方針の変更を開示しても遡及処理を行わない，減価償却資産の減価償却方法，耐用年数，債務保証やその他の会計上の見積りにおける基本情報を開示しないという粉飾決算が行われる可能性がある。

　⑤　連結外しなど

　親会社は，原則としてすべての子会社を連結の範囲に含めるとされているが，支配が一時的であると認められる企業や，これ以外の企業であって，連結することにより利害関係者の判断を著しく誤らせるおそれのある企業については，連結の範囲には含めないことが認められている。また，資産，売上高等を考慮して，連結の範囲から除いても企業集団の財政状態，経営成績及びキャッシュフローの状況に関する合理的な判断を妨げない程度に重要性の乏しい子会社は，連結の範囲に含めないことができる。例えば，業績不振状態にある連結すべき子会社を意図的に連

結から外すために，実質的な支配が存在しないように偽装する場合，新規に買収した子会社を支配が一時的であると認められる企業であると偽装する場合，重要性が高いと判断できる子会社を重要性が乏しいとして偽装する場合等の操作をすることになる。また，連結の範囲外の子会社等に損失を付替えて損失を隠蔽するといった操作もある。なお，連結外しは経営者自らが主導して行われる場合が多く，粉飾決算による影響額は巨額になる傾向にある。

また，日本の会計基準では，子会社の決算日と連結決算日の差異が3ヵ月を超えない場合には，子会社の正規の決算を基礎に連結決算を行うことが認められている。そのため，12月決算の子会社の財務諸表を用いて，親会社の3月決算に連結をして連結財務諸表を作成する事例が多く見られる。この決算期差異を利用して，親子会社間や子会社間にて押込み販売をする不正も存在する。

以上，極めて典型的な会計不正の手口を紹介してきたが，会計不正の実行期間が長くなればなるほど，これら典型的な会計不正の手口を複数組合わせ実行される可能性は高まる。

このような複数の類型を使用した会計不正は，例えば，循環取引による粉飾決算や子会社を利用した粉飾決算等に代表され，手法としては古くから存在するものの，特に循環取引においては，①スルー取引，②Uターン取引・まわし取引，③クロス取引，バーター取引等さまざまな態様があり，物品の売買偽装からサービスの取引偽装まで，取引の多様化に伴い，会計不正の発見も難しくなるであろう（循環取引の詳細は，後述する）。証憑が偽装され，資金の決済まで実施されている場合においては，過去の正常収益力を把握できないだけではなく，過去の正常営業キャッシュフローを把握することは困難となる。このように複数の類型を使用した会計不正は，早期発見や発覚後の実態把握が困難であることは言うまでもない。

第2 不正調査における都市伝説と不正発見のヒント

1 全てが詳らかになるインタビューテクニック

筆者ら不正調査の専門家のように不正調査の経験が豊富であると，「インタビューテクニックのみで不正が詳らかになる」という都市伝説がある。すなわち，会計不正を実行したが自白をしない容疑者も，即座に不正の実行を認めることになるというのだ。吹聴している専門家には申し訳ないが，これは，全くの都市伝説である。

ヒント

インタビューに王道はない。面接者に必要とされるのは，相手から話を聞き出そうとする熱意，創意工夫及び経験である。インタビューの理論を理解し，あとはひたすら自身のスタイルを確立し経験を積んでいくことが，インタビューを成功させる近道である。

公表されている第三者委員会等の調査報告書を閲覧しても，インタビューを実施しただけで会計不正の調査を終了している事例も昔は多く散見されていた。これは，インタビューだけで不正が詳らかになるのではなく，単に不正調査が不十分なだけなのである。

インタビューは，インタビューマニュアルのようなものが存在し，そのマニュアルに従えば必要な回答を入手できるというものではなく，面接者と被面接者との信頼関係を基礎とする極めて人間的なコミュニケーションプロセスであるため，実はインタビューに王道はない。人間的な相性もあるであろう。特に，強制調査権限を持ち合わせていない読者が遭遇する場面では，自白の強要や理詰めというテクニックは全く意味をなさず，人間の記憶や認知機能への配慮のないインタビューアプローチは，虚偽の報告を生み出しやすい。

また，インタビューとは，特定の目的をもって行われる面接者（Interviewer）と被面接者（Interviewee）のやりとりのことであり，自由なや

りとりではないという点において通常の会話とは異なる。よって，「口がうまい」だけではインタビューを成功に導けない。

面接者に必要とされるのは，相手から話を聞き出そうとする熱意，創意工夫及び経験である。つまり，インタビューの理論を理解し，あとはひたすら自身のスタイルを確立し経験を積んでいくことが，インタビューを成功させる近道である。

不正調査や監査を実施する場合は，全ての局面においてインタビューは非常に重要な手続であり，適切なインタビューが実施できない場合，必要な情報を入手できずに話の方向が意図せざる方向にいってしまうなど，調査や監査を実施するうえで大きな障害となる。ゆえに，強制調査権限を持たず，かつ，限られた時間の中で実施するインタビューは，非常に困難であり誰にでも真似できるわけではないのである。

なお，筆者らが不正調査の過程で実施するインタビューには，大きく分けて「情報収集のためのインタビュー」と「自白を求めるためのインタビュー」の2つの局面があるが，以下では，特に強制捜査権限を持たない読者が，調査や監査に必要である「情報収集のためのインタビュー」を実施する場合に絞り，効果的かつ要点を押さえたインタビューを実施するためのインタビューテクニックのポイントを概説する。なお，投融資担当者であれば，投融資先の経理担当者・経理部長・社長等を想定し，会計監査人等であれば，監査先の各部署の担当者・CFO・CEO・監査役等を被面接者として想定して頂きたい。想定することが非常に重要である。

(1) 質問の種類

情報収集のためのインタビューにおいては，面接者は原則として開かれた質問を実施するように努めるべきである。

情報収集のためのインタビューは，通常，挑戦的，威圧的ではない情報収集を目的としてなされるインタビューであり，質問内容は偏見のない，事実としての情報を集めるために実施されるべきであ

る。面接は，真偽を見極めるために，事実や行動の矛盾点に留意する必要がある。情報収集のためのインタビューで行われる主な質問形式は以下のとおりである。

　① 開かれた質問（Open Questions）

　開かれた質問は，「はい」「いいえ」で答えることが困難な質問のことであり，応答内容を被面接者に委ねる質問形式のことをいう。被面接者は，開かれた質問で問いかけられると，質問に答えるために考える時間を必要とする。開かれた質問に対する応答はさまざまな情報を含んでいる可能性が高いため，その後の会話の深まりが期待できる。よって，情報収集のためのインタビューにおいては，面接者は原則として開かれた質問を実施するように努めるべきである。なお，開かれた質問には，主に導入のための質問（「どのようなことでいらっしゃいましたか。」等），具体例を引き出す質問（「具体的にお話いただけますか。」等），経過を聞く質問（「それでどうなりましたか。」等），感情を聞く質問（「どのように感じましたか。」等）の4種類ある。

（例）
面接者：「あなたの業務内容について教えて下さい。」
面接者：「あなたの部署の役割について教えて下さい。」
面接者：「この問題点についてどう思いますか。」
面接者：「その作業手順について教えて下さい。」

---

　② 閉ざされた質問（Closed Questions）

　閉ざされた質問は，正確な回答が求められる質問であり，相手が「はい」「いいえ」あるいは一言で答えられるような質問形式のことである。通常は，金額，量，日付，時間といった特定的な事項を扱う。被面接者は，閉ざされた質問に対する応答は「はい」か「いいえ」あるいは一言で答えることが可能なため，答えるために考えこむ必要がほとんどなく，面接者は得たい情報だけを得ることができ，被面接者は答えるのに苦労しなくてすむことになる。しかしながら，情報収集のインタビューにお

いては，限定的に用いるべきである。

> (例)
> **面接者**：「あなたは昨日出勤していましたか。」
> **面接者**：「それを発見したのは先週の何曜日ですか。」

③ 誘導質問（Leading Questions）

誘導質問（誘導尋問と呼ばれる場合もある）は質問の一部に答えが含まれている質問形式のことである。既に知られている事実を確認するために用いられる。なお，通常，裁判の尋問手続では排除されるが，状況によっては効果的に用いることができる。

> (例)
> **面接者**：「昨年度からこの承認手続に変更はないですね。」
> **面接者**：「あなたは承認をした，そうですね。」
> **面接者**：「あなたはさまざまなところからの収入がありますね。」

④ 複雑な質問（Complex Questions）

複雑な質問は，2つ以上の主題が含まれ複雑すぎて分かり難く，かつ／または複雑な回答を必要とする質問形式である。複雑な質問は，極力避けるべきである。

> (例)
> **面接者**：「あなたの役割はどういったもので，この会社で誰とどのくらい働いているのですか。」

(2) 効果的な手順

情報の収集のためのインタビューにおける効果的な手順は，A. 質問は一般的なものから具体的なものへと移行する，B. 既に確認した情報

から未確認の情報へ移行するものというものである。効果的に実施するためには，まず既知の情報を列挙し，次にそれと論理的に矛盾しない質問を行うことがポイントである。これは，特定の事象を思い出すことができない被面接者にも効果がある。情報の収集のためのインタビューにおけるポイントを列挙すると以下のとおりである。

効果的にインタビューを実施するためには，まず既知の情報を列挙し，次にそれと論理的に矛盾しない質問を行う。

- 被面接者に，敵意を抱かせる可能性の少ない質問から始める。なお，いかなる質問も問い詰めるようなものであってはならない。
- 時間的な経過や体系に沿って，事実を確認するように質問する。
- 一度に一つの質問を行い，回答が一つだけ求められる質問にする。望ましい結果を得るために，必要であれば質問を繰返す。
- 繊細ではない質問から繊細な質問へ移行し，直接的で明らかな質問をする。なお，事実と事実以外（意見，推測）を明確に区別する。
- 被面接者に回答するための適度な時間を与え，急がせない。
- 被面接者が思い出すことを手助けするようにすべきであるが，回答を提案しない。
- 面接者が被面接者の回答を理解していることを確認し，また，被面接者に回答を修正させる機会を与える。
- 回答の正確さを確認するため，割合，比率，時間や距離の推測などを用いて被面接者に比較させるようにする。
- 被面接者から全ての事実を入手する。
- 自発的に情報を提供しない者に対しては，積極的に情報提供を依頼するようにする。

特に，何を質問しても「覚えていない」という被面接者に対しては，誰もが知っているイベントやマイルストンをベンチマークとして，時間的な経過や体系に沿って，記憶を蘇らす工夫が必要となる。

(例)
面接者：「それを実施したのは，東京オリンピック開幕の後でしたか。前でしたか。」
面接者：「その時点で，部長の承認を得られていたのでしょうか。」

PEACEアプローチ

情報収集インタビューの一種であるPEACEアプローチと呼ばれるインタビューテクニックがある。近年では，諸外国の警察機関を中心に用いられるようになっている。なお，PEACEとは，下記の頭文字をとったものである。

- Planning and Preparation（計画と準備）：面接者は供述以外のあらゆる証拠を収集し，面接をどのように進めるかの計画を立てる。
- Engage and Explain（関わりと説明）：面接者は被疑者とラポールを構築し，面接の目的を提示するとともに，面接に関する説明や警告を行う。
- Obtain an Account（供述の収集）：面接者は被疑者に主体的に話させ，誘導することなく供述を聴取する。
- Closure（終了手続）：面接者のもっている情報を被疑者に提示して矛盾を突くなどし，さらなる供述を求める。
- Evaluation（評価）：得られた情報について吟味，評価を行う。

(3) インタビューにおける心得7ヵ条

その1：事前準備を怠らないこと

筆者らのようにいくら多数の不正実行者や不正関与者とインタビューを実施した経験を持ち得ていても，それだけでインタビューは成功に終わらない。インタビューにおける事前準備は，インタビューがうまくい

くかどうかの成否の鍵を握っているため極めて重要である。事前準備なきインタビューは，単なる世間話（会話）なのである。なお，事前準備のポイントは，主に以下のとおりである。

- 事案について，出来るだけ多くの情報を事前に入手し理解しておく
- 被面接者に関する情報を事前にできるだけ多く知っておく
- インタビューの目的を理解しておく
- インタビューの環境（場所，時間等）を事前に把握しておく

その２：正当な懐疑心を保持すること

インタビュー成功の７ヵ条
1．入念な事前準備
2．正当な懐疑心の保持
3．適切なコントロール
4．自身のスタイルの確立
5．ラポールの確立
6．八何の原則の意識
7．行動に着目

例えば，監査（Audit）という言葉は，ラテン語の『Auditus』に由来し，「Audio」と同じ語源で，「聴くこと」・「聴取すること」から派生していると言われている。よって，不正調査や監査の原点は，相手から話を聞くことであり，基本中の基本であるものの，相手が単なる情報提供者や不正実行の目撃者であっても100％の真実の内容であるとは限らないのである。

　不正調査や監査において，面接者が被面接者に情報の提供を強要することはできず，面接者にとって，被面接者に真実を話してもらう唯一の権利は相手を「説得する」ことだけである。そのためには，被面接者と信頼関係（ラポール：Rapport）を築上げ（詳細は後述），被面接者の話を粘り強く聞き，真実の話に繋がるポイントを見逃さないことである。同じ質問をしても，何かに気付いて次の一手につなげることができる面接者とそのまま素通りしてしまう面接者とでは大きな差がつくことになる。

その3：インタビューをコントロールすること

面接メモの取り方のヒント
- メモの取り過ぎにより時間を浪費することや、被面接者の返答に水を差すことは避け、重要なもののみ書き取る。
- 重要な意味をもつと考えられる内容や用語は、被面接者の言葉のまま書き取る。
- インタビューの最後に、メモを取った内容を被面接者に確認する。　など

　被面接者をコントロールできない場合，インタビュー内容は面接者が意図するインタビュープロセスからはずれ，被面接者の好き勝手な方向へ向かってしまい，最悪の場合は面接者と被面接者が逆転してしまう状況に陥る場合がある。効果的かつ有効なインタビューを実施するためには，このような事態は絶対に避けるべきである。インタビューをコントロールするということは，自分自身をコントロールすることでもある。被面接者の中には抵抗する者も存在するが，その場合決して面接者への個人的な攻撃であるととってはならず，被面接者の言っていることに同意する必要もないのである。面接者の心得として重要なことは，被面接者の言っていることを理解することだけである。面接者が感情的になって冷静さを失っていては，効果的なインタビューを実施することはできないであろう。インタビューを実施する際のテクニックとして，状況により怒る振りをしても構わないが，本当に怒って冷静さを失ってしまってはいけないのである。筆者らの経験においても，当局を退官された人間のインタビューに同席をしたことがあるが，被面接者に対して乱暴な言葉を使い，なかなか事実を思いだせない被面接者に対して机を叩くという暴挙を繰返したという事例もある。強制調査権限を持っていれば結果は異なるかもしれないが，このスタイルでは，監査や民間の不正調査ではインタビューを成功に導けない。

　また，被面接者が，面接者が収集しようとしている特定の情報とは関係のないことについて話し出すこともある。これは，被面接者が面接者の質問を理解し損なった場合や，被面接者がインタビューに集中していない場合，あるいは別の興味のあることについて話したいと思っている

場合に生じることが多い。その場合には，面接者が意図する方向に早急に戻す必要がある。

> （例）
> **面接者**：「それはもっともです。ただ，そのことと（……面接者が発した質問を繰返す……）ということはどう関係しているのか説明してもらえませんか。」

失敗事例1　企業全般

　E社のコンプライアンス部のe氏は，元検察官である。e氏は内部通報で得た不正に関する情報を調査するため社内のf氏に対してインタビューを依頼した。f氏は「忙しい」ことを理由に何回も断り続けていた。そのようなf氏の行為を不快に感じていたe氏は，インタビュー当日，f氏の「覚えていない」「わからない」という発言に対して机を叩いて感情的になってしまった。以後，f氏に対してインタビューがしにくい状況となってしまった。
　被面接者が質問等を拒否する可能性は常に存在するものの，本件においては未熟な面接者が，被面接者が抵抗している訳でもないのに，そのように思い込んでしまった典型的な失敗例である。

その4：自分自身のスタイルを確立すること

　インタビューでは，限られた時間内に被面接者から必要な情報を引き出さなければならないだけでなく，被面接者が自ら率先して話さない場合，被面接者を適切にコントロールする必要がある。実際のインタビューの場面で，面接者が緊張することなく，スムーズに質問と応答のやりとりに入っていくためには，面接者自身のインタビュースタイルを確立しておくことが大切である。上述したとおり，インタビューは，面接者と被面接者との信頼関係を基礎とする極めて人間的なコミュニケー

ションプロセスであるため，自ずと相性が存在する。これは，インタビューが上手い面接者を真似れば，良いインタビューができるものではなく，相性が悪い場合には，インタビューを他の人に代わってもらうという選択をするべきである。

その5：ラポールを確立し，被面接者を知る努力を怠らないこと

インタビューを開始するにあたり，被面接者との間に「ラポール（Rapport）[6]」を確立することが重要であり，これは面接者と被面接者との効果的なコミュニケーション・チャネルを築くのに絶対必要なものである。これにより被面接者の回答を促進し，真実の情報を引き出すことができ，最終的にインタビューが成功に終わるチャンスが増加するのである。なお，ラポールを確立するポイントは，主に以下のとおりである。

- 適切な自己紹介を実施する
- 被面接者に先入観を持たない
- 被面接者の話を積極的に聞く態度を示す
- 面接者が被面接者の心理等を理解していることを示す
- 必要に応じて面接者が持っている情報を与える

また，被面接者を知る努力は，事前準備だけではなくインタビュー中であっても重要なことである。被面接者の状況につき改めて質問をすることに対して，被面接者の抵抗が予想される場合，雑談を通して入手するという手段も有効である。雑談は必要な情報を入手できるだけでなく，ラポールの確立にも寄与し，インタビューテクニックの一つである。

その6：八何の原則を念頭に置くこと

多くの被面接者は，複数回のインタビューに応じてくれない。1度のインタビューにより必要事項を漏れなく聞くことは面接者にとって必須事項である。そのためには，「八何の原則」を常に念頭においてインタ

---

[6]「ラポール（Rapport）」とは，臨床心理学の用語であり，主として2人の人の間にある相互信頼の関係を意味する。すなわち，「心が通い合っている」「どんなことでも打明けられる」「言ったことが十分に理解される」と感じられる関係である。

ビューの構成を組立てていくことが必要である。
- 誰が（不正実施者）Who
- 誰とともに（共犯者，不正関与者）With who
- なぜ（動機・プレッシャー，目的）Why
- いつ（日時）When
- どこで（場所）Where
- 誰に対して（被害者）To whom
- どんな方法で（手段，手口）How
- なにをしたか（結果）What

また，インタビューの実施とその報告書（インタビューメモ）の作成は，常に表裏一体の関係にある。インタビューメモの作成要領を意識することで，インタビューのポイントをはずさないテクニックが身につく場合がある。なお，インタビューメモの作成の留意事項は以下のとおりである。
- インタビューの目的を理解し，要点を外さない
- 意見と事実を混同しない
- 論理的または体系的に内容を記載する
- 内容の整合性に留意する
- 被面接者の弁解や利益になることも記載する
- 不正行為者でなければ言えない事実を把握する
- 第三者が理解できる言葉で記載する

その7：被面接者の行動に着目すること

　人は，嘘をついているときにどのようなサインを体から出ているのか。ある人は，嘘をついているときは体の動きが制限されて，腕や手の動きが少なくなり，ぎこちなくなる。また，ある人は，手，腕，足は自分の体の方を向き，嘘をついている時は広い空間を必要としないかもしれない。さらに，ある人は，視線を合わせるのを嫌がり，顔，喉，口をよく触り，鼻や耳を触ったり掻いたりするが，手の平で胸を触るというようなことはほとんどないかもしれない。

脳と直結している器官のうち，唯一外に出ている眼による視線の動きは，脳の活動と密接なつながりをもっているため，相手の心理を見抜く重要な手がかりのひとつとなる。

情報の収集のためのインタビューにおいて得られる情報は，被面接者の発言だけではなく，行動も重要な情報となる。被面接者の眼の動き，態度，言葉の長さや話す速さ，時間的コミュニケーション，近接学，時間学，動力学，パラ言語等を注意深く観察する必要がある。

例えば，「盗難」と「粉飾」といった質問時の言葉の使い方一つで，相手から感情的な反応を引き出すことができる場合があり，また，被面接者の目の動きや発言パターンの変化に着目し，そこから更に質問を掘り下げていくことで，最終的に真実の情報を求めていくこともできる。

眼の動き

「眼」は脳と直結している器官のうち，唯一外に出ている。そのため，「眼」による視線の動きは脳の活動と密接なつながりをもっており，相手の心理を見抜く重要な手がかりのひとつとなると言われている。顔色や表情に変化が生じるより先に「眼」が動くのである。

神経言語プログラミング（Neuro-Linguistic Programming：NLP）とは，別名「脳の取扱い説明書」とも呼ばれる最先端の心理学がある。これは，1970年代に開発され，現在ではすでに「第3世代」と言われる最新のスキルが主流となっている。このNLPにおけるスキルのひとつである「アイ・アクセシング・キュー（EAQ）」は，視線の動きによって相手の考えや感じている事柄を把握する方法である。

ただし，近年これを否定する論文も発表されている。利き手によって視線の動きが逆である，女性には通用しない，視線がほとんど動かない人が存在するなど，人によって違いがあるのも事実であ

るため，EAQを意識しながらも，他のスキルを併用した柔軟なアプローチで対応していくことが大切であるといえる。

また，嘘の兆候を見極めるには，視線の方向だけで判断するよりも，もともとのその人の確立された癖を見極めて理解しておく必要もあるであろう。

方向は相手の視点
（右利きに多いパターン）

右上　見たことの無い光景を想像
左上　体験したこと　過去に見た光景
右下　痛み・悲しさなど身体的イメージ
左下　声・音楽などの記憶

【相手の視線の動き（右利き）】
左　：過去について考えている。
右　：未来について考えている。
上　：視覚が作用している。
下　：身体感覚が作用している。触角や体感，感情がこれにあたる。
左右：聴覚が作用している。

上記の動きを応用させれば，下記のようになるであろう。
右上：記憶にない光景や映像について考えている。
左横：聞いたことのある音について考えている。
右下：身体感覚について考えている。

最後に，インタビュー理論を記載している他の書籍では優秀な面接者の特徴を列挙しているものが多々あるが，それをすべて実現できる人間は皆無に等しい。筆者らの経験上，逆にインタビューに失敗する面接者の特徴を例示列挙するので，参考にして頂きたい。

- 早口で何を言っているかわからない
- 全体感を把握することが苦手である
- 相手の意図に気づかない
- 他人の意見に左右されやすい

- 無駄に笑顔をつくる
- 主観を相手に押し付ける
- 話している内容が他人に理解されにくい　など

❷ 会っただけで不正をしているか否かを判断できる

　筆者らは，会計不正や粉飾決算の兆候や端緒があると，「いったん，容疑者に会ってみてください」と言われることがある。また，「多くの容疑者や不正実行者にインタビューをしているので，会えば不正を働いているか判別できる」という専門家にお会いしたこともある。これも，残念ながら都市伝説に近い。会っただけで，不正をしているか否かを判断できるのは，超能力者か不正関与者だけなのである。

(1) 誠実な人が不正を働く

全ての人が，はじめは不正の容疑者なのである。

　筆者らが不正調査を実施する場面は，会計不正が発覚したときだけではなく，会計不正の発生が疑われる場合や会計不正を示唆する状況を識別した場合も存在する。この場合，兆候等から想定される手口は絞れないため，広範な情報の収集を実施し，より多くの兆候等を把握する。フォレンジック会計士を含む不正調査の専門家は，必要な「情報の収集」，収集した「情報の分析」，会計不正の手口に対する「仮説の構築」，及び構築した「仮説の検証」を効果的かつ効率的に実施するというサイクルを繰返すことで実態を解明していくことになる。これは仮説検証アプローチと呼ばれる不正調査の手法であるが，詳細は後述する。

　残念なことに，筆者らの経験では，不正実行者の多くは，誠実であると評価され，信頼もされ，多くの権限も与えられている。また，優良な企業であれば，本当に不誠実な人間は雇用をしないし，そのような人を

経営者にしないであろう。仮に採用後に不誠実さが発覚したとしても，多くの人の監視に晒されるであろう。不正実行者は，自分が誠実であると，他人に信じさせることが何よりも得意なのである。

嘘が隠れている。

もはや職業病かもしれないが，筆者らフォレンジック会計士にとって，多くの場合，先入観は不正調査や会計不正発見の邪魔をし，誠実か否かで会計不正の有無を判断はしない。

例えば，「常に認められたい」という欲求が強い人間は，なぜか優等生で頑張り屋，努力家，勉強家，そして博学であるケースが多く，そのため，周囲からの人望も厚く，仕事では信頼され，職場などでは頼られる存在である場合が多い。この「認められたい」という欲求が異常に強いと嘘をつき始めてしまうケースが多々存在し，人望や実績があるので，嘘をついても周囲が気づかないというケースもある。周囲が頷いてくれるため，本人の虚言が止まらなくなるのである。

会計不正が発覚した場合，残念ながら全ての人が，はじめは会計不正の容疑者なのである。

また，悪い人だけが，不正や粉飾決算を実行するだろうか。答えは"NO"である。筆者らの経験においても，過去の事業の失敗や業務上のミスが発端に，不正や粉飾決算を働くケースも多々あるのである。

(2) 適正意見の効力

稀に，「当社は監査法人から内部統制監査を受けていて毎年適正意見を貰っているから不正なんか起きないよ。」という趣旨の発言をする経

営者がいる。この時ばかりは、日本の証券市場の未来が心配になる。

　内部統制は、企業目的を達成するために欠かせない仕組みであり、経営者には、内部統制を構築するとともにその有効性と効率性を維持する責任がある。内部統制では、不正は防げないというのは言い過ぎだが、ある特定の不正しか防げないという表現が正しい。なぜならば、内部統制は次のような固有の限界[7]を有しているからである。

> 内部統制は、判断の誤り、不注意、複数の担当者による共謀によって有効に機能しなくなる場合がある。
> 内部統制は、当初想定していなかった組織内外の環境の変化や非定型的な取引等には、必ずしも対応しない場合がある。
> 内部統制の整備及び運用に際しては、費用と便益との比較衡量が求められる。
> 経営者や上級管理者が不当な目的のために内部統制を無視ないし無効ならしめることがある。

　経営者や上級管理者が内部統制を無視したら、また、複数の担当者が共謀すれば、会計不正が発生するリスクは高いということになる。

❸ 魔法のチェックリストが存在する

(1) 不正のトライアングルと使用方法

　不正リスク要因（Fraud risk factor）とは、不正を実行する動機やプレッシャーの存在を示し、不正を実行する機会を与え、又は、不正を実行する際にそれを正当化する事象や状況を指す。会計不正発生のメカニズムを知るためにはドナルド・R・クレッシーが提唱した「不正の

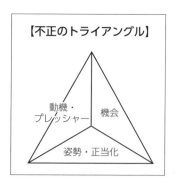

【不正のトライアングル】

動機・プレッシャー／機会／姿勢・正当化

---

7) 金融庁「財務報告に係る内部統制の評価及び監査に関する実施基準」より加筆修正

トライアングル[8]」という仮説が参考となり，例えば，公認会計士が実施する財務諸表監査実施時においても参考（監査基準委員会報告書240「財務諸表監査における不正」平成23年12月22日日本公認会計士協会監査基準委員会）にされ，報告書の付録1には「不正リスク要因の例示」として記載されている。

　結論を言うと，40年余り経っても参考にされ続けている非常に素晴らしいこの「不正のトライアングル」や「不正リスク要因の例示」は，会計不正の発見等に非常に参考になるものの，魔法のチェックリストではない。企業や不正実行者が置かれている状況等はさまざまであり，チェックリストとして使用すること自体，使用方法を間違っており，その企業の会計不正発生のメカニズムを見誤る可能性がある。筆者らの経験においても，チェックリストとして使用する人が多いし，それを薦める書籍も多い。不正リスク要因等から会計不正を推定するのは不可能に近いのではないか。そのような使用方法自体が，会計不正を発見できない一因である。

不正リスク要因の例示（粉飾決算の場合）
出典：監査基準委員会報告書240「財務諸表監査における不正」（平成23年12月22日日本公認会計士協会監査基準委員会）を参考に修正
注：監査を実施する会計監査人用に作成するため，適宜「監査人」と記載されている箇所を読みかえて頂きたい。
注：粉飾決算の不正リスク要因のあくまで「例示」である。
注：資産の流用に係る不正リスク要因の例示はここでは記載していない。

動機・プレッシャー（Motivation/Pressure）
1. 財務的安定性又は収益性が，次のような一般的経済状況，企業の属する産業又は企業の事業環境により脅かされている。

---

8) 米国の組織犯罪研究者ドナルド・R・クレッシーは，横領犯罪者に興味を持ち，犯罪者が誘惑に負けた環境に注目して研究を重ねて1973年に「Other People's Money : A Study in the Social Psychology of Embezzlement」として論文を発表している。彼は，「信頼された人間が背信者となるのは，他人に打ち明けられない金銭問題を抱え込み，金銭を信託された自分の立場を悪用すればその問題を秘密裏に解決できると考え，自分は信頼されているのだから，託された資金もしくは資産を利用してもよいのだと自らの行動を正当化できる場合である」と記載し，これが不正のトライアングルという仮説である。

- 利益の減少を招くような過度の競争がある，又は市場が飽和状態にある。
- 技術革新，製品陳腐化，利子率等の急激な変化・変動に十分に対応できない。
- 顧客の需要が著しく減少している，又は企業の属する産業若しくは経済全体における経営破綻が増加している。
- 経営破綻，担保権の実行又は敵対的買収を招く原因となる営業損失が存在する。
- 利益が計上されている又は利益が増加しているにもかかわらず営業活動によるキャッシュフローが経常的にマイナスとなっている，又は営業活動からキャッシュフローを生み出すことができない。
- 同業他社と比較した場合，急激な成長又は異常な高収益がみられる。
- 新たな会計基準，法令又は規制の導入がある。

2．経営者が，次のような第三者からの期待又は要求に応えなければならない過大なプレッシャーを受けている。
- 経営者の非常に楽観的なプレスリリースなどにより，証券アナリスト，投資家，大口債権者又はその他外部者が企業の収益力や継続的な成長について過度の又は非現実的な期待をもっている。
- 主要な研究開発や資本的支出のために行う資金調達など，競争力を維持するために追加借入やエクイティファイナンスを必要としている。
- 取引所の上場基準，債務の返済又はその他借入に係る財務制限条項に十分対応できない。
- 業績の低迷が不利な結果をもたらすような企業結合や重要な契約などの未実行の重要な取引がある。

3．企業の業績が，次のような関係や取引によって，経営者又は監査役等の個人財産に悪影響を及ぼす可能性がある。
- 経営者又は監査役等が企業と重要な経済的利害関係を有している。
- 経営者等の報酬の大部分が，株価，経営成績，財政状態又はキャッシュフローに関する目標の達成に左右される賞与やストックオプションなどで構成されている。
- 企業の債務を個人的に保証している。

4．経営者や営業担当者が，取締役会等が掲げた売上や収益性等の財務目標を達成するために，過大なプレッシャーを受けている。

機会 (Opportunity)

1．企業が属する産業や企業の事業特性が，次のような要因により不正な財務報告にかかわる機会をもたらしている。
- 通常の取引過程から外れた重要な関連当事者との取引，又は監査を受けていない若しくは他の監査人が監査する重要な関連当事者との取引が存在す

る。
   - 仕入先や得意先等に不適切な条件を強制できるような財務上の強大な影響力を有している。
   - 主観的な判断や立証が困難な不確実性を伴う重要な会計上の見積りがある。
   - 重要性のある異常な取引，又は極めて複雑な取引，特に困難な実質的判断を行わなければならない期末日近くの取引が存在する。
   - 事業環境や文化の異なる国又は地域で重要な事業が実施されている。
   - 明確な事業上の合理性があるとは考えられない仲介手段を利用している。
   - 租税回避地域において，明確な事業上の合理性があるとは考えられない巨額の銀行口座が存在する，又は子会社若しくは支店を運営している。
2. 経営者の監視が，次のような状況により有効でなくなっている。
   - 経営が一人又は少数の者により支配され統制がない。
   - 財務報告プロセスと内部統制に対する取締役会及び監査役等による監視が有効ではない。
3. 組織構造が，次のような状況により複雑又は不安定となっている。
   - 企業を支配している組織等の識別が困難である。
   - 異例な法的実体又は権限系統となっているなど，極めて複雑な組織構造である。
   - 経営者又は監査役等が頻繁に交代している。
4. 内部統制が，次のような要因により不備を有している。
   - 内部統制（ITにより自動化された内部統制を含む。）に対して十分な監視活動が行われていない。
   - 従業員の転出入率が高くなっている，又は十分な能力をもたない経理，内部監査若しくはITの担当者を採用している。
   - 内部統制が重要な不備を有しているなど，会計システムや情報システムが有効ではない。

姿勢・正当化（Rationalization）

- 経営者が，経営理念や企業倫理の伝達・実践を効果的に行っていない，又は不適切な経営理念や企業倫理が伝達されている。
- 財務・経理担当以外の経営者が会計方針の選択又は重要な見積りの決定に過度に介入している。
- 過去において法令等に関する違反があった，又は不正や法令等に関する違反により企業，経営者若しくは監査役会等が損害賠償請求を受けた事実がある。
- 経営者が株価や利益傾向を維持すること，又は増大させることに過剰な関心を示している。
- 経営者が投資家，債権者その他の第三者に積極的又は非現実的な業績の達成を確約している。

- 経営者が内部統制における重要な不備を発見しても適時に是正しない。
- 経営者が不当に税金を最小限とすることに関心がある。
- 経営者のモラルが低い。
- オーナー経営者が個人の取引と企業の取引を混同している。
- 非公開企業において株主間紛争が存在する。
- 経営者が重要性のないことを根拠に不適切な会計処理を頻繁に正当化する。
- 経営者と現任又は前任の監査人との間に次のような緊張関係がある。
  - 会計，監査又は報告に関する事項について，経営者と現任又は前任の監査人とが頻繁に論争している又は論争していた。
  - 監査の終了又は監査報告書の発行に関して極端な時間的制約を課すなど，監査人への不合理な要求を行っている。
  - 監査人に対して，従業員等から情報を得ること又は監査役等とコミュニケーションをとることを不当に制限しようとしている。
  - 経営者が，監査業務の範囲若しくは監査チームメンバーの配置等に影響を与える，又は監査人に対して高圧的な態度をとる。

　試しに顧問先，融資先，監査先の社長と面談を実施し，チェックリストとして使用して頂きたい。会社の規模が小さくなるほど，チェック数が多くなる傾向はないであろうか。繰返しになるが，チェックリストとして使用すること自体，使用方法を間違えている可能性がある。

(2) 犯罪学のトレンド

　さて，話は変わるが，不正が発生するメカニズムを研究している理論（犯罪学）は，非常に興味深いので参考のため少しだけ簡潔に紹介したい。

1930年以前

　今考えると笑い話に近いのかもしれないが，多くの犯罪学者は，「犯罪は遺伝的なもので，犯罪者の子孫は犯罪者になりやすい」という見解を持っていた。例えば，犯罪者の子供は犯罪者である，身体的特徴にも現れる（耳が尖っている，鼻が曲がっている　など）という理論である。

1940年代

　犯罪学者であったエドウィン・H・サザランド（ドナルド・R・クレッ

シーの師匠と言われる人物）は、「犯罪は我々が数学、語学、ギターの弾き方を習得するのと同様、習得されるものである」と説明し、犯罪行動の習得過程には、犯罪心理の領域である態度、欲動、理由づけ、動機があるとした。これが、現在の犯罪学の原型となっている。

不正のトライアングル（Fraud Triangle／1973年ドナルド・R・クレッシー）
　前述したエドウィン・H・サザランドの教え子にあたるドナルド・R・クレッシーは、「横領を行ったが、はじめから横領するために職に就いたわけではない者」を対象に調査を実施し、その結果、「信頼された人間が背信者となるのは、他人に打ち明けられない金銭問題を抱え込み、金銭を信託された自分の立場を悪用すればその問題を秘密裏に解決できると考え、自分は信頼されているのだから、託された資金もしくは資産を利用してもよいのだと自らの行動を正当化できる場合である」と発表した。

不正スケールモデル（Fraud Scale Model／1984年アルブレヒト等）
　不正のトライアングルモデルの問題点は、これが不正を行う者の視点からモデル化されたため、2つの要因（動機・プレッシャーと正当化）は一般的に観察しにくい要因となっていることである。そこで、不正計量モデルにおいては、最も観察が難しい正当化の要因を入れ替えて、「動機」、「機会」及び「個人の規範」の3つを要因とするモデルを提案している。なお、個人の誠実さは、倫理感などを通してより観察しやすい要因であるため、不正に関与する可能性を評価することに適していると言われている。

不正のダイアモンドモデル（Fraud Diamond Model／2004年ウルフとハーマンソン）
　不正のダイアモンドモデルは、不正のトライアングルモデルにもう一つの要因である「実行可能性」を加えた4つの要因からなるモデルである。筆者らも当該理論が腹落ちする場面に、多数遭遇している。すなわ

ち，動機・プレッシャー，機会，正当化が揃った状況で，実際に不正が起こるかどうかの重要な役割として不正を実行するものの実行可能性（性格特性と専門能力）が必要であるという考え方である。上述した粉飾決算の類型の中にも，固定資産の操作（PPAの操作）や連結外し等の粉飾決算においては，高度なファイナンスや会計に関する知識，投資家や会計監査人を欺く高度な知識が必要であり，不正のトライアングルだけでは十分には説明しきれない場合がある。

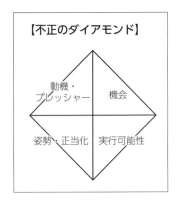

また，この実行可能性という要因は，巨額又は長期にわたる不正において，特に必要なものであり，第三者は非常に牽制がしにくい。実行可能性を理解するためには，綿密なコミュニケーションが必要なこと，些細なことにも留意すること，他人がその人物をどのように評価しているか等の情報が有益であるとしている。

このモデルは，不正の実行を部屋に入ることであるとすれば，機会が不正を実行するためのドアを開け，動機・プレッシャーや正当化がドアに向かって（不正の実行に）進ませる要因となり，実際に不正を実行するためには，機会というドアが開いていることを理解し，そのドアを悪用できる人間でなければならないと，例えられる。また，不正の機会を実際の不正につなげるものは，以下の観察可能な特徴をあげている。

- 企業内部での権力（地位や職能）
- 内部統制の不備・欠陥を理解し利用することができる能力
- 不正は暴かれないという自信や自惚れ（エゴ）
- 不正を実行したり隠蔽したりするために他人を抑圧又は支配することができる
- 効果的で一貫した嘘をつく能力
- 不正を犯したというストレスに耐えられる能力，もしくは不正を働いた場合においても善人を装えるという能力　など

不正のダイアモンドモデル以降も，さまざまな学者や研究者が現在まで日夜研究を続けられているが，本書では割愛する。更なる研究を期待したい。

> **動機なき不正実行者**
>
> 　多くの不正が発生するメカニズムを研究している理論（犯罪学）は，不正実行者の特長が明示的でないものの，原則として，「他人から信頼を受けていた者」が実行した不正を基礎としている理論である。粉飾決算を実行する者も，通常，企業等において他者から一定の信頼や信任を得ていることは間違いない。
>
> 　しかし，近年では，「動機なき不正実行者」のような従来とは異なるタイプの不正実行者の存在が指摘されている。
>
> 　そのため，従来の理論で想定されているような「信頼を受けた者」が金銭的な問題等を抱えて行う不正実行者を「偶発的な不正実行者（Accidental Fraudster）」とし，過去に不正を実行した経験がある不正実行者や，不正が実行できる場所や立場を求めているような不正実行者を「常習的な不正実行者（Predator）」として，分類する研究もあるようである（新たな不正のダイアモンド（New Fraud Diamond）と呼ばれる場合もある）。
>
> 　今後の研究に期待している。

❹ 懐疑心の保持により不正を発見できる

　監査等を実施するうえで，多くの人が，不正を看過しないために，「懐疑心の保持」の必要性を訴えている。例えば，公認会計士は監査業務を遂行するうえで，職業的懐疑心[9]の保持が求められている。至極当たり前で，ごもっともな意見であり，昔から存在する言葉であるが，

---

9) 職業的懐疑心とは，誤謬又は不正による虚偽表示の可能性を示す状態に常に注意し，監査証拠を鵜呑みにせず，批判的に評価する姿勢をいう（出典：監査基準委員会報告書200「財務諸表監査における総括的な目的」第12項）。

「言うは易く行うは難し」という諺はこのような時に使用するのであろう。極めて主観的にならざるを得ない「懐疑心」は，不正発覚というカードを引いてしまった者だけが「保持していなかった」と結論付けられてしま

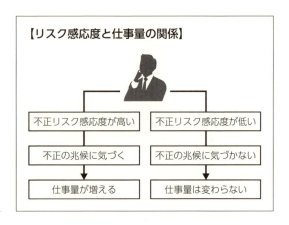

う。しかも，現実には懐疑心を保持して不正リスクに対する感応度が高い人ほど，仕事量が増えてしまうというジレンマも存在するであろう。

ここでは複数の失敗事例を紹介するので，「懐疑心の保持」ができるかを確認して頂きたい。

（ケース１）　過大在庫の懸念

銀行の法人営業部のkj氏は，自身の担当の融資先の決算書を入手したが，数年前から売上が減少傾向にあるにも関わらず，在庫が増加していることに気づいた。上司に相談し，融資先と交渉の上，年度末に実施される棚卸に立会うことを許可された。

〈現場での説明〉

現場責任者からの説明は，合理的なものであったため，そのまま御礼し帰社することもできる。ただ，下記のような状況が存在する場合，適切に懐疑心を保持して交渉することで次のアクションが起こせるであろうか。

- 事前に入手した棚卸計画書と違う方法で実地棚卸が行われていた。
- 事前に入手した見取り図と現場の状況が違っていた。
- 倉庫の手前は見せてくれるが，奥の方は見せてくれない（長期滞留品，不良品等が存在する可能性）。

- テストカウント（抜取検査）を行ったが，個数が一致しない。また，修正する手段を理解していない。
- 開袋や開箱等を依頼したが，拒否されてしまった（表示と内容物の不一致が存在する可能性）。
- 計量器等の正確性が確かめられない。
- 同一品目の保管場所が数ヶ所に分散している。
- 棚卸実施中に製品等の移動があった（通常は入出庫を行ってはいけない）。
- 異常品，預け品，預り品，未出荷品，未検収品，担保提供品の有無等の処理が曖昧である。
- 現品に棚卸原票が添付されていないものがある。
- 実地棚卸を実施している倉庫以外に（外部）倉庫が存在する。など

実地棚卸の立会は，資産の実在性等を確認するために重要な行為である。ただ，立会うだけでは意味をなさず，また，立会ったとしても会社以外の人間が初めて訪れて資産の実在性等が適切だと判断するのには至難の技である。例えば，ここの在庫が適正在庫であるとか，ここに50百万円分の在庫があると説明を受けて，それは違うとは判断はできないであろう。よって，立会う前後に手続を実施して補完する必要であるのと，継続的に立会を実施する必要があるであろう。

- 棚卸原票の回収状況と管理状況を検証する。
- 実地棚卸結果が適切に会計帳簿に反映されているかを検証する。
- 入出庫の締切処理手続（カットオフ）の妥当性を検証する。

- 倉庫の網羅性を把握する。
- 預け在庫の実地棚卸状況を把握する。　など

> **(ケース２)　現場視察**
> 　九州の地方銀行の法人営業部のmj氏は，既に融資実行先の住宅向けインターフォン・ドアフォン製造業のP社から新規融資の依頼があった。
> 　当時九州地区では，近年空き家，空き室等が目立ち，建物を新規に建設しても稼働率が上がらない状況の中，P社は競合他社との競争に勝ち抜き売上が好調であった。
> 　mj氏は入手した決算書を複数期間分析したところ，粗利率が右肩下がりに減少しており，また在庫が増加していることに気づいた。上司に相談し，融資先と交渉の上，現場視察をすることを許可された。

〈現場での説明〉

　建設中の建物２件の現場視察は，F社取付け状況を確認することができた。また，建設が完了している建物２件の現場視察は，すでに住人がいるので入れないと説明があり，F社取付け状況を確認することができなかった。mj氏は，４件中２件が確認できたということで，そのまま御礼し帰社し，上司にその旨を報告し，新規融資を実行した。

【案内された現場】

　数年後，F社は粉飾決算を実行していたことが判明し当該銀行は，債権カットをせざるを得ない状況となった。当時現場視察をした建設が完了している建物２件にはF社製品は取付けられておらず，粗利率が右肩下がりに減少しており，また在庫が増加していたのは，F社が循環取引の手口を利用して粉飾決算を実行していた結果であった。

> **(ケース3) 残高確認の実施**
> 　KT社の内部監査人のsu氏は，内部管理強化の一環として数年前から半期に一回取引先の一部に対して，残高確認を実施することにした。
> 　返信があった若しくは返信のない取引先を次のように区分して，
> ●未回収のもの
> ●債権債務に差異のあるもの
> ●債権債務が一致しているもの
> 「債権債務に差異のあるもの」のみを対象に，取引先との間で差異の妥当性を検証している。

〈内部監査人の作業〉

「確認[10]」とは，紙媒体，電子媒体又はその他の媒体により，監査人が確認の相手先である第三者（確認回答者）から文書による回答を直接入手する監査手続をいう。

リスクアプローチの観点から，内部監査人su氏の業務実施方法は，一概に間違ってはいない。

ただし，KT社の担当者と他社の担当者にて共謀にて会計不正が実行されていた場合（例えば循環取引など）は，

●「未回収のもの」は，

---

10) 監査基準委員会報告書505「確認」（日本公認会計士協会）を参考

会計不正の発覚をおそれて返信をしない。
- 「債権債務が一致しているもの」は，会計不正を隠蔽するために一致した金額を返信する。

のように，一見適切に見えるものに会計不正が含まれている可能性があるであろう。また，締日が異なれば，実は，「債権債務に差異のある」というのは至極当然の結果なのである。

以上3事例を紹介したが，いずれも不正リスクに対する感応度が

懐疑心の保持 ＜ 想像力及び交渉力

高い人の実際の事例である。不正リスクの感応度が低い人は，そもそも実地棚卸の立会，現場視察，残高確認の実施のいずれも実施しようとはしないのではないか。不正リスクに対する感応度が高いが不正を看過した人を一概に「職業的懐疑心の保持」が足りないと，評価するのは少々乱暴であるような気がしてならない。

筆者ら不正調査の専門家も，通常の財務諸表監査や対象会社に対する財務調査・デューデリジェンスを依頼される場合も多数ある。必ずしも不正の発見を一義的な目的とした業務ではないが，担当者の説明や財務数値の間に違和感を覚え不正を発見してしまうことが少なくない。

重要なのは，「懐疑心の保持」ではなく，不正が存在するのではないかという「想像力」と，想像した不正が事実であるかを検証するための「交渉力」でないであろうか。強制調査権限を持っていない民間人である筆者らや読者は，「想像力」及び「交渉力」を強化することが，会計不正発見の近道であると考えられる。

❺ 決算書を眺めると会計不正の有無が判別できる

結論から言うと，これも半分は都市伝説であろう。決算書を含む財務諸表の数値を年度ごとに並べ，当該数値から経済事象や会計不正の発生に対する「想像力」を鍛えると，数字の歪みに気づく場合がある。筆者らから言わせると数字が歪んだ時点で気づいても，すでに手遅れ（巨額

な損害額となっている）なのである。詳しくは後述するが，企業の財務諸表は，情報のひとつに過ぎず，決算書を見て粉飾決算を見極めるという多数の書籍もあるが，眺めただけでは，粉飾決算の早期発見は難しいであろう。

　本節では財務分析や非財務分析の手法を紹介しながら，そのポイントを中心に記載するが，前提事項を理解したうえで分析を実施する必要がある。なお，特に財務分析において利用するデータの情報源の例（財務情報に関する例示）としては，下記のものが挙げられる。

- 会社保有の財務情報
- 会社の財務情報と密接な関係にある財務情報以外の情報（例えば，従業員数，労働時間，販売数量等）
- 業界又は同業他社の情報
- 会社が作成する予算又は予測情報
- 為替相場，平均株価，経済統計等の情報　など

① 比較可能性の確保

　財務報告等の作成基準は，企業によりさまざまであり各企業で必ずしも同一ではない。どの基準を採用するかによって財務分析の結果はかなり違ってくるため，財務分析を実施する前に比較可能性を確保する必要がある。

- 同じ業種，同じ企業環境において異なる会計方針を採用している企業間の比較を行う場合，その違いを考慮する必要がある。
- 企業の財務諸表を時系列に分析する場合，会計方針などの変更の影響を考慮する必要がある。

② 情報量の確保

　分析結果の真偽を確かめるためには，同一の事象に対して2つ以上の情報が必要である。主要な担当者から資料の説明を受けて，「はい，そうですね」では分析になっていない。上司も「担当者がそのように言っていた」との説明だけでは，納得しないであろう。悪く言うと，会計不正の発見は「子どもの使い」では務まらないのである。

　2名以上が口裏を合わせて不正を隠蔽しようが，財務数値はそのよう

になっていない。効果的な分析は，不正実行者がいくら整合性を確保して説明した事象も，不正の存在を教えてくれるのである。

③ ビジネスマップをイメージ

財務分析を行う目的は主に企業分析であるが，不正の発見のための財務分析はそのための一つの方法・手段に過ぎない。財務分析により企業の特長を把握し，仮説を立てながら「ヒト」や「モノ」の情報収集を行い，収集した情報から財務諸表の数値を読み直すというように，それぞれの情報を関連させながら企業の実態に迫ることが重要である。財務報告等以外にも下記の情報収集を行い，情報分析と財務分析が一体となった分析を実施すると効果が高まるであろう。

- ヒト：経営者・従業員，外注先など
- モノ：製品・サービス内容／仕入→製造→販売の流れ
- カネ：財務内容・資金の流れ
- 環境：経済動向，業界動向など

筆者らは，対象会社のビジネスを適切に理解するために，下記のようなフレームワークを活用して事前に把握している。特にチームを組成して調査をするためには情報共有のために有用であり，また，業種は違えど同じような傾向を示す会社は同様の会計不正を行っている場合が多い。

1．外部経営環境（Environment）
- 会社の概況
- 経済動向
- 社会的傾向
- 業界の動向
- 社会的／文化的な変化
- テクノロジー

2-1．株主（Owners）
- 資本構造・主要株主
- 株主の期待
- 増資計画
- 株式市場の反応
- 株主との関係

2-2．仕入先（Suppliers）
- 原材料
- 人　材
- 資　本
- テクノロジー

2-3. 顧客・得意先 (Customers) ●主要顧客 ●顧客のニーズ 新しい製品と市場とニーズ	2-4. 競争相手 (Competitors) ●主な競争相手 ●マーケットシェア ●参入障壁 ●現在の競争の状態 ●代替的な製品やサービス ●キーとなる成功の要因 ●競争相手の情報
3-1. 経営 (Management) ●リーダーシップの構造 ●経営陣のコンピテンシー ●従業員の動機付け ●経営目標・理念・方針 ●戦略的要因の考察 ●長期的なビジョン ●外的要因のモニター	3-2. ビジネスプロセス (Business processes) 従業員 ●組織構造 ●能　力 ●企業文化 活　動 ●顧客指向 ●品質管理 ●生産性 ●柔軟性 ●調　整 ●継続的改善 情報テクノロジー ●適切な情報の入手 ●情報システム ●セキュリティ ●システムサポート
3-3. 価値形成 (Value) ●アナリストのレポート ●財務的な状況 ●株主の価値 ●顧客の価値 ●従業員の価値 ●仕入先の価値 ●顧客の価値	

出典：「Business Analysis Framework」松澤綜合会計事務所

④　貸借対照表はストックである

　貸借対照表は，期末や月末の一時点の財務状態を示したものである事を忘れてはならない。期末日や月末日だけの一時的な動きによって，財務分析結果が大きく左右されている場合がある。例えば，重要な資産の売却などの一時的な大口の入金や子会社売却等による売上や資産の減少等については修正した上で分析を行うなど，その企業の動きをよくつかんだ上で財務分析を進める必要がある。

(1) 分析の基礎

財務分析は，実数分析だけでは把握できない収益性や体質上の構造，特徴や問題点などを明らかにする。筆者らが財務分析により会計不正を発見・調査を実施する理由は，経営者がいかに内部統制を無効化しようとも，また，不正実行者が如何に精巧に会計不正を実行したとしても，会計不正の基礎データまでを整合性を持たせながら改竄することは困難である。これは「数字は語る」というような言葉でも表現できよう。

数字は語る!!

企業においては，通常，ある経済事象を正確に財務諸表に反映させるため，帳簿体系が整備されている。したがって，なるべく原データに近いところのデータが取得でき，これを分析することができれば，会計不正の兆候を捕捉できる。まず，財務分析にはどのようなものがあるか，紹介する。なお，財務分析には，企業の不正発見を行う上で優れた特長があるものが存在するが，決して万能なものではないことは忘れてはならない。

また，財務分析や非財務分析に限らず，効果的な分析を実施する場合は，筋道を立てて作業を行うということに加え，素質（aptitude）と専門知識（expertise）の両方を身に着けた上で作業を行うことが重要であり，会計不正に携わる覚悟がある不正調査人は，一生をかけて技術に磨きをかけるべきである。

(2) ハイレベル分析 (High level analysis)

「分析方法」と「結果の解釈」にはさまざまな手法が存在するが，その目的は共通していなければならない。

- 会計不正となり得る要素に対して早期にアラートを出す。
- より詳細な分析が必要と考えられる分野を特定する。
- 一連のプロセスの中で集められた証拠をサポートする。

ハイレベル分析は，重要な問題点に早期に焦点をあて，どのような領域をより深く分析すべきか特定する手法である。下記の分析手法は，後述するが，実際の調査においてはその内容を理解した上で，状況に応じ

て目的に最も適合する手法を採用し，分析を行うことが重要である。
- 論理的分析（Logical analysis）
- 比較分析（Comparative analysis）
- 予測分析（Predictive analysis）

詳細な分析を行う前には，実施する調査に大きく影響すると考えられる要素について理解することが重要であり，精緻な分析ができるかは下記に依拠するところが大きいことを理解しておくべきである。
- 事実確認の段階における正確な情報の取得
- 取得するデータの信頼性担保
- 事業環境
- 適切な分析手法の採用及び分析に必要なスキルと経験　など

分析手法を選択する際は，分析者自身の経験からの判断のみでなく，下記についても考慮すべきである。
- 調査対象会社が自身の事業評価において用いる手法（常にその手法よりも優れた手法が存在すると考えておくことも必要）
- 調査対象会社が属する業界で一般的に採用されている手法
- 経営陣が管理上，予算や売上実績などを把握するために用いられている手法及びその理由
- 経営陣に対する報告ルート（取締役会での議論等）

主要な経営陣に対して，インタビューが認められる場合は，各質問の回答の論理性の確認や回答について整合性が確保されているかという懐疑的な視点を持つことが重要であり，対象とする主要な経営陣の質を考慮しながら実施する必要がある。例えば，事業を十分に理解していない経営陣による回答については，他の質問に対する回答内容と十分に照らし合わせ，その論理性や信憑性を考慮する必要がある。

調査分析は，内部及び外部から入手した財務や非財務情報の比較を行う場合があり，分析を行う前に，できる限りデータを分類し，調査を行おうと考える特定の分野に関連性があるかどうかについて確認すべきである。確認できた場合は，サンプルデータを表に落とし込むなどして分類してデータを用いる。また，分析を実施する際は，調査の結果が価値

のあるものであり，即座に明瞭にはならない別の全ての解釈について調査することが重要である。

　ハイレベル分析を行った後，より深い分析を必要とする分野を特定する。なお，分析を行う際には，複数の情報ソース間で矛盾が存在しないということのみをもって，それらの情報が正しいと判断するには十分ではなく，また，簡単な比較分析のみでは意図的に操作が行われている場合，発見ができない何らかの矛盾の存在がある場合があることを，念頭に置いておく必要がある。財務情報を分析する際には，非財務情報との比較も重要であり，財務関連業務に関与していない従業員からの情報が財務情報の分析に役に立つ場合もある。

(3) 論理的分析（Logical analysis）

　論理的分析は，共通されている認識と異なる内容を特定することができ，他の分析手法の基礎となる手法であり，会計不正となり得る内容の特定に最も適しており，また低コストでの分析が可能という利点がある。論理的分析は，シンプルであるが故に論理的でない事象の発見に長けており，比較的早い段階で下記の発見が可能である。また，物理的制約，実務的制約及びクリティカルパス（critical path）に分類することが可能である。

- エラー（errors）
- 前提条件（assumption）の誤り
- 理解の誤り（misunderstanding）
- 不規則・変則（irregularities）
- 不正（fraud）

① 仮説ツリー（Hypothesis tree）

```
【仮説ツリー（Hypothesis tree）】
┌─────────────────────────────────────────────────────────┐
│ Introduction          │ Answer                          │
│ ・Situation:          │                                  │
│ ・Complication:       │ Main hypothesis                  │
│ ・Question:           │                                  │
├───────────┬───────────┬───────────┬───────────┐
│ Chapter 1 │ Chapter 2 │ Chapter 3 │ Chapter 4 │
│Supporting │Supporting │Supporting │Supporting │
│hypothesis │hypothesis │hypothesis │hypothesis │
├───────────┼───────────┼───────────┼───────────┤
│Conclusion │Conclusion │Conclusion │Conclusion │
│           │           │           │           │
└───────────┴───────────┴───────────┴───────────┘
```

② 物理的制約（Physical constraints）

物理的制約として特定可能な事象として，下記のようなものが挙げられる。

- 工場の生産キャパシティを超えた生産量（Output）の計画
- 既存の労働力を超えた生産量（Output）の計画
- 倉庫のキャパシティを超えた在庫の量

企業の成長時における生産キャパシティの制約は，事業を行う際に最初に検討すべき内容である。生産キャパシティは企業がどのように経営の目的を策定するかに拠るところが大きく，企業によっては，生産キャパシティを最大限に活用するよりも最小限の在庫を持つことをより重要視する場合もある。また，キャパシティについて検討する際には費用に関する内容についても検討の必要があり，生産キャパシティが適切ではない場合，若しくは100％の状況で稼働していない場合には間接費の吸収について検討すべきである。

③ 実務的制約（Practical constraints）

実務的制約として特定可能な事象として，下記のようなものがある。なお，実務的制約は，財務計画値と特に関連性が高く，市場分析を会社の計画値と比較することが重要である。

- 所属する業界や経済的傾向から著しく乖離し，その理由の説明がつかない場合
  - 市場の大きさや成長性に係る分析と売上予測が乖離している場合
  - 在庫レベルが信憑性のある理由なく，年間売上を超えた場合

④ **クリティカルパス（Critical path）**

クリティカルパスとして特定可能な事象として，下記のようなものが挙げられる。なお，クリティカルパスは，事業計画を検討する場合においてその矛盾を特定することが可能であり，例えば事業計画は市場の成長性を分析する市場分析に基づいて策定されるが，新しく人材をトレーニングすることについては考慮されていない場合等の特定が可能である。

  - 新製品の売上予測が他の新たな商品が開発されることを考慮していない場合
  - 事業の効率性に影響のある新製品の学習曲線（learning curve）や過程
  - 製品のライフサイクルに影響される事業計画

(4) **比較分析（Comparative analysis）**

ある会社が同じ市場や同じ業界に属する他社と比較分析する場合，事業の効率性を測る場合や，自らのポジションの維持または向上に係る良い指標となり得る。その一方で，会社毎に異なる会計方針を採用しており，慣習を開示しており，他社とのレシオの表面上の比較は間違った誘導を起こすことがある。例えば，コストに係る方針若しくはグロスマージンの構成が異なる場合がある。競合他社との比較は資産が時価に洗替えられ，会計方針が平準化されない限り難しいであろう。なお，比較データを用いることで調査において下記のメリットがある。

  - 自社を，より広範囲の市場や産業の中でとらえることが可能
  - より深い調査が必要となる領域に焦点をあてることが可能
  - 予測分析を評価するための独立したベンチマークの取得が可能

比較分析を行う場合には，できる限り追加の情報を取得するべきであ

る。対象会社へ直接依頼しなくても，外部情報では下記のような情報の入手が重要となる。

- 事業や会社に係るニュース（プレスリリース等）
- 会社情報やその他の財務情報（属する産業における対象会社のポジション）
- 不動産に係る情報
- 市場と製品情報
- 経済，財務，取引データ
- 経営方針　など

　ある特定のビジネスにおけるトレンドをその業界の専門家と討議することは，全ての調査においてベースとなる要素でもある。筆者らの経験においても，その会社のビジネスをどれだけ理解できたかが，会計不正の発見の鍵となる場合がある。討議すること自体には分析のテクニックは必要ないが，過去のトレンドの理解は今後不正が発見する可能性を高める場合がある。数年間の事業パフォーマンスの調査や検証を行うことで，事業の発展や事業パフォーマンスにとって重要となる領域を識別することが可能となる。

企業担当者の対応状況❷

「当社は，業界動向と業界情報の的確な把握のために，対象会社の①取扱い製品・サービスの把握，②業界における位置づけ，③社会・経済変化との関連性及び④取引先との力関係，は最低限把握するようにしている。」

(グローバル製造業　経営企画室)

---

①　趨勢分析（Trend analysis）

　趨勢分析は，財務数値の変動に係る異常点の有無を検証する分析である。ただし，この分析が有効となるケースは限定的であると考えるべきであり，特に事業内容の変化や会計方針の変更等がある場合には，当該影響を除外して分析をする必要がある。また，単純に前年同期と比較した場合には，会計不正が発見できる可能性も低く，数年度に亘って比較した場合が有効である。

- 数年の実績に係る趨勢分析
- 予算や計画に係る趨勢分析
- 事業パフォーマンスやトレンドの分析
- ブレークダウン分析　など

② **比率分析（Ratio analysis）**

　比率分析は，財務数値相互間，又は財務数値と財務数値以外の情報との関係を検証する分析である。例えば，後述する貸借対照表項目と損益計算書項目との関係（効率性分析）により会計不正の兆候が垣間見える場合があり，上述した趨勢分析よりも効果的な場合がある。

　この会社は流動比率が高いから支払能力がある，自己資本比率が高いから内部留保があり安全性が高い，総資本利益率が高いから収益性が高いなどと，分析結果のみを鵜呑みにしないで更なる分析を加えて会計不正の発見に努めて頂きたい。

　対象会社を数期間分析するだけではなく，同業他社との比較も有用である。

（成長性）
- 売上高増加倍率：当年度売上高÷前年度売上高
- 売上総利益増加倍率：当年度売上総利益÷前年度売上総利益
- 経常利益増加倍率：当年度経常利益÷前年度経常利益
- 当期利益増加倍率：当年度経常利益÷前年度経常利益

　残念ながら，日本において，右肩上がりに成長できる会社は稀である。多くの会社はM&Aなどを通じて成長していくのである。よって，何年も右肩上がりで成長し続けられる会社は，その内容につき分析を行い，会計不正が含まれていないか慎重に判断する必要がある。

（安全性）
- 自己資本比率：（自己資本÷資産合計）×100％
- 借入金依存度：（有利子負債計÷資産合計）×100％
- 当座比率：（当座資産÷流動負債）×100％
- 流動比率：（流動資産÷流動負債）×100％
- 固定比率：（固定資産÷資本計）×100％

流動比率が100％以上であるということは、短期的な支払能力が支払義務をまかなって余りあるということを意味し、支払余力があると推測することができる。しかしながら、流動比率は分子を流動資産で計算するのに対し、当座比率は分子に当座資産を使用する。この差は、棚卸資産であり、棚卸資産はそれが販売されて代金が回収されるまでは支払能力がないため、過剰在庫となっている会社の場合には、棚卸資産を利用した会計不正が存在しないか注意が必要となる。

(収益性)
- 売上高経常利益率：(経常利益÷売上高)×100％
- 総資産利益率（ROA）：(当期純利益÷資産合計)×100％
- 自己資本利益率（ROE）：(当期純利益÷自己資本)×100％
- 損益分岐点売上高：固定費÷(１－変動比率)
- EBITDAマージン：EBITDA[11]÷営業利益

(効率性)
- 売上債権回転期間(月)：(売上債権÷売上高)×12ヶ月
- 棚卸資産回転期間(月)：(棚卸資産÷売上原価or仕入高)×12ヶ月
  ※売上高を用いる場合もある。
- 固定資産回転期間(月)：(固定資産計÷売上高)×12ヶ月
- 総資産回転期間(月)：(資産合計÷売上高)×12ヶ月

　回転期間は、業種や対象会社の状況により異なることになる。

　例えば、売上債権回転期間は、売上の相手先が消費者で現金売上（B to C）がほとんどの飲食業や小売業は相対的に低く、それぞれ10日以下、20日前後が平均となる。一方、卸売業、製造業のように売上のほとんどが対企業（B to B）であり、なおかつ手形決済がよく行われる業種、業界ほど売上債権回転期間は長くなる傾向がある。

　また、在庫回転期間は、着工から完成に至る期間が長い建設業や製造業は通常長く、一般的な製造業や小売業の場合は１ヶ月程度が平均とな

---

[11] EBITDAはEarnings before interest, taxes, depreciation and amortizationの略であり、金利（interest）、税（taxes）、有形固定資産の減価償却費（depreciation）、無形固定資産の償却費（amortization）を控除する前の利益（Earnings）である。

るであろう。

【粉飾決算の疑義がある場合の単純変化例】

	売上過大計上	原価過少計上	在庫過大計上	経費過少計上
当座比率	⬆	⬆	➡	⬆
流動比率	⬆	⬆	⬆	⬆
売上総利益率	⬆	⬆	⬆	➡

出典:「Business Analysis Framework」松澤綜合会計事務所

③ 相関分析（Correlation analysis）

相関分析は，変数間の相関性を分析することにより，事業のダイナミクスに関する知識や，経営戦略がどの程度成功したかを測定する場合に有益である。

- マーケティングや広告が効果的か
- ロイヤリティやパフォーマンス見合いのインセンティブの影響
- 購買方針の根拠
- 品質保証イニシアチブが働いたか　など

④ 分化（Disaggregation）

分化（Disaggregation）は，数字をトータルで捉えた場合に何らかの手が加えられた際に，細かく分解してどのような要素に変更があったかについて検証する方法である。

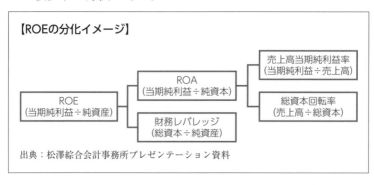

出典：松澤綜合会計事務所プレゼンテーション資料

⑤ **合理性テスト（Overall test）**

合理性テストは，分析の種類によっては，オーバーオールテストとも呼ばれ，分析者が算出した金額・比率による推定値と財務数値・比率を検証する分析である。

- 支払利息の妥当性の検証：平均借入利率÷平均借入残高
- 減価償却費の妥当性の検証：減価償却費資産の残高，平均耐用年数，減価償却方法により検討

Column 9

歪

「歪」は，「不正」という字を縦に書いたものである。この文字を見ると反応してしまうのは筆者らだけではないであろう。執筆に当たり意味や語源を調べてみたので紹介したい。

【音読み】ワイ
【訓読み】いが（む），いびつ，ひず（む），ゆが（む）
【語源】
　炊き上がった飯を移し入れておく器である「飯櫃（いいびつ）」から出た言葉で，「いびつ」ともいい，古くは楕円形をしていた。そこから「いびつ」が楕円形の意味でも用いられ，さらに，楕円形は完全な円ではないことから，江戸時代には形や状態がゆがんでいる意味に用いられるようになった。
【意味】
[名・形動]《「いいびつ（飯櫃）」の音変化》
1 《飯櫃が楕円形であったところから》
　㋐物の形がゆがんでいること。また，そのさま。「箱が―になる」
　㋑物事の状態が正常でないこと。また，そのさま。「―な社会」「人間関係が―になる」
2
　㋐「飯櫃（いいびつ）」に同じ。
　㋑楕円形。小判形。いびつなり。
　㋒金貨・銀貨などの小判。いびつなり。

　分析の結果，財務数値が歪んでいる場合は，まさにそこに不正が存在しているかもしれない。

出典：デジタル大辞泉，由来・語源辞典

(5) 予測分析 (Predictive analysis)

予測分析では，情報や将来予測に際して用いる前提条件や仮定に基づいて分析を行うことが重要であり，前提条件や仮定における変数がどの程度，影響力を持つかを分析することが重要である。予測分析は，過去のデータではなく，将来予測に基づいて分析を行うことで，会計不正発見の端緒とするのに特長がある。

- 推定（Extrapolation）
- センシティビティ分析
- プロバビリティ（可能性）分析

① 推定（Extrapolation）

推定を行うことにより，下記の評価を行うことが可能となる。

- 過去の取引実績と比較した場合の，現在の会社計画の評価
- 過去の計画値達成状況と比較した場合の，現在の会社策定の計画値の信頼性評価
- 過去と比較した場合の，会社計画における前提条件の評価
- 所属する産業におけるコンセンサスと比較した場合の，会社計画の評価

会社計画は大抵の場合，会社の予算を基に策定されるため，予算策定のプロセスを理解しておく必要がある。

- 顧客，競合相手，サプライヤー，産業における発展の状況の分析に基づいた現実的な見積り
- 組織内の誰も達成できないと考えるような上層部から課されたターゲット
- 経営陣が簡単に達成可能であると考えている不十分な見積り

会社の過去の実績やキャッシュフロー予測をどのように行ったかを理解することで，会計不正の発見をより精度の高いものにすることが可能である。

② センシティビティ分析（Sensitivity Analysis）

センシティビティ分析を用いることで下記を行うことが可能となる。なお，他の分析よりも不確実性の高い計画の場合に用いる方法であり，

当該分析においては，どの前提条件や仮定を変数として動かすかということが重要となる。

> 主な前提条件の変化による収益性への影響分析
> 必要現金における金利の変化による影響分析
> 現在価値における割引率の変化による影響分析

③ プロバビリティ（可能性）分析（Probability Analysis）

プロバビリティ（可能性）分析は，主要な変数のレンジ設定における不完全・不確実さの評価を行う手段であり，同時に複数の変数を動かすことができる点においてセンシティビティ分析よりも優れた分析手法である。なお，当該分析を行う際は，複数のデータを同時に変更するため，コンピューターモデルが必要である。また，当該分析手法を用いる場合には経営陣が前提における可能性レンジにおいて内部でのコンセンサスを持っておくことが必要であり，経営陣が事業の詳細について詳しくなかった場合でも，少なくともその前提条件がアップサイドの可能性があるのか，ダウンサイドの可能性があるのかについて考えを持っておく必要がある。

④ 回帰分析（Regression analysis）

回帰分析は，統計的なリスク比率と精度の水準を利用して求めた金額等による推定値と財務数値等を検証する分析である。筆者らも，特に不正調査の結果に対する原因を推測するために，利用する分析である。

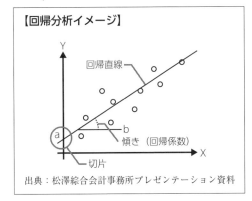

【回帰分析イメージ】

出典：松澤綜合会計事務所プレゼンテーション資料

(6) 定性分析

① 注記の分析

財務諸表の注記が正確に記載されていることが前提とはなるが，財務諸表の注記には，各項目の明細や選択している会計方針などさまざまな

情報がある。例えば、収益の認識基準、資産の償却方法、棚卸資産の評価方法、また会計方針の変更などである。ここを丹念に読むことで、経営の実態にそぐわない内容の有無を見ることで、粉飾発見の糸口となる場合がある。

例えば、粉飾決算を実施する企業の中には、実態上継続企業として問題がある企業も多数存在する。そのような企業は、実態ベースの財務諸表を開示すると、継続企業として立ち行かなくなることから、粉飾決算を行うことになる。継続企業の前提に重要な疑義を抱かせる事象又は状況[12]として、以下の事項が挙げられる。

財務指標関係	◇売上高の著しい減少 ◇継続的な営業損失の発生又は営業キャッシュフローのマイナス ◇重要な営業損失、経常損失又は当期純損失の計上 ◇重要なマイナスの営業キャッシュフローの計上 ◇債務超過
財務活動関係	◇営業債務の返済の困難性 ◇借入金の返済条項の不履行又は履行の困難性 ◇社債等の償還の困難性 ◇新たな資金調達の困難性 ◇債務免除の要請 ◇売却を予定している重要な資産の処分の困難性 ◇配当優先株式に対する配当の遅延又は中止
営業活動関係	◇主要な仕入先からの与信又は取引継続の拒絶 ◇重要な市場又は得意先の喪失 ◇事業活動に不可欠な重要な権利の失効 ◇事業活動に不可欠な人材の流出 ◇事業活動に不可欠な重要な資産のき損、喪失又は処分 ◇法令に基づく重要な事業の制約
その他	◇巨額な損害賠償金の負担の可能性 ◇ブランド・イメージの著しい悪化

財務指標関係として5つ例示されているが、これらの注記が付記されると企業としては一大事である。これらの項目は例示なので、その企業

---

[12]「継続企業の前提に関する開示について」(監査・保証実務委員会報告第74号 平成21年4月21日改正 日本公認会計士協会 監査・保証実務委員会)

が営む業種の特殊性等を加味する必要があるものの，注記がされておらず継続企業の前提に問題がある企業は，主としてこれらの事象を隠すことを目的として粉飾決算を行う可能性を秘めている場合がある。

事例紹介17 企業全般 ··
- ＡＥ社は，前期から継続企業の前提の注記が付されていたが，連結子会社における会計不正が判明し，過年度連結決算の修正を行ったものの，当期の決算開示に至らなかった。対外信用も低下していたため，受注の更なる落込みを招き資金繰りが逼迫し，自主再建を断念した。
- ＪＫ社は，取引金融機関と締結している財務制限条項に抵触することや継続企業の前提の注記を回避するために，子会社などで営業経費の計上先送りといった会計不正を実行していた。訂正された決算報告では，営業損益が１億円の黒字が20億円の赤字，当期純損益の赤字は180億円から350億円へ拡大した。

① 営業活動の分析

どのような業種も営業活動は，最も重要な戦略となる。戦略や戦術が失敗してしまい，この事実を隠蔽するために会計不正を実行するケースも多数存在する。特に，経営陣に対するインタビューや現場の視察を通じて，状況に変化はないかは常に把握しておくべきであろう。

- 主要製品・サービス選択の当否
- ビジネスマップや生産形態の変化
- 生産性・効率性の高低
- 設備や技術の優劣
- 立地条件の優劣　など

② 信用調査報告書の活用

一般事業会社の信用調査機関の利用頻度は高く，多くは与信管理に活用されている。稀ではあるが，対象会社から入手した情報（財務・非財務）と信用調査機関に記載されている内容が相違する場合がある。これを端緒として会計不正が発覚したケースは非常に多い。

整合していない情報を中心に更なる一手が実施できれば，会計不正の発見が可能である。

- 仕入先や取引先が説明と相違している
- 金融機関への借入残高が合致しない
- 知らない子会社や兄弟会社が存在する
- 知らない株主が存在する
- 株主の資産管理会社が存在する　など

③　取引先との共謀可能性分析

会社の業績は，市況の変動による影響が大きい。会社業績を判断する場合，景況，業界動向をみて，対象会社がどのような状態にあるかをつかむ必要がある。

多くの場合，自社は仕入先より強く，売上先は自社よりも強いというパワーバランスが存在する。よって，景況，業界動向が変化した場合，連鎖倒産などを回避するために共謀で会計不正を実行する可能性があるため留意が必要である。

④　経理関係者の交代

経理担当者，経理責任者，顧問税理士，会計参与及び会計監査人などの交代は，会計不正の存在を疑うべきであろう。

(7) 財務分析のポイント

OJTをしながら伝達することがベターであるが，前提事項に記載事項と重複する部分はあるものの，意図的に，非常に簡単にポイントを集約する。あとはどれだけの数の会社の分析を経験できるかが，分析力向上の近道である。

不正調査の蘊蓄を言う前に，分析に時間を割くことが，会計不正発見に重要なのであり，分析なくして，仮説の構築や検証はできないのである。

①　ビジネスと会計処理の関係を把握する

企業は業種・業態等によってさまざまであり，画一的な会計処理を設定しそれを強制することは，必ずしも企業の実態をあらわすことになら

ない。そこで，代替的方法を定め企業経営者自身が，継続的に適用することを前提に，企業の実態に即した会計処理を選択することが認められており，これを「経理自由の原則」という。すなわち，経済事象や会計判断が同一であったとしても，異なる会計処理がなされている可能性があるのである。

この点，筆者らがよく財務分析初経験者に出す問題を例にとり，解説を加えるとわかりやすいかもしれない。

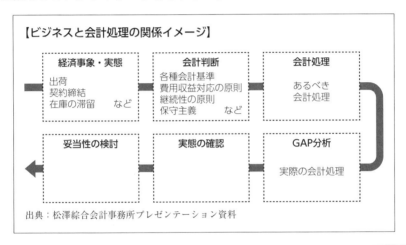

設 例：①
A社は土地を100億円で購入し，預金で支払った。どのような会計処理をするか（購入に係る税金等は無視してよい）。

一般的には，下記のような会計処理をイメージするであろうが，実務では50点である。なぜならば，A社の業種が判明していないからである。

借方		貸方	
土地	100億円	現預金	100億円

例えば，A社が不動産販売業であった場合はどうなるか。製造業であれば多くは固定資産に分類されることになるが，不動産販売業においては棚卸資産となる。

借方		貸方	
販売用不動産	100億円	現預金	100億円

また，近年ではソフトウェアを使用して会計処理を管理している会社が多数であろう。全ての処理ではないが基幹ソフトウェアの中で，取引先をマスター管理しているケースがある。支払いの場合は，通常買掛金，未払金，未払費用と連動している場合があり，即時に現預金で支払ったものでも，内部管理の一環からその勘定科目を通じて敢えて会計処理をする場合もある。

借方		貸方	
土地	100億円	未払費用	100億円
未払費用	100億円	現預金	100億円

これは，一例であるが，対象会社のビジネスや会計事象等と会計処理の関係を把握することが効果的な財務分析をするためのファーストステップである。

② ノイズを除去し，細かく分析する

ノイズを除去するとは，前述した「比較可能性の確保」と同義である。特に，不正容疑者から提示された分析結果は，ノイズが含まれ一見して妥当な分析結果となっている。よって，自身が分析した場合は別である

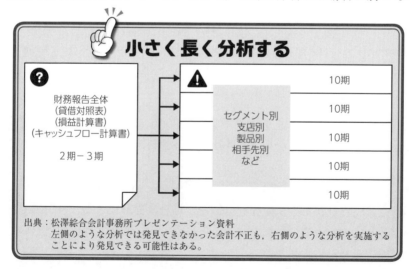

出典：松澤綜合会計事務所プレゼンテーション資料
左側のような分析では発見できなかった会計不正も，右側のような分析を実施することにより発見できる可能性はある。

が，分析結果を提示された場合，分析前及び分析後，ノイズが含まれていないかを必ず検証することをお薦めする。

不正実行期間が長くなればなるほど，一般的に財務数値に歪みは現れなくなる。また，繰返しになるが，数字が歪んだ時点で気づいても，すでに手遅れ（巨額な損害額となっている）なのである。企業の財務諸表は，会計不正を発見するうえでの情報のひとつに過ぎず，決算書を見て粉飾決算を見極めるという多数の書籍もあるが，眺めただけでは，粉飾決算の早期発見は難しいであろう。

しかしながら，工夫することは可能である。それは，小さく長く分析することであろる。

③　財務諸表を単表で分析してはいけない

多くの会社や組織は，複式簿記にて，当該組織で発生した経済事象を記帳している。そのため財務３表（損益計算書，貸借対照表・キャッシュフロー計算書）は数字が繋がっていると言われている。繋がっているがゆえに，これが，数字の歪みとして現れるのである。

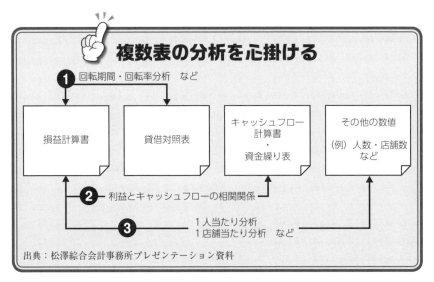

そのため，例えば不正容疑者から，単表にて分析結果の説明を受けて

も信用してはいけないのである。また，単表（特に損益計算書）にて経営評価をしているような会社は，従業員の会計不正に遭遇しやすい。ここでは，一例を示すが下記の状況が会計不正・粉飾決算の兆候を示しているかもしれない。

- 営業キャッシュフローと営業利益の動きに大きな乖離がある
- 運転資本の変化と営業利益の動きが整合しない
- 経常収支と資金繰り表を比較した結果，諸収支に乖離がある
- 運転資金の回転期間が長期化している
- 市場動向と自社の売上高に整合性がない
- 経常収支が支払超過となっており，資金化できる資産がない

など

④ 分析結果より，次の一手を考える

分析は，その方程式を覚えて杓子定規に実施しても意味のないことは明らかである。多くの人が，分析結果の意味を理解できずに，会計不正を看過してしまう。ここでは，簡単な設例を用いて解説する。

設 例：②

対象会社の回転期間を分析すると，その結果は毎期概ね2.0ヵ月以上となった。次に誰にどのような質問をするか。

〈分析結果〉

売上債権の回転期間（売上債権÷売上高×12）＝2.0ヶ月

これは，売上債権の回転期間は何を示しているかを説明できるかということである。多くの会社は，顧客に対して，請求書を発行し，入金を確認し，回収状況を把握するという管理をしているであろう。売上債権の回転期間は，会社が売上債権を回収するまでに平均何ヵ月掛かるかという長さを示している。本設例では，平均2.0ヵ月以上掛かっているということになる。ここで分析を終えてしまっては，会計不正は発見できない。

そこで，会社の管理者に対して，売上債権の決済条件を提示してもら

う必要がある。仮に全ての会社が月末締め、翌月末払いであるとすると、売上債権の回転期間は平均1.5ヵ月になるはずである（正常な回転期間の推定）。この2.0ヵ月と1.5ヵ月の差の合理的な説明を求められなければ、会計不正の有無を確認できない。最低限ここまで実施して分析と言える。

- ノイズが存在する
- 滞留している売上債権が存在する
- 会計不正が存在する

(8) 財務調査の実施や専門家の利用

多くの企業は、決算書を含む財務諸表のみを分析の対象とすることしかできないであろうが、財務諸表を対象とした財務分析を実施した結果、会計不正の兆候を識別した場合は、それ以上の調査はできないのであろうか。答えは、"NO"である。先方が応じてくれさえすれば、強制捜査権を持ちえない民間企業でも、交渉により財務調査を実施することは可能である。筆者らも金融機関、親会社や投資元の依頼を受けて、財務諸表のみの分析で会計不正の兆候を識別し、その後交渉により財務調査やデューデリジェンスを実施した経験を多数持ち得ている。

次章では財務調査やデューデリジェンスを対象会社に受け入れてもらった場合の分析を記載する。なお、この段階での財務調査やデューデリジェンスは、対象会社がたとえ会計不正を行っていたとしても、名目上の目的は不正調査ではないため、不正調査の実施はできないことになる。民間で行う調査は、このようなテクニックも必要なのである。

❻ ITを活用すると粉飾決算が発見できる

現代社会においては、企業が日常業務で取扱う電子メールやドキュメントファイル等のデジタルデータは膨大な量であり、企業内で利用され保存されるデジタルデータの総量は増加の一途をたどっている。このようなITの進化はわれわれのビジネスプロセスを一変させ、多くの恩恵を与えてきたものの、同時に多くの問題を発生させる原因ともなっている。

監査業務や不正発見業務等においても，データ監査手続プロセスによるCAATs（Computer Assisted Audit Techniques：コンピュータ利用監査技法）を活用することで，より高度で，効率的な監査の実施ができ，次のようなさまざまなメリットを享受できると信じられている。

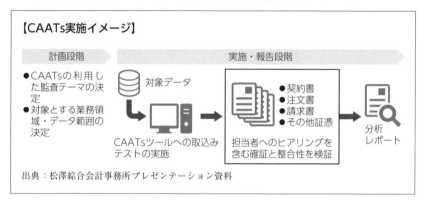

> 内部監査におけるリスクアプローチを客観的に実施できる
> 内部監査業務がより効率的に実施できる
> 効果的に不正や粉飾決算の早期発見が可能である

なお，CAATs[13]とは，監査ツールとしてコンピュータを利用する監査技法である。現在のCAATsは，調査対象データを電子記録のまま入手し，調査人の管理下にあるPC等を用いて，入手したデータを利用し，必要な手続（合計調べ，抽出，分析等）を実施するというデータダウンロード技法を中心として実施されている。

すなわち，CAATsを利用することで，「通常でない取引の査閲」，「通常でないタイミングのデータ入力」，「類似データの抽出」について一定の数値との比較で対象取引を抽出し，「ベンフォード分析」，「合算値の分析」，「取引分布の把握」等の統計学的分析によってさらに検証すべき異常項目を特定することが可能となり，また，一度実施されたテスト項

---

13) 日本公認会計士協会IT委員会研究報告31号「IT委員会研究報告第3号「財務諸表監査における情報技術（IT）を利用した情報システムに関する重要な虚偽表示リスクの評価及び評価したリスクに対応する監査人の手続について」Q&A」（平成20年11月5日改正）

目の結果は，次回以降の調査に継続して利用することが可能であり，手続の効率化に加え，容易に調査対象の拡大が可能となることが想定されているのである。

さて，CAATsを用いてITを活用すると粉飾決算が発見できるのかというと，今後の人工知能（AI）の発展もあるが，それだけでは難しいというのが筆者らの意見である。特に内部監査が粉飾決算の発見を目的としているならば，それはかなり困難であると言わざるを得ない。ITを活用して粉飾決算が発見できない理由は，大きく分けて2つの問題点がある。

① インプット上の問題

ERPシステムなどのシステムを構築する場合，まずその企業の事業活動内容に適したERPを選択する必要がある。システム投資額も大きく，途中でシステムに変更を加えることは，コスト，労力そしてスケジュール面からも絶対避けるべき問題である。そのためには，現状を十分に調査分析し，その上で企業の特性に合った最適なシステムを選択し，ある程度の期間を設けてきちんと検証をすべきである。しかしながら，システム構築期間が延びることはコストが掛かることにつながることから，システム管理者がユーザのニーズの把握が不十分であったり，ユーザが使用できる機能の理解が不足したり，また，業務の手間等からほとんどの機能を使わない，または，使いこなせていないのが現状である。すなわち，インプットしていない情報は，ITを活用して調査ができないということである。

また，不正実行者が直接システムに入力するであろうか。不正の手口によって異なるであろうが，多くの日本企業の場合，システム入力権限は制限され不正実行者に代わって入力権限者が入力することになるのである。この場合，正規の取引として入力することとなり，その時点で入力権限者がこの入力に不正が含まれていると気づかなければ，その後発見される可能性は低下することになる。

失敗事例2　企業全般

　企業内の調査人ｍ氏は，不正容疑者ｔ氏の電子メールの調査を実施しようとしたが，ｔ氏は先月ＰＣをリプレイスしたばかりであり，また，企業もサーバ業者との契約上，電子メールのバックアップを３ヵ月しか保存しておらず，電子メールの調査に支障をきたした。

　さらに，データのバックアップも重要である。すなわち，残存していない情報は，ITを活用して調査ができないということである。
　ただし，重要なのは，「ITを活用して」調査ができないのであって，不正に関する情報が他のどこに残存しているか，すなわち企業の内部統制を把握して調査を実施することはできるのである。

②　調査人側の問題

　粉飾決算は，通常，偽装や隠蔽を伴い，その兆候を発見するためには，不正調査で用いられる仮説検証アプローチを加味し，戦略的な不正対応監査を考慮・実施することが求められる。筆者らが良く相談を受ける企業の失敗例を紹介しながらその理由を紹介する。

失敗事例3　製造業

　製造業Ａ社は，昨今の不況もあり内部監査人員が削減された。そこで，内部監査を効率的に実施するため，CAATsを３年前より内部監査に活用していた。調達不正に対応する内部監査では，一般的なデータ分析項目（テスト項目）である次の内容の分析を実施していた。

- 仕入先別の支払データ件数・金額の分析
- 担当者別の支払データ件数・金額の分析
- 調達担当者以外の入力者による支払データ件数・金額の分析
- 発注・検収を同一人物が行っている調達取引の分析　等

　数年来の監査の結果，不正の兆候がないとされていたが，子会社Ｙの調達担当部長ａ氏は自分の地位を利用し，仕入先αから別の仕入先βを経由させ調達を行っていたことが発覚した。調査した結果，仕入先βはａ氏の家族が経営する企業であり，仕入先αからの仕入に対して手数料

を乗せA社に納入することで不当に利益を得ていたという事実が判明した。実は，子会社Zにおいても5年前に類似の不正が発覚しており，今回で二度目の発覚となり，前回の教訓が活かされていなかった。

....

　CAATsツールによるデータ分析結果は，各テスト項目に対して異常値を示すデータが抽出されていたが，いずれのデータともに，追加的な監査手続を実施したところ正常な取引であった。たとえば，発注，検収を同一人物が行っている調達取引は検出されていたが，データ入力者及び担当者等にインタビューを実施し，また，原始証憑等を精査したところ正常な取引であることの検証はできていた。一方，3年前から発生している不正手口に対しては，仕入先αの支払データ件数・金額の分析や，調達担当部長a氏の支払データ件数・金額の分析では異常値を示さず，調達担当者以外の入力者による支払データ件数・金額，発注・検収を同一人物が行っている調達取引の分析でも，異常値を発見できなかった。

　つまり，ITを活用した粉飾決算の発見のポイントは，少なくとも粉飾決算の手口を把握して，その発見に有効な監査手続を選択し，実施することである。もし，5年前に発覚していた粉飾決算を教訓にすることができていたら，CAATsを活用した内部監査にて粉飾決算を発見できていた可能性はある。

　少し詳しく解説を加えると，調達（購買）不正は，請求書偽造，贈収賄，キックバックから，在庫の横領，知的財産の窃盗，低品質材料の購入に至るまで多岐にわたる。一般的な購買担当者による調達不正事例は，主に次のとおりである。

- 調達担当者が仕入先と共謀し，市場価格を上回る金額で物品調達を行いキックバックを得ている
- 調達担当者には調達担当部内に協力者となる部下が存在し，不正には内部の複数の従業員が関与している
- 調達担当者には在庫管理部署（調達担当部外）に協力者が存在し，調達資材の在庫数を不正操作することにより横領を行っている

> 調達担当者は親族若しくは知人・友人が経営する仕入先企業と共謀して不正を行っている　など

このようなことを念頭に置きCAATsによるデータ分析を実施する必要がある。データ分析の対象は，調達不正に対応する内部監査を実施する場合であっても，支払データ以外の広範囲なデータ領域となる可能性があることを意識しなければならない。例えば，「在庫管理部署との共謀」の場合は，在庫数の不正操作の疑いがあるため在庫データをデータ分析の対象に加える必要があり，「仕入先との関係」の場合は，仕入先企業の所在地と購買担当者の住所が同一の可能性があるため，仕入先データや従業員人事データを加味してデータ分析をする必要がでてくる。すなわち，失敗事例でのCAATsを活用した内部監査では，データ分析を行う優先順位や分析範囲の決定を加味し，支払データだけではなく，仕入先データの属性（住所，電話番号，連絡先，口座番号等）や，従業員人事データの属性等を多面的に分析することにより，以下のような不正に対する異常値を検出できる可能性がある。

> 従業員データにおける調達担当部長ａ氏の緊急連絡先の電話番号と，取引先データにおける取引先βの携帯電話番号が一致した
> 取引先データから住所未入力データとして取引先βのダミーと考えられるデータが存在した（登録名，登録住所は違うが，取引先βと電話番号が同じデータ）
> 上記の件と同様の兆候が，子会社Ζの調達部員ｂ氏にも該当した

検出された異常値は，ヒアリングやインタビューを実施し，証憑，システム利用環境・業務仕様，システムバグ・事故履歴などの情報収集を行うとともに，不正の疑いの有無の検証を実施し，妥当性を確認することとなる。妥当性の無いデータは，内部統制の不備，或いは不正の疑いの強いデータと考えられ，分析作業の結果，内部統制の不備を発見した場合には，指摘するとともに改善方法の提言を行い，不正の疑いが強い場合は，証拠保全するとともに，本格的な不正調査の必要性について検討を行うことになる。

ITを活用した監査であるCAATsの導入には，コストが掛かる。監査業務や不正発見業務等において，CAATsを活用することで，より高度で，効率的な監査の実施ができ，さまざまなメリットを享受できると信じこまされて購入した企業も，効果的に使わないと宝の持ち腐れである。そこで，粉飾決算発見のためにCAATsをきちんと活用したい，若しくは今後CAATsを導入したいという企業のためにもう少し解説する。
　③　IT統制の理解
　ITを活用して監査を実施する場合や不正調査を行う場合，監査対象となるシステム概要やIT統制の状況を理解することが非常に重要となる。監査対象資料の授受が紙媒体ではなくデータとなることから，そのデータの内容を知るために，監査対象となる企業のシステム構成，データレイアウトやIT業務処理統制の状況等を理解しなければならない。理解が不足すると，調査の対象とするデータの母集団を誤り，データレイアウトの解釈の誤り等により，当然のことながら正しい分析が実施できなくなる。また，調査対象となるデータの抽出には，システム管理者

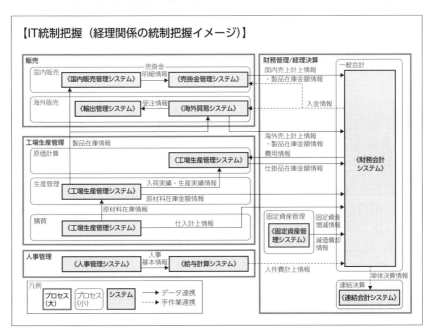

等の専門的知識を有する人員の協力が必要（システム管理者等が容疑者でないことが前提）であり，業務時間外に抽出（∵現行稼働システムであるためシステム停止するリスクを低減する）を行う必要があるため，システムの理解度を深めることと併せて，抽出の日程等を協議する必要がある。

失敗事例4　企業全般

データ解析では，調査対象とする調査母集団を誤ると，分析結果が意味をなさなくなる。Ｂ社では，仕訳分析を行うに当たって，手動仕訳データと自動仕訳データが混在しており，不正の発生可能性が高いと認識している手動仕訳を調査対象としていたが，誤って自動仕訳データを対象としてしまっていたため不正兆候のデータを識別できなかった。

失敗事例5　企業全般

システム上で管理されているデータは複雑で，テーブル名やデータ項目には似たような名称が多く存在し，ほとんどの項目名称はアルファベット表記されており，そのデータレイアウトの解釈を誤りやすい。データ分析では調査対象としたデータをCAATsツールに取込む必要があるが，Ｃ社では，仕訳入力日（データ項目名：JE_I_DATE）と仕訳更新日（JE_U_DATE）と表記上1文字しか違わず，両者を誤ってCAATsツールに取込み分析を実施したため，誤った結果を導いてしまった。

④　シナリオの設定

粉飾決算の手口に有効なシナリオに基づくテスト項目の設定は，粉飾決算の手口の仮説に基づき設定されるべきである。多くのCAATsツールにはテスト項目が予め設定されているが，企業の状況・特性を鑑みて，テスト項目に併せてパラメータを決定する必要がある（パラメータは，テスト項目内の異常値と判断するための値であり，例えばテスト項目が「仕訳金額中で上位Ｘの仕訳を抽出する」の場合，Ｘがパラメータである）。

繰返しになるが，インプットしていない情報や残存していない情報は，

テストできないと結論付けなければならない。多くのケースでは，エラーがでないことをもって正しいと結論付けてしまう。テスト項目やパラメータの設定を誤った極々簡単な失敗事例は，下記のとおりである。

会計仕訳に対する手続例
- CAATsによる母集団全体への手続きの拡大と実証性テスト
- CAATsによる仕訳入力その他の修正仕訳入力の詳細テスト
- 監査ツールを利用した自動化された財務報告プロセスとの並行ランテスト
- 不適切な仕訳入力と対照勘定の比較
- 入力担当者以外によって入力された仕訳入力
- 期末又は締切後の仕訳入力
- 摘要欄の説明が不十分な仕訳入力
- 未登録の勘定科目を用いて行われる仕訳入力
- 同じ数字やラウンドされた数字が並ぶ数値を含んでいる仕訳入力　など

上記のように予め設定されるテスト項目だけでは不正は発見できない。

失敗事例❻　企業全般

テスト項目とパラメータは，誤った設定を行うと正しい結果を導くことができない。D社では，テスト項目の一つとして，「金額が100百万円以上の仕訳データを抽出する」を設定していたが，分析実行時に誤って100円以上と設定してしまったため，本来得られる抽出結果と違う結果が導かれてしまった。

失敗事例❼　企業全般

A社では，テスト項目として，滞留在庫の把握のために「移動日から180日経過している在庫データを抽出する」としたところ，出庫実績がないのに180日以内に追加購入しているデータ等のデータが抽出できず，正確な分析が実施できなかった。このようなテスト項目は，論理的に正しそうに見えるが，追加入庫においても移動日が書き換えられることを考慮していないため，正しい抽出ができないことになる。

部品名	月初	入庫	出庫	月末	移動日	判定結果（テスト実施日 2020/7/31）
X-123A	100	0	0	100	2016/8/8	テスト項目に合致＝滞留
Y-250B	100	100	0	200	2020/6/21	テスト項目に不一致。ただし，出庫実績がないため事実上の滞留。
Z-450C	100	200	250	50	2020/5/11	正常データ

　今後，不正発見のための監査や不正発覚後の調査において，ITを活用する企業は増えていくと考えられる。一方で，監査や調査において，高額な報酬を請求する悪徳業者も存在する。

　ITを活用して監査や調査を実施することが，全てではなく，仮説検証アプローチにおける情報の分析に過ぎないのである。インプットしていない情報や残存していない情報は，テストできず，情報が残存していたとしても，権限設定，データ入力・出力のタイミング，他業務システムとの連携等についてIT統制が整備されていなければ，IT活用による分析結果が意味をなさない。また，ITを活用する調査が，粉飾決算の手口に対して有効な手続であるかが重要であり，粉飾決算の手口によっては，ITを活用して調査を実施しても効果的な結論を導けないものも存在する。

　上記を勘案して，ITを活用することを判断することを強くお勧めする。

「手口」は年々巧妙化している

　粉飾決算を含む会計不正の手口は，過去15年変わっていないし，人工知能（AI）の発達は未知数であるものの，今後15年変わらないであろう。粉飾決算の「手口」は年々巧妙化していると吹聴している専門家には申し訳ないが，当該専門家がこれまで

【新しい手口のイメージ】

ビジネスの変化は目覚ましいが，それに比して会計不正の手口に，あまり変化はない。

出会ってこなかっただけであり，粉飾決算の不正実行期間が長ければ長いほど，粉飾決算の事実を隠蔽するために，不正実行者自身も理解できなくなるほど複雑にならざるを得ないだけなのである。

　会計基準は，所与の命題ではなく，会計的現実があって，会計目的があり，その目的から導き出される命題である。会計の基本は，経験則，慣習法，慣行法であり，会計が，慣習や慣行を基礎としているという事は，会計の土台は，商取引，取引慣行にあることを意味している。その取引慣行の起源や根拠を明らかにすることが，その会計的処理の妥当性を判断するために必要となる。ここで重要なのは，会計が，経済事象を網羅しているわけではないということである。会計によって捕捉できない経済現象が存在し，それを利用する粉飾決算も過去は存在していたのである。このような経済事象の発生をもって，はじめて「手口」は年々巧妙化していると言えるのではないか。

　企業グループ内での不正を未然に防ぎ，不正によって企業に影響を与えることを防ぎ，不正を行う本人も結果的には不幸になることを防ぐため，不正の兆候を知ることは重要である。次章では筆者らが経験した事例をもとに解説を加える。

第2章
フォレンジック会計士が遭遇した会計不正の事例考察

第1 水産ビジネスに潜む罠

　循環取引とは，複数の企業・当事者が互いに通謀・共謀し，商品の売買や役務の提供等の相互発注を繰返すことで，売上高等を計上する取引手法の総称である。売上高をかさ上げして企業の成長性・収益性を実態より高いようにみせかけるケースや，経営者から過度の売上達成のノルマを課せられて営業担当者や営業管理職が手を染めるケースがある。循環取引にはさまざまな形態があり，その条件も多様である。資金の決済まで実行されている場合は，正規の取引との区別が困難であるため会計不正を発見することは容易ではない。

　循環取引による不正がIT産業，食品業をはじめ，あらゆる産業で頻繁に起こる背景としては，在庫の調達から最終消費者への販売に至る商流のなかで転売や介入取引がごく一般的に行われている状況がある。すなわち，資金繰りのための在庫調整・金融機能や会社間の取引関係から生じる介入取引など，それ自体は違法ではない取引がいつの間にか経済合理性のない循環取引に変質していくリスクを孕んでいる。

水産業グループW社の事例

　W社は漁労（1次産業）から加工・冷凍，商社（卸）機能をもつ水産業グループである。水産業は近年，漁業生産額が伸び悩み，労働人口の減少・高齢化とあいまってビジネス成長の阻害要因となっている。しかし，W社は右肩上がりの成長を続けていた。これは，冷凍技術の進歩に対応する巨額の設備投資によるコスト削減，新規顧客の開拓，海外からの新規仕入れルート開拓に成功したことが要因と信じられていた。金融機関も提示された財務諸表を疑わず，W社の運転資金の借換えや設備投資資金に応じ続けた。

【W社の財務報告等】

要約貸借対照表 単位：百万円	2021/3	2022/3	2023/3	2024/3	2025/3
売上債権	297	360	470	590	620
棚卸資産	250	290	360	520	510
その他資産	113	100	80	100	100
資産合計	660	750	910	1,210	1,230
仕入債務	300	350	380	490	460
有利子負債	230	390	500	600	640
その他負債	－	－	－	－	－
負債合計	530	740	880	1,090	1,100
純資産	130	10	30	120	130
負債純資産合計	660	750	910	1,210	1,230

出典：決算報告書

要約損益計算書 単位：百万円	2021/3期	2022/3期	2023/3期	2024/3期	2025/3期
売上高	3,000	3,150	3,580	4,700	4,560
売上原価	2,730	2,850	3,250	4,320	4,190
売上総利益	270	300	330	380	370
販売費及び一般管理費	260	290	295	370	361
営業利益	10	10	35	10	9

出典：決算報告書

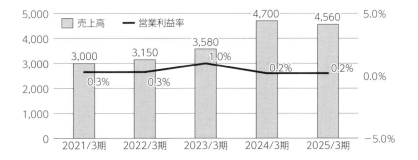

過去3事業年度のKPI

	2021/3期	2022/3期	2023/3期	2024/3期	2025/3期
正味運転資本	247	300	450	620	670
売上債権回転期間	1.2	1.4	1.8	1.5	1.6
棚卸資産回転期間	1.0	1.1	1.2	1.3	1.3
仕入債務回転期間	1.2	1.3	1.3	1.3	1.2
売上総利益率	9.0%	9.5%	9.2%	8.1%	8.1%
営業利益率	0.3%	0.3%	1.0%	0.2%	0.2%

注：正味運転資本＝売上債権＋棚卸資産－仕入債務

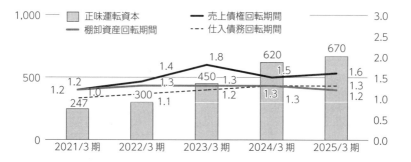

循環取引が実行される業種

Column 10

　本事例では水産業を例に挙げたが循環取引に利用されるモノ・サービスは多種多様である。

　例えばIT業界では，無形資産であるソフトウェアなどが循環取引に利用され，金融業では金銭（貸出金，貸付金）そのものやデリバティブ取引等が循環取引に利用される。循環取引による会計不正リスクはどの業界でも存在すると言っても過言ではないであろう。なお，循環取引に使われるモノ・サービスは何でもよい。IT業界では，実際には価値のないソフトウェアなどが循環取引としてよく利用される。そして，循環取引に利用されるモノ・サービスは，実在せず，伝票だけを操作することが多い。

> サービス，無形なモノ，有形であっても汎用性のないモノ・サービス（第三者に容易に価値がわかりにくい）等が循環取引に利用される場合が多い。

❶ 会計不正の看過と問題点

しかし，実際には加工・冷凍，商社（卸）機能をもつグループ会社の役員H氏の主導により，以下の方法で循環取引による会計不正が行われていた。背景には，業績目標達成への心理的プレッシャーと個人的な権力欲，他の役員の会計能力の欠如があった。

- 取引先に対して「循環取引」への関与・協力要請
- 社内で原始証憑の日付・物件名等の操作・改変による売上・仕入（原価）等の計上を指示
- 資金の入出金を行い，取引が実在するかのように偽装を指示
- 原価報告書にて原価の付替えを行い，仕掛品の架空計上又は過大計上を指示
- 会計監査で判明しないために，残高確認の際に債権債務残高が一致するよう取引先へ協力要請　など

【W社の財務報告等（会計不正排除後簿価）】

要約貸借対照表（実態）

単位：百万円	2021/3	2022/3	2023/3	2024/3	2025/3
売上債権	297	360	470	390	387
棚卸資産	250	290	510	650	680
その他資産	113	100	80	85	95
資産合計	660	750	1,060	1,125	1,162
仕入債務	300	350	310	285	300
有利子負債	230	390	440	440	440
その他負債	−	−	250	620	872
負債合計	530	740	1,000	1,345	1,612
純資産	130	10	▲100	▲220	▲450
負債純資産合計	660	750	900	1,125	1,162

出典：決算報告書

要約損益計算書（実態）

単位：百万円	2021/3期	2022/3期	2023/3期	2024/3期	2025/3期
売上高	3,000	3,150	3,110	3,025	3,010
売上原価	2,730	2,850	2,820	2,730	2,725
売上総利益	270	300	290	295	285
販売費及び一般管理費	260	290	330	400	390
営業利益	10	10	▲40	▲105	▲105

出典：決算報告書

第1 水産ビジネスに潜む罠

過去3事業年度のKPI（実態）					
	2021/3期	2022/3期	2023/3期	2024/3期	2025/3期
正味運転資本	247	300	670	755	767
売上債権回転期間	1.2	1.4	1.5	1.5	1.5
棚卸資産回転期間	1.0	1.1	2.0	2.6	2.7
仕入債務回転期間	1.2	1.3	1.2	1.1	1.2
売上総利益率	9.0%	9.5%	9.3%	9.8%	9.5%
営業利益率	0.3%	0.3%	-1.3%	-3.5%	-3.5%

注：正味運転資本＝売上債権＋棚卸資産－仕入債務

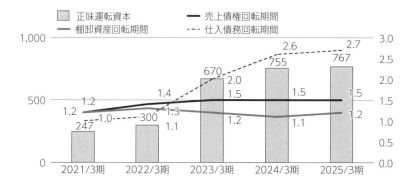

　会計不正が共謀で実行され，上級管理者が関与した場合，財務報告等から異常値を検知することは非常に困難となる。本件の場合，2023/3期から循環取引が実行されている。この時点で会計不正に気づけるかがポイントである。2023/3期の実態は資金繰り破綻が生じており，実質営業利益率はマイナス，債務超過が生じている。

> 売上高の成長率（年率）：売上高増加額を基準時点の売上高で除した値である。売上高成長率が高くても，それが市場の成長率や物価の上昇率を下回っている場合には，実質的な売上高の減少が起こっている。

> 各種回転期間（月）：各債権債務と売上高（月商）との割合である。実際の決済条件を勘案し，回転期間に異常性がないか分析

する必要がある。本件の場合，2023/3期に多少変動しているが，その後は異常値を隠すために会計不正が実行されている。

▶ 借入金・簿外債務：本件の発見が遅れた理由の一つは，金融機関が会計不正の存在に気づかずに2022/3期，2023/3期と貸付を実行してしまったことにある。筆者らは，これを「会計不正の延命」と呼んでいる。これにより，2025/3期には金融機関が全額債務免除を実施しても債務超過が解消できない金額に損失が膨らむ結果となった。

【仕訳イメージ】

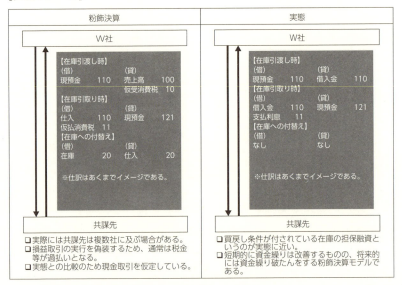

出典：松澤綜合会計事務所プレゼンテーション資料

水産業における循環取引の歴史

近年の情報サービス産業やIT企業の循環取引は有名であるが，実は循環取引は新興企業に特有の問題ではなく，長い歴史を有する会

計不正の手法である。

　漁業は，他の第一次産業（主に自然界に働きかけて直接に富を取得する産業が分類）に比べ計画的に生産ができないと言われている。現在では日本の水産物の生産量の著しい減少（輸入が増加）と養殖技術の発展により，生産量に占める養殖業の割合は20％強となってはいるものの，魚市場は豊漁のときも不漁のときも全ての水産物を買取ることになる。

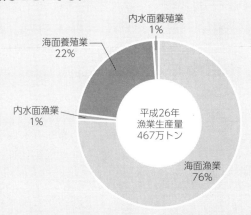

出典：農林水産省（統計年報）より松澤綜合会計事務所が作成

　そのため，漁業を含む水産業では，「ダム取引」や「備蓄取引」と呼ばれる供給と需要との間にタイムラグが生じる水産物の取引に関して循環取引が行われてきたことは容易に想像できるであろう。また，この業界は冷凍技術が異常に発達（「低温化革命」と呼んでいた。）し，理論的にはマイナス60℃以下を一定に保てば，品質劣化は生じないと言われており，10年前の水産物も半年前の水産物も区別ができないことになる。特にこれらの会計的評価も難しいであろうし，不正な循環取引に利用された場合は，発見が難しい。

　筆者らも，不正調査の際に漁業関係者から言われた「美味しいと思って東京で食べている魚も，実は20年前の魚かもしれませんよ。」というブラックジョークが今でも忘れられない。

❷ 循環取引の特徴

近年,「循環取引」という単語だけが独り歩きし,環のように循環する取引のみを「循環取引」と称している専門家もいるが,それは会計不正の手口の根本(実行過程)を理解していない。字ヅラだけ,最終形態だけを見て,後付けで勝手に定義してしまったものであろう。

環のように循環する取引のみを「循環取引」と称するのではない。

近年の情報サービス産業や広告業界の取引慣習を温床とする循環取引は,取引慣習として,販売先や仕入先からの紹介で行う取引や,与信の関係や口座新設の省略のために窓口となることを求められる商社的な取引慣行が循環取引に利用される。また,一部の商社や卸売業者では,一般に商品在庫の多寡を調整するために,業界内で保有在庫を転売し,在庫と資金の保有比率を適正に維持する商慣行が行われることがある。例えば,ある繊維製造業は,毛布を一年中製造しているが,需要は秋から冬の一時期に集中し,販売できない時期は在庫として抱えることになる。これをいったん商社に販売し,状況をみて販売できる時期に買戻す。また,石油業界では,原油の精製過程で同時に算出されるガソリン,軽油,重油などの需要と供給のバランスが崩れる場合があり,余った軽油等を業者間で転売することがある。一般に商品の転売行為そのものは違法行為として認識されているわけではなく,行為自体を取締まる法的根拠はない。

一方,循環取引により,売上高の計上を意図的に操作できることから,本事例のように,当該取引を利用して,売上高を過大に計上して企業の成長性を高いように仮装するケースがある。また,経営者から過度の売上達成のノルマを課せられて,営業担当者や営業管理職が当該取引を行うケースがある。いずれにしても取引実態や経済合理性を伴わない場合

には売上高を過大計上していることになるので，財務報告等や有価証券報告書に対する虚偽表示の容疑として立件・摘発の対象とされる可能性はある（会社法960条，金融商品取引法197条1項，207条1項1号）。

　循環取引はさまざまな形態があり，またその条件も多様であることから，全てのパターンを網羅的に記載することは不可能であるが，主に取引形態・種類の簡単な概要は次のとおりである。

(1) スルー取引

　スルー取引は，自社が受けた注文をそのまま他社に回す取引であり，複数の企業間で売上の増額を目的として実施されるのが一般的である。また，当該取引は，仕入先又は販売先との他の取引に対する利益補填の目的や，仲介企業を介在させて納入までのラグを利用した押込販売を実施する場合もある。特にスルー取引は，自社は巻き込まれただけで被害者であると主張する企業もあるが，通常そのような取引は経済合理性がない。

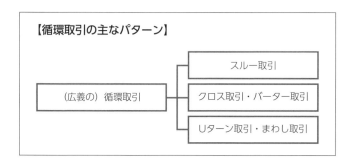

(2) クロス取引・バーター取引

　クロス取引・バーター取引は，例えば，自社の製品等を市場での実際の価格水準より高い水準で相手方に売却し，相手方または転売先から別の製品等を購入する取引であり，相手方への自社の製品等の売却が実需に基づいておらず，売却した製品等の上乗せ分が購入する別の製品等の価格水準に上乗せされる取引である。つまり，複数の企業が互いに製品

等をクロスして販売し，当該相手方の製品等を在庫として保有する。

(3) Uターン取引・まわし取引

　Uターン取引・まわし取引は，最終的に最初の販売元に戻る取引である。例えば，自社が取引の起点となり，商社を通じて販売取引が実施され，最終的には自社が販売した製品等が複数の企業を経由して自社に戻り，在庫等として保有されるものである。この取引のみを循環取引と称する専門家もいる。言わば，「狭義」の循環取引である。

　循環取引においては，以下の理由により取引に関わっていない者が当該取引を発見するのは難しいと思料される。

> 循環取引による会計不正を発見するためには，慎重に取引全体像の実態を把握する必要があるが，通常の内部統制においてはそのような機能が組込まれている可能性は低い。

> 循環取引による会計不正を発見するためには，慎重に注文書，納品書，検収書，請求書等の証憑を検証する必要があるが，通常，証憑間の整合性はとれており資金の決済まで実施されていることが多い。

> 循環取引による会計不正を発見するためには，取引価額の合理性を慎重に検証する必要があるが，取引に無形のものが組み込まれた場合や利益が上乗せされているだけの取引では，市場価格が不明の場合，合理性の検証が困難である。

　近年の循環取引による会計不正は，特に行き過ぎた売上至上主義が原因となっている場合が多い。経営者や市場が売上高を重視するがあまり，その期待にあやまった形で応えてしまうのである。経営者は財務報告等を承認するにあたり再度，売上計上の妥当性を検証するとともに，過度な売上至上主義に陥り，内部統制が機能不全を起こしていないか検証する必要があるであろう。

仮装経理による過大申告をした場合の法人税の取扱い

　仮装経理に基づく過大申告による法人税額は一定の手続を行うことにより，原則として還付されるのではなく，その後の各事業年度の法人税額から控除されることになる。これは，粉飾決算を行っている場合は，法人税を実際よりも多く納付しているはずであり，過大納付分の還付について申請することができ，多く支払った税金が戻ってくる可能性がある（執筆時現在）。

【必要な手続】
- 仮装経理を行った事業年度について修正の経理
- 修正の経理をした事業年度の確定申告書の提出
- 更正の請求

【例外として還付を受けることができる場合】
- 更正の日の属する事業年度開始の日前1年以内に開始する各事業年度の所得に対する法人税額で構成の日の前日に確定しているもの
- 更正の日の属する事業年度開始の日から5年を経過する日の属する事業年度の確定申告書の提出期限が到来したときに控除しきれなかった法人税額
- 解散があった場合
- 会社更生法による更生手続開始の決定等があった場合

（法人税法第70条）
　内国法人の提出した確定申告書に記載された各事業年度の所得の金額が当該事業年度の課税標準とされるべき所得の金額を超え，かつ，その超える金額のうちに事実を仮装して経理したところに基づくものがある場合において，税務署長が当該事業年度の所得に対する法人税につき更正をしたときは，当該事業年度の所得に対する法人税として納付された金額で政令で定めるもののうち当該更正により減少する部分の金額で当該仮装して経理した金額に係るものは，国税通則法第56条から第58条まで（還付・充当等）の規定にかかわらず，当該更正の日の属する事業年度開始の日から5年以内に開始する各事業年度の所得に対する法人税の額から順次控除する。

> 更正の請求手続は、原則として法定申告期限から1年以内とであり、不可能な場合は更正の嘆願書を提出することになる。残念ながら、過大納付の還付についてはすぐに現金等で還付されるわけではなく、更正事業年度の法人税額から5年間にわたり控除される方式で還付され、必ずしも減額更正は提出すれば認められるとは限らず、資金繰りに窮していた場合は、資金不足はすぐに解消されないであろう。

循環取引を利用した会計不正例

(ケース1)
当社連結子会社であるFIN社の営業担当者が、自身の取引により発生した損失を隠蔽するため、社内文書を偽造し架空在庫を計上していた。これにより増加した在庫を処理するため、実在する正規在庫及び架空の在庫の双方について、循環取引を行っていた。

(ケース2)
VXA社の会計不正の内容は、VXA社が国内の販売先AD社とAD社より指定された国内の仕入先BC社又はCE社との間に入り、その2社より商品を購入しAD社に販売、AD社はその商品を大手通信販売会社2社に販売するというものであった。VXA社は、取引先による不正循環取引に巻き込まれたものであり、VXA社従業員に不正行為は認められなかったと主張していた。

(ケース3)
建設業を営むNF社は、特定の工務店業者に対して支払われた架空の工事代金等が原資となり、工事代金の一部は、工務店業者から役員個人の銀行口座へと流れ、さらに工務店業者の手数料等を一部除いた金額が、役員個人の息のかかった会社名義による振込手続により、NF社の銀行口座へと還流し、売上計上されていた。NF社役員は、売上を達成しよ

うと過度のプレッシャーが存在したと主張していた。

（ケース４）
　設備機器製造業であるJX社は，ZA社担当者の指示により，XS社，ZA社，JX社の３社においてメーカーの商品相互供給という商取引を装ったスルー取引が行われ，資金の決済まで行われていた。この結果，XS社のZA社に対する売上債権が増大し，回収遅延を招いたことにより会計不正の発覚に至った。

上場会社における不祥事対応のプリンシプル

　日本取引所自主規制法人は，従来からの上場会社の不祥事対応に概ね共通する視点をベースに，最近の事例も参考にしながら整理し，「上場会社における不祥事対応のプリンシプル～確かな企業価値の再生のために～」（2016年２月24日）として公表しているので紹介したい。

　企業活動において自社（グループ会社を含む）に関わる不祥事又はその疑義が把握された場合には，当該企業は，必要十分な調査により事実関係や原因を解明し，その結果をもとに再発防止を図ることを通じて，自浄作用を発揮する必要がある。その際，上場会社においては，速やかにステークホルダーからの信頼回復を図りつつ，確かな企業価値の再生に資するよう，本プリンシプルの考え方をもとに行動・対処することが期待される。
① 不祥事の根本的な原因の解明
　　不祥事の原因究明に当たっては，必要十分な調査範囲を設定の上，表面的な現象や因果関係の列挙にとどまることなく，その背景等を明らかにしつつ事実認定を確実に行い，根本的な原因を解明するよう努める。そのために，必要十分な調査が尽くされるよう，最適な調査体制を構築するとともに，社内体制についても適切な調査環境の整備に努める。その際，独立役員を含め適格な者が率先して自浄作用の発揮に努める。
② 第三者委員会を設置する場合における独立性・中立性・専門性の確保

　　　　内部統制の有効性や経営陣の信頼性に相当の疑義が生じている場合，当該企業の企業価値の毀損度合いが大きい場合，複雑な事案あるいは社会的影響が重大な事案である場合などには，調査の客観性・中立性・専門性を確保するため，第三者委員会の設置が有力な選択肢となる。そのような趣旨から，第三者委員会を設置する際には，委員の選定プロセスを含め，その独立性・中立性・専門性を確保するために，十分な配慮を行う。また，第三者委員会という形式をもって，安易で不十分な調査に，客観性・中立性の装いを持たせるような事態を招かないよう留意する。
③　実効性の高い再発防止策の策定と迅速な実行
　　再発防止策は，根本的な原因に即した実効性の高い方策とし，迅速かつ着実に実行する。この際，組織の変更や社内規則の改訂等にとどまらず，再発防止策の本旨が日々の業務運営等に具体的に反映されることが重要であり，その目的に沿って運用され，定着しているかを十分に検証する。
④　迅速かつ的確な情報開示
　　不祥事に関する情報開示は，その必要に即し，把握の段階から再発防止策実施の段階に至るまで迅速かつ的確に行う。この際，経緯や事案の内容，会社の見解等を丁寧に説明するなど，透明性の確保に努める。

第2 新規事業に手を出した老舗企業に潜む罠

事務機器メーカーAKD社の事例

　AKD社は関東圏の事務機器を営む「堅実経営」を経営方針とするファミリー企業である。創業者は顧問に退き経営から身を引いているものの，創業者の息子をはじめとする一族が，社長その他の要職を占めていた。

　業績は創業以来比較的堅調であり，一定の資本の蓄積が進んでいたが，近年，大手同業のインターネットによる翌日配送事業との競争が顕著となり，業績が下降トレンドに転じ，金融機関も採算の悪化を懸念していた。業績低下を懸念した経営陣は新規事業の開拓を始め，某医療機器製造業から経験豊富なy氏を営業本部長として採用し，y氏が懇意としている販売チャネル（自治体，病院，学校などへの）を活用し，医療用機器の販売事業を立上げ，ポータブル消毒・滅菌装置の開発・汎用化に成功した。生産はy氏と懇意のZNN社へ委託し，製品はZNN社から販売先に直送され，ZNN社が代行受注した場合には一定のマージンを支払うことになっていた。新製品の販売は18年夏より開始し，当初は月間数台から十数台程度の自治体や病院からの受注にとどまり，売上債権の回収が事務用機器に比して若干長期化する傾向があったものの，貸倒実績はなかった。

　その後，世界的な新型ウイルスの大流行もあり，翌19年冬に入り，ZNN社経由で国内中堅商社からの途上国向け大量受注が決まった。受注額は通期の医療用機器販売高の6割以上を占める240百万円にのぼり，AKD社はZNN社からの請求に従い，製品の仕入代金と営業マージンを支払っていた。

　なお，貸借対照表，損益計算書，主要勘定科目及び重要業績評価指標（KPI）は表のとおりであり，果たしてどのように異常性を読み取るべ

きであろうか。

【AKD社の財務報告等】

要約貸借対照表 単位：百万円	2019/3
現預金	120
売上債権	700
棚卸資産	260
その他流動資産	30
流動資産	1,110
有形固定資産	190
無形固定資産	25
投資等	35
固定資産	250
資産合計	1,360
仕入債務	470
その他流動負債	69
流動負債	539
有利子負債	420
各種引当金	30
固定負債	450
資本金	50
剰余金	321
純資産	371
負債純資産計	1,360

出典：決算報告書

要約損益計算書 単位：百万円	2019/3期
売上高	1,650
売上原価	1,060
売上総利益	590
販売費及び一般管理費	440
営業利益	150
受取利息	2
支払利息	18
経常利益	134
法人税等	66
税引後当期純利益	68

出典：決算報告書

過去3事業年度のKPI

	2017/3期	2018/3期	2019/3期
売上債権	620	560	700
棚卸資産	330	280	260
仕入債務	310	280	470
売上債権回転期間	4.7	4.6	5.1
棚卸資産回転期間	2.5	2.3	1.9
仕入債務回転期間	3.9	3.8	5.3
売上高	1,570	1,470	1,650
売上原価	945	880	1,060
売上総利益率	39.8%	40.1%	35.8%
営業利益率	9.7%	10.0%	9.1%

❶ 経営者による説明

AKD社の経営陣からの説明は以下のとおりである。

- 売上債権，仕入債務の増加は医療用機器事業の立上げが原因である。
- 製品は原則として直送されるため，手配済の原材料の一部を除けば在庫はなく，棚卸資産はほとんど増加しない。

> 多額の売上債権に対して漠然とした回収懸念は有していたものの，異常性は認識されなかった。
> 売上債権，仕入債務の回転期間が著しく長期化しているが，それは「期末に多額な取引が計上されていた」ことによる。

AKD社の経営陣からの説明は，一定の合理性があった。また，期末に多額な取引が計上されているものの，資産・負債の残高と損益計算書項目との数値が歪むため，回転期間には変動が生じるが，これをもってただちに不良債権の存在が疑われるわけではないと考えた。しかしながら，懇意にしている公認会計士から過去に受けた助言を思い出し，念のためセグメント別の財務諸表の作成を依頼し入手することにした。

【AKD社の財務報告等】

要約貸借対照表 単位：百万円	既存 事業	新規 事業
現預金	100	20
売上債権	420	280
棚卸資産	250	10
その他流動資産	30	−
流動資産	800	310
有形固定資産	150	40
無形固定資産	20	5
投資等	35	−
固定資産	205	45
資産合計	1,005	355
仕入債務	240	230
その他流動負債	40	29
流動負債	280	259
有利子負債	350	70
各種引当金	30	−
固定負債	380	70
資本金	50	−
剰余金	295	26
純資産	345	26
負債純資産計	1,005	355

出典：会社作成

要約損益計算書 単位：百万円	既存 事業	新規 事業
売上高	1,250	400
売上原価	780	280
売上総利益	470	120
販売費及び一般管理費	360	80
営業利益	110	40
受取利息	2	0
支払利息	15	3
経常利益	97	37
法人税等	49	17
税引後当期純利益	48	20

出典：会社作成

❷ 会計不正の看過と問題点

ところが，商社からの代金の大半が予定日を過ぎても入金されず，確認をとっているうちにAKD社が倒産したとの情報が入った。AKD社は資金繰りが急速に悪化し，メインバンクであるX銀行は実態調査を要請したが，結果的にAKD社に対して金融支援を実施せざるを得なかった。期末の異常取引やAKD社による会計不正の内容は以下のとおりであった。

- 商社からの発注の大半はAKD社が捏造した架空の製造販売取引であった。
- AKD社からの製品出荷は架空取引分も含め全量出荷され，全量が期日どおり倉庫に納入されていた。
- 架空取引の対象製品は大半が不良品であり，電子部品が実際は組込まれていなかった（y氏はZNN社から出荷される直前に製品の視察を行っていたが気づかなかった）。
- AKD社は製品引渡し条件が指定倉庫渡しであるため（ZNN社からの説明），保管証明書の日付で売上を計上していた（当該保管証明書は商社から直接入手したものではなく，ZNN社を介して入手した）。
- 商社からの実際発注分は不良品ではなかったため実際に輸出され，代金も回収された。
- 結果的にAKD社は，本来であれば支払う必要のなかった仕入代金170百万円余りと，架空の販売マージン20百万円余りの返還を求めている。倉庫に納入されていた不良在庫はほとんど無価値に近く，AKD社の実損は合計で190百万円にのぼった。

「深度のある分析」が施されれば架空・不正出荷の早期発見につながったかもしれない。すなわち，財務資料ですでに売上債権・仕入債務の回転期間の異常性がAKD社全社ベースで把握されていた。新規事業の医療機器部門において，より詳細な資料の分析や調査を行っていれば，会計不正は早期に発見できた可能性が高い。財務諸表上に示される異常値に対しては，必ずその原因の実態調査が不可欠といえる。特に，本業

ではないビジネスに乗り出した場合，現経営陣がそのビジネスの適切性を評価できない可能性は高い。

本事例では，実はAKD社自身が気づかないまま，財務諸表において240百万円余りの回収不能な架空・不正売上げを計上していたことになる。本事例の問題点は次のとおりである。

- 新規事業や新規取引先の調査，モニタリングをしていない。
- 売上や仕入プロセスに不備がある（製品・サービスの実在性や価値を検証していない）。
- 必要な財務分析を怠っている。

親会社又は本業と異なる業種で生じた会計不正例

本事件の類似案件として，上場会社において親会社又は本業と異なる業種で生じた会計不正を下記に例示する。慣れていない事業をモニタリングする難しさ，新規事業における売上増加のプレッシャーなど，会計不正が発生した要因はさまざまであろう。

親会社又は本業	不正発生業種	不正の内容など
酒類製造・販売業	水産飼料業	水産飼料事業において架空売上を計上していた。これにより水産飼料事業に係る在庫が適正時の200倍も過大に計上（本業でないため全社的には僅少）されており，評価損等の検討も十分になされていなかった。
日用品等小売業	薬品小売業	親会社による業績確保に関して強い圧力に対して，子会社役員自身が在庫計上時にデータを改ざんし架空売上を計上していた。
自動車製造業	水産業	水産業の担当者が，取引先からの依頼により循環取引を受入れ，実行された。
卸売業	食品事業	買収した食品事業子会社に関して，有形固定資産の評価，保守契約に係る前払費用の処理及び保証金などの資産が過大計上による会計不正が実行されていた。食品事業の拡充に関して，食品事業に詳しい専門家が不在であったため，特定の人物にその権限が集中したとのことであった。

広告代理店業	ビル管理業	グループ会社のビル管理が主たる事業であるが，売上高欲しさに，LED照明ビジネスに係る詐欺的循環取引に巻き込まれた。
住宅建設業	飲料業	飲料事業子会社の工場長と課長が，会社計画と実績の差をどのような操作で埋めるかを計画し，①売上・売上債権の過大計上，②在庫数量の水増し及び単価の操作により棚卸資産の過大計上，③売上原価・販管費の先送り計上などの会計不正を実行していた。

出典：公表事例を一部加工修正

第3 長期請負ビジネスに潜む罠

> **建設業BKB社の事例**

　BKB社は全国に8拠点を構える中堅の建設会社である。業績が低迷していたものの，名古屋支店は毎期利益目標をクリアしており，本社からも常に期待されていた。業績目標達成への心理的プレッシャーが存在するなか，支店長練馬氏はその地位を利用し，予算において見込んでいた売上・利益を確保するために，以下の方法により粉飾決算を実行した。

- 工事物件の原価を他の工事物件の原価として付替え
- 不適切な資産計上による原価計上の先送り（繰延べ）
- 完成工事引渡前の物件について，不適切な先行売上の計上

　これらは架空売上・原価を計上するのではなく，実在する工事に関する，売上・原価計上の原始証憑の日付や物件名等の偽装・改竄によって，売上・原価の計上時期を先行・先送りさせることで利益を計上する方法である。

（イメージ図）

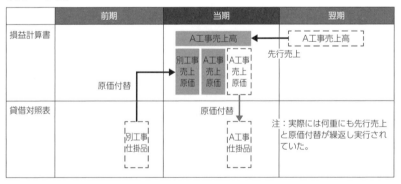

　また，練馬氏は下請業者と共謀し，証憑類の改竄を指示していた。こ

の方法は，練馬氏が売上計上・原価計上を含めて支店内での最高責任者であり，また，下請業者も証憑の改竄に協力したことにより実現できたものである。事実関係は次のように整理できる。

- 発端は約6年前，名古屋支店が利益達成のために計上すべき原価を翌期に繰延べたことである。次期，繰延べた原価を付替える予定の大型物件を失注し，粉飾決算金額が拡大してしまう可能性があったため，別の工事に係る売上の先行計上を実行した。その後，直近期までに何重もの先行売上と原価の繰延べが繰返し実行されている。

- 翌期に繰延べた原価をそのままにした場合，仕入先への支払いに遅れが出るため，原始証憑を偽造して別の物件の原価であるかのごとく計上し，仕入先への支払いを行った。別の物件の先行売上計上が可能な場合，原価の繰延べを繰り返した。

- 各決算期が近づくにつれ業績の着地見込みの確度が明らかになるため，予算に対して未達となることが予測される場合には，先行売上ができる工事は当該期の売上高にすべく検討が行われた。また，支店内の物件の平均利益率が大きく歪むと，粉飾決算が発覚するリスクがあったことから，原価の繰延べをすることで平均利益率の調整を行った。

- 契約条件や納入期限等に鑑みて実際には仕掛中の物件ではあるが，当該物件の引渡しが完了したかのごとく工事完了報告書や引渡書を偽造する場合もあった。工事原価は工事台帳を通じて付替える場合があるものの，ほとんどは原始証憑の段階で本来の物件ではなく他の物件に計上している。

【BKB社の財務報告等】

貸借対照表（抜粋）

単位：百万円	2022/3	2023/3	2024/3
完成工事未収入金	2,985	3,530	4,650
未成工事支出金	3,316	1,481	1,605
その他資産	6,751	5,517	5,872
資産合計	13,052	10,528	12,127
工事未払金	1,970	1,758	2,725
未成工事受入金	3,027	2,296	911
その他負債	2,056	1,155	2,639
負債合計	7,053	5,209	6,275
純資産	5,999	5,319	5,852
負債純資産合計	13,052	10,528	12,127

出典：決算報告書

損益計算書（抜粋）

単位：百万円	2022/3期	2023/3期	2024/3期
完成工事高	28,885	28,038	25,548
完成工事原価	23,625	22,926	20,872
完成工事総利益	5,260	5,112	4,676
販売費及び一般管理費	5,253	4,604	3,791
営業利益	7	508	885

出典：決算報告書

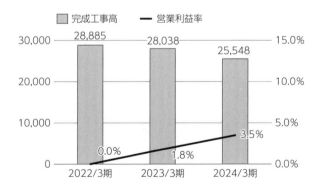

第3　長期請負ビジネスに潜む罠　149

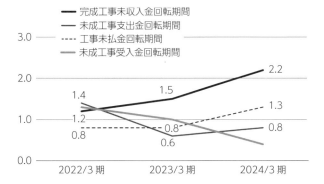

過去3事業年度のKPI	2022/3期	2023/3期	2024/3期
完成工事未収入金回転期間	1.2	1.5	2.2
未成工事支出金回転期間	1.4	0.6	0.8
工事未払金回転期間	0.8	0.8	1.3
未成工事受入金回転期間	1.3	1.0	0.4
完成工事総利益率	18.2%	18.2%	18.3%
営業利益率	0.0%	1.8%	3.5%

❶ 会計不正の看過と問題点

　BKB社の内部監査人は工事売上の収益認識について不正リスクが高いと評価し，全件の精査を実施していたが，証憑類が改竄されていたため粉飾決算を発見できなかった。ただ，支店ごとの財務諸表を作成し，名古屋支店までブレークダウンをして深度のある分析を試みると異常値の存在に気づける可能性があっただろう。営業利益率を維持するため，完成工事未収入金，未成工事支出金，工事未払金への歪みが顕在化しているからである。

　　➤　完成工事未収入金回転期間（月）：完成工事未収入金と完成工事高（月商）との割合で，完成工事未収入金が何ヵ月で回収され

るかを分析する指標である。実際の決済条件を勘案し，回転期間に異常性がないかも分析する必要がある。図表において2024/3期の完成工事未収入金回転期間が2.2月に急激に増加した要因を調査する必要がある。

- 工事未払金回転期間（月）：工事未払金と完成工事高（月商）との割合で，工事未払金が何ヵ月で支払われているかを分析する指標である。実際の決済条件を勘案し，回転期間に異常性がないかも分析する必要がある。また，工事未収入金と相殺のうえ，粉飾されていないか完成工事未収入金回転期間とのバランスを考慮する必要がある。図表において 2024/3期の工事未払金回転期間は1.3月に増加した要因について調査する必要がある。

- 未成工事支出金回転期間（月）：未成工事支出金と完成工事高（月商）との割合で，未成工事支出金が何ヵ月で売上として回収されるかを分析する指標である。工事の工程表を勘案し，回転期間に異常性がないかも分析する必要がある。図表の2023/3期の未成工事支出金回転期間は前期1.4月から2023/3期0.6月に急激に減少している。一方，2023/3期の工事未収入金回転期間は1.5月とわずかながら増加傾向にある。一般に期末に先行売上が行われている場合，棚卸回転期間の減少と同時に売上債権回転期間が増加する傾向があるため，本設例の場合は2023/3期末近くの完成工事の内容を調査する必要がある。

共謀で実行された粉飾決算は単独実行に比べ発見が難しいことは言うまでもないが，こうした深度のある財務諸表の分析，より詳細な資料の分析や現場調査を実施していれば，粉飾決算は発見された可能性はある。BKB社は，「従来から名古屋支店は，現場視察を実施しておらず形式的な工事施工状況の把握に留まっていたこと，また，練馬氏に利益目標の過度のプレッシャーがあったこと等を考慮すれば，粉飾決算の早期発見は可能であった。今後は，会計不正リスクに十分に留意した上で，確認，証憑突合，現場視察，現場担当者への質問等による多面的な工事進捗率の検討を実施し，より慎重な公示内容の検討と理解の努力をしたい。」

と釈明している。

❷ 建設業の特徴

　建設業はGDPの約10％に相当する建設投資を担う日本の基幹産業である。将来的に，組織・人材の高度化による生産性の改善や新技術の導入，情報化の推進等による業務処理の効率化・高度化が求められるが，一般に収益環境の悪化に危機感を強めた企業は会計不正のリスクが高いといえるであろう。

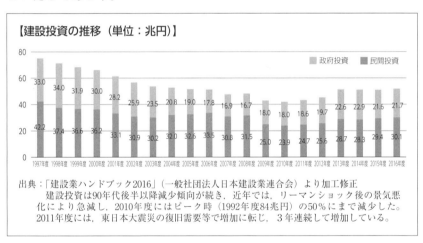

出典：「建設業ハンドブック2016」（一般社団法人日本建設業連合会）より加工修正
　　　建設投資は90年代後半以降減少傾向が続き，近年では，リーマンショック後の景気悪化により急減し，2010年度にはピーク時（1992年度84兆円）の50％にまで減少した。2011年度には，東日本大震災の復旧需要等で増加に転じ，3年連続して増加している。

受注請負：

　建設業は，発注者からの注文を受け，発注者の注文に基づき個別の建物等を造り，完成すると発注者に引渡すという典型的な受注請負業である。建物等は，発注者の要望に沿って建設されるため，その規模や構造は多種多様である。工事期間も，一年を超えることは珍しくなく，通常の製造業と比較すると受注から引渡しまでの期間が長い。

移動型事業：

　建設業での生産は，製造業における工場生産のように固定した場所で行われるのではなく，通常工事ごとに異なる工事現場において行われる。資材や建設機器，人員など工事に必要なリソース等は工事現場ごとに調

達することになるため,大量生産による効率化を追求することが難しい業種である。また,屋外生産であるため,季節や天候などの自然条件や,土地の地形・地質などの地理的要因の影響を大きく受けることになる。

重層下請:

基礎工事や内装工事,外構工事など各種工事を組合わせて行われる。建設業では,元請業者が発注者から工事を受注すると,工種ごとに専門の協力会社に外注し,協力会社が二次下請,三次下請と重層的につながっていき,共同作業で一つの建造物を建設するといった重層下請構造が形作られる。一方,この重層下請構造は,施工責任の不明確化や,重層化による間接コスト増加といったデメリットがあるため,結果として経済的不合理を生じさせているという指摘もある。

入札制度:

建設業においては,発注者が国や地方公共団体である公共工事も多く,受注時における入札制度も特徴の一つである。

建設業における勘定科目と財務諸表

建設業は広義の製造業に含まれるが，財務報告等において製造業と異なる勘定科目や財務諸表が用いられる。通常の製造業における勘定科目と，対応する建設業における勘定科目は下記のとおりである。

- 売上高：「完成工事高」
- 売上原価：「完成工事原価」
- 売上総利益：「完成工事総利益」
- 仕掛品：「未成工事支出金」
- 売掛金：「完成工事未収入金」
- 買掛金：「工事未払金」
- 前受金：「未成工事受入金」

通常の製造業における製造原価報告書に対応するものとして，建設業では「完成工事原価報告書」が作成される。両者は「原価の内訳明細」を示すという点では共通するが，原価の区分が外注費を加えた4区分であることや，仕掛品に対応する「未成工事支出金」に係る原価は記載されないなどの点では相違する。

建設業における会計不正例

（典型例）
売上の先行計上：本来は未成工事受入金（前受金）で処理するべきであるが，これを売上として計上する。
原価の繰延べ：本来は，工事未払金（買掛金）として処理すべき工事費用を，利益を出すために不計上とする。
原価付替え，在庫の水増し：本来は，工事原価（支払）として処理すべきであるが，利益を出すために未成工事支出金（在庫）に計上する。

(ケース1)
　業界の受注高減少が予測される経営環境の中，事業計画の達成が困難な状況にあり，一部支店において，支店の売上目標を達成すべく，売上の前倒し計上，売上原価の在庫（未成工事支出金）の付替えが行われた。

(ケース2)
　建設用地の取得に際し，用地の購買担当者は，外部者と共謀し購入価額を高くすることで会社資金を不正に引出し，個人的にキックバックを受取っていた。不正に得た資金は，購買担当者の遊興費等に使用されていた。

(ケース3)
　従業員2名が，約10年間に亘り下請負業者と共謀し，水増しした金額をもって繰返し発注を行い，発注額の一部を還流させ，これにより得た現金を着服していた。従業員の遊興費及び接待費等に使用されていた。

(ケース4)
　資金繰りに窮していたKZ建設は，金融機関からの借入を増加させるために，工事完成基準しか適用できない工事案件に関し，工事進行基準を適用することにより，売上の先行計上を図っていた。

(ケース5)
　ワンマン経営で知られるHEL建設の社長が，架空工事及び水増し工事を発注し，自身の影響力が及ぶ建設業者又は懇意の協力請負業者にこれを受注させて，建設業者の銀行口座よりその代金を取得するほか，協力請負業者から架空工事又は水増し分を個人に支払わせており，その工事代金の一部を私的に流用した。また，一部工事に関し，ボーリング柱状図及び工事図面を偽造し，また，産業廃棄物が発見されたと虚偽の説明資料を作成するなど入念な偽造工作を行っていた。

第4 小売業に潜む罠

PC周辺機器販売業SX社の事例

　SX社は東北・北関東を基盤にPC周辺機器を仕入販売しており，創業者である代沢社長が学生のときに起業してから短期間で急速に業容を拡大してきた。近年はモバイルPCへの需要シフトへの対応が遅れ，利益率は低迷していたが，代沢社長は過去の成功体験から脱却できず，新店舗を次々とオープンさせた。

　利益率の低下と拡大路線の継続は運転資本の増大を招いており，売上債権と棚卸資産の合計から仕入債務を差し引いた正味運転資本はこの3期の間に4倍近くにまでふくれあがった。とりわけ店頭在庫の水準は年商の2ヵ月分を超えるものとなっていた。代沢社長は，価格競争激化で薄利多売型となっているため，業容の拡大が不可避と主張していた。

❶ 経営者による説明

　代沢社長の説明によれば，「在庫金額が全体として増加傾向にあるのは，新店舗向け在庫の増加に加え，一定の利益率が確保できるハイエンド自作PC向けの高額基板を充実させたことによる金額増も要因の一つである。」とのことであった。実際に店頭在庫は以前と比べて増えているようにもみえず，実地棚卸は各店舗の店長の責任のもと，各店舗で毎月末に行っていた。

　在庫の評価方法としては低価法を適用しており，在庫年齢が仕入から1年を超えたものについて，近隣競合店舗の売価情報を勘案し，原価が売価を超過している場合には実売価格まで期末時に自動的に評価減（評価損は売上原価として処理）することとしていた。こうした管理手法が

社内に浸透した結果,在庫全体に占める長期在庫,すなわち6ヵ月超1年以内のもの(評価減予備軍)と1年超のもの(評価減された長期在庫)の合計は前々期の23％から18％まで低下しており,足もとの在庫回転期間の長期化は,競争激化による販売単価の下落が影響しているとのことであった。

【SX社の財務報告等】

要約貸借対照表 単位:百万円	2017/3	2018/3	2019/3
現預金	95	64	38
売上債権	8	8	17
棚卸資産	72	133	215
固定資産	163	162	198
その他資産	32	33	22
資産合計	370	400	490
仕入債務	33	47	72
有利子負債	280	290	360
その他負債	11	13	5
負債合計	324	350	437
純資産	46	50	53
負債純資産合計	370	400	490

出典:決算報告書

要約損益計算書 単位:百万円	2017/3期	2018/3期	2019/3期
売上高	750	980	1,160
売上原価	690	910	1,080
売上総利益	60	70	80
販売費及び一般管理費	45	52	64
営業利益	15	18	16
受取利息	5	4	5
支払利息	12	15	16
経常利益	8	7	5
法人税等	3	3	2
税引後当期純利益	5	4	3

出典:決算報告書

過去3事業年度のKPI			
	2017/3期	2018/3期	2019/3期
正味運転資本	47	94	160
売上債権回転期間	0.1	0.1	0.2
棚卸資産回転期間	1.2	1.6	2.2
仕入債務回転期間	0.6	0.6	0.8
売上総利益率	8.0%	7.1%	6.9%
営業利益率	2.0%	1.8%	1.4%

注:正味運転資本=売上債権+棚卸資産-仕入債務

❷ 会計不正の看過と問題点

　SX社各店舗における在庫評価に際して，仕入年月データは各店舗での購買検収時にデータ登録されていたが，詳細なヒアリングの結果，当該仕入データは各店舗の事務所内にあるPCで管理されており，店長以外のスタッフも適宜アクセス可能であることが判明し，かつPC内データは随時上書きが可能な状態にあった。実際に代沢社長からの指示により経理部が各店舗における仕入データを再検証したところ，A店の仕入年月データに一部不可解なデータがあることがわかった。

　代沢社長からの相談を受けたメインバンクからの要請でS社の実態調査を実施したところ，A店では前期末から，本来であれば低価法が適用されるべき在庫について，いったん受け払い処理を入力することであたかも新たに購入したかのように装い，在庫年齢を改竄していた。これらの処理を売れ足の速い高額商品や定番商品を中心に行っていたため，決算に際して経理部のチェックも機能せず，結果的に期末棚卸金額が前期から20百万円ほど嵩上げされていたことが判明した。

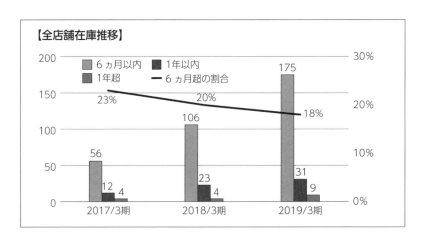

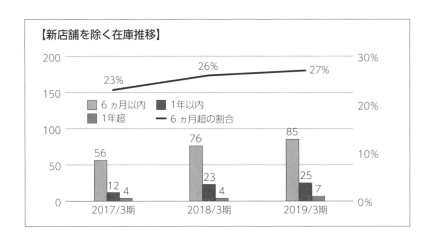

　本件の問題点は、事業上、最も重要な在庫データの管理方法に問題があったことにあるが、会計不正の兆候を適時に捕捉するための分析が行われていなかったことにも原因がある。A店で行われた会計不正に気づくのが翌期決算後となってしまったのは、在庫金額データの異常値を有機的に分析できなかったためである。

> A店の年齢別在庫金額が、他店とは明らかに異なる動き（6ヵ月以内在庫が前年比倍増、1年以内の在庫も前年比3倍に急増）を示しているにもかかわらず、その理由を詳細に分析していなかった。前期に当該分析を適切に行っていれば、在庫年齢データの改竄に気がついていたかもしれない。

> 在庫金額全体の増加傾向から、比較可能性を担保するための新店開店による影響を除外して分析がなされていない（ノイズの除去）。ちなみに、店舗別在庫年齢の推移から新店舗分を除外してみると、代沢社長の事実認識が間違っていたことが簡単にわかる。

> 代沢社長は在庫回転期間の長期化に対する解釈として、「利益率の低下による影響」に言及していたが実際には粗利率がさほど低下していないため、「仕入原価÷販売価額（売上高）×12」で算定される在庫回転期間（月数）に利益率の低下が与える影響は限定的といえる。むしろこの場合、今期に開店したD店が期末近く

の開店であるため，D店の売上高が約2ヵ月分しか寄与していないことを補正して検証すべきであった。D店の今期売上高が仮に60百万円であったとすれば，D店が12ヵ月間営業していた場合の売上高は360百万円であり，補正後の全社売上高は1,460百万円，期末在庫回転期間は1.8ヵ月となり，過大在庫の可能性の傾向にあることが判明した可能性がある。

❸ 小売業の会計不正の特徴

　小売業は企業と一般消費者の取引（B to C）が多いため，企業間取引（B to B）が主である製造業とは，財務諸表の構造が異なることになる。これに伴い会計不正の特徴も異なることになるため，小売業と製造業を比較すると理解しやすい。

製造業（B to B）	小売業（B to C）
損益の状況	
（概要） □売上単価は比較的大きい（B to B）ため，1回の取引で会計操作が可能である。 （会計不正の特徴） □架空売上・先行売上 □転売・押込み，売先変更，売上取消・返品　など	（概要） □売上単価は小さい（B to C） □仕入単価は比較的大きい □多額の販売促進費・リベートの計上 （会計不正の特徴） □仕入操作（先送り） □費用操作（先送り・未計上・付替え）　など
資産・負債の状況	
（概要） □在庫単価は比較的大きい（B to B）または，消費財の場合は膨大な流通在庫 □多額の生産設備 （会計不正の特徴） □架空在庫・在庫の過大計上 □架空資産・費用操作　など	（概要） □在庫単価は小さい（B to C）だが膨大な在庫量 □多額の販売設備・店舗 （会計不正の特徴） □在庫水増し・架空在庫 □架空資産・費用操作　など
その他	

（概要） □国内外に分散した生産・販売拠点 （会計不正の特徴） □子会社株式評価 □海外子会社不正　など	（概要） □各拠点・各支店に賦課されない本部費用・共通費用 （会計不正の特徴） □恣意的な配賦による減損回避　など

出典：公認会計士石田晃一事務所プレゼンテーション資料より加工修正

小売業における会計不正例

（ケース１）
　全国に30店舗を展開するスーパー喬木屋は，約５年に亘り仕入先へ取引量に応じて支払われるリベート（仕入割戻金）があったと見せかけ約３億円を架空計上し，利益を水増しする会計不正を実行していた。営業担当役員が，競争激化で売上高が伸び悩んでいたため会社の利益を大きく見せようと指示し，複数の従業員が関与していた。

第5 グループ会社取引に潜む罠

> ソフトウェア開発会社AC社の事例

　上場会社AC社は品川に拠点をおく，物流管理システム開発会社である。創業者である現社長は，この業界に珍しく開発力だけではなく営業力もあり，創業当時から順調に業績を伸ばしていた。また，アジア市場開拓のため，中国，シンガポール，タイといった海外子会社のほか，国内にも開発や販売拠点などを担う子会社を数社抱えるまで短期間で成長した。

　取引先BE社は，従前はAC社の子会社（持株比率100％）として独自にシステム開発を行う一方，AC社から仕入れた製品を販売していたが，これといった開発成果をあげず，業績も芳しくなかったため，AC社社長およびBE社社長がAC社保有のBE社株式の一部を譲受けた。その後，AC社はAC社社長の親族である役員等にBE社株式を処分した結果，AC社のBE社に対する持株比率は5％となり，BE社は表面上AC社グループから離脱する形となった。AC社はBE社の事業立て直しのため，当面の運転資金をBE社に貸付けていた。

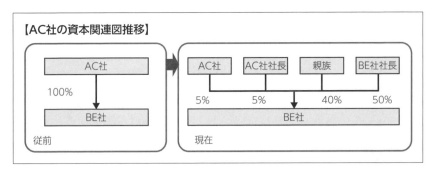

【AC社の資本関連図推移】

❶ 経営者による説明

　BE社はAC社の連結財務諸表作成上，実質的支配が及んでいないとの理由で連結からは除外されていた。また，重要性も乏しいため持分法適用会社からも除外されていた。銀行融資担当者も認識はしていたものの，AC社の持分が5％であること，取引高も2018/3期まではそれほど大きくはなかったため，特段の注意はしていなかった。ところが，2019/3期においてAC社のBE社に対する貸付金が増加したのに続き，2020/3期においては貸付金及び取引高が急激に増大した。この時点で，融資担当者の問合せに対するAC社側の回答は以下のとおりであった。

- ▶ 貸付金はBE社が受注した大型案件の開発コストを一時的に立替えているために発生したものであり，社長決裁にて実行された。貸付金は開発が終了した段階で回収できる予定である。
- ▶ 開発プロジェクトの内容を示す資料はBE社からのプレゼンテーション資料のみで，現在の状況について詳細は把握していない。
- ▶ AC社のBE社に対する売上債権の増加は，同プロジェクトに関連してAC社からの発注が増加した結果である。期末に検収を行ったため，一時的に残高が膨らんでいるものの，来期には回収予定である。

　当該報告を受けた融資担当者は，BE社の財務内容について資料の提示を依頼したところ，現在BE社はAC社の支配下にはないため，入手し提示できる資料はないとの回答であった。

❷ 会計不正の看過と問題点

　数ヵ月経過してもBE社に対する貸付金が回収されることはなく，それどころか毎月数千万円単位で増加していた。また，売上債権は若干の減少がみられたものの，大部分は未回収のままとなっていた。不審に思った銀行の融資担当者がAC社社長を交えて再度内容を確認したところ，以下のような事実が確認された。

❯ BE社において大規模プロジェクトが進行している事実はない。BE社の事業はここ数年，AC社の取引先に対するメンテナンス等のみである。この事実を把握していたのは，社長及び親族役員のみである。

❯ BE社株式を譲受けた際，BE社の事業が行き詰っていたため，新規事業としてデリバティブ取引を行っていた。当初は手許資金で行っていたが，多額の含み損を抱えてしまった。このままでは損失が明らかとなってしまうため，AC社からの借入金にて資金を充当していた。

❯ 2019/3末時点におけるAC社のBE社に対する実際の貸付金残高は約10億円であり，貸付金の残高を抑えるため，売上債権に振替えており，返済の目途はたっていない。

【AC社の財務報告等（抜粋）】

主要勘定（抜粋）単位：百万円	2018/3期	2019/3期	2020/3期
売上高	10,000	12,000	12,500
うちBE社向け	300	290	800
売上債権	1,500	1,670	1,700
うちBE社向け	50	48	400
貸付金	100	200	600

出典：決算報告書，補助科目

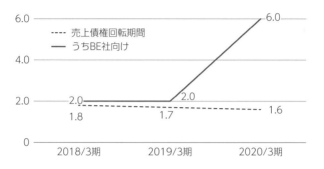

　企業会計基準第22号「連結財務諸表に関する会計基準」では，親会社は，原則として「全ての子会社」を連結の範囲に含めなければならないとしている。その連結の範囲の対象となる子会社の判定は，議決権の所有割合（議決権の過半数）以外の要素を加味した支配力基準及び他の会社の意思決定機関を支配しているかどうかという実質的な観点から判定をすることになる。また，関連会社の判定にあたっては，影響力基準により他の会社の財務・営業の方針決定に対して重要な影響を与えることができるか否かという観点から判定をすることになる。

　同基準に記載されている支配力基準の要件を簡潔にまとめると次のとおりである。

- **議決権の50％超を所有**
- **議決権の40％以上，50％以下を所有，かつ以下のいずれかの要件に該当する場合**
  - ▶「緊密な者」及び「同意している者」の議決権と合算して50％超
  - ▶自己の役員・従業員（現在または過去）が取締役会等の構成員の過半数を占める

▶財務及び営業または事業の方針の決定を支配する契約等の存在
▶資金調達額の総額の過半について融資・債務保証・担保提供
▶他の会社等の意思決定機関を支配していることが推測される事実が存在する

- 議決権の所有は40％未満であるが,「緊密な者」及び「同意している者」の議決権と合算して50％超,かつ上記のいずれかの要件に該当する場合

また,同基準に記載されている子会社以外の他の会社等の財務・営業または事業の方針の決定に対して重要な影響を与えることができる場合の影響力基準を簡潔にまとめると次のとおりである。

- 議決権の20％以上を所有
- 議決権の15％以上,20％未満を所有,かつ以下のいずれかの要件に該当する場合
  ▶役員・使用人(現在または過去)が代表取締役等に就任
  ▶重要な融資
  ▶重要な技術の提供
  ▶重要な販売,仕入れ等の営業上・事業上の取引
  ▶重要な影響を与えることが推測される事実が存在する
- 議決権の所有は15％未満であるが,「緊密な者」及び「同意している者」の議決権と合算して20％以上,かつ上記のいずれかの要件に該当する場合

同基準によれば,次に該当する子会社又は関連会社は,連結の範囲から除外できるように認めている。

- 支配(影響)が一時的であると認められる場合
- 利害関係人の判断を著しく誤らせるおそれがある場合
- 重要性が乏しい場合

本事例では,BE社に対するAC社の持分割合こそ減少したものの,支配力・影響力は依然として継続していると見抜かなければならない。また,持分が5％になったとはいえ,株主であることには変わりないため,BE社に対する決算資料がないという抗弁は通用しないであろう。本事

例では，グループから意図的に除外した子会社を使った投機的な取引により，親会社が多額の損失を計上することになった。

【連結の範囲の決定】

原則	□全てを連結
例外 (連結の範囲に含めない)	□支配が一時的であると認められる企業 □連結することにより利害関係者の判断を著しく誤らせるおそれのある企業
容認 (連結の範囲に含めないことができる)	□重要性の乏しい小規模会社

➢ BE社との取引で不正が発生するリスクが高いことについて，AC社及び融資担当者とも認識が不十分であった。企業会計基準第11号「関連当事者の開示に関する会計基準」（平成18年10月17日企業会計基準委員会）では，関連当事者との取引について取引高や債権債務残高等の開示が求められている。これは，関連当事者取引が利益供与や不公正取引の温床になりやすいためである。本事例では取引の概要についてAC社に資料がほとんどなく，また融資担当者もその事実を把握していたにもかかわらず，詳細を把握するための行動をとっていなかった。

➢ 財務数値の異常についての銀行融資担当者の分析が不十分であった。2018/3期から2019/3期にかけてBE社向け貸付金残高が倍増している。にもかかわらず，AC社のBE社向けの売上は低調のままである。当該貸付が運転資金であるならば，BE社の事業（開発およびAC社製品の販売）は好調で，それに伴い，本来2019/3期のBE社向け売上（BE社にとっては仕入）も増加傾向となっているはずである。その時点でBE社の実態について調査を行っていれば，2020/3期の資金供与は防げた可能性がある。

➢ AC社ではグループ会社の管理体制が不十分であった。連結財務諸表作成基準では，実質的にその会社を支配している場合には

子会社と判断されるが，そもそも「実質的」支配が及んでいるかの判断が困難なケースも多い。また，子会社であっても，親会社（AC社）の規模と比較して重要性が低いとの理由で連結の範囲から除外されるケースもある。しかし，そのような会計上の取扱いとは別に，グループ会社に対する管理体制をAC社自身が構築する必要があった。

子会社等を利用した会計不正例

（ケース１）
　資金繰りに窮していた成増物産は，金融機関からの追加借入ができないため，保有する不動産の流動化により資金調達し，併せて売却益を計上することとした。しかし，不動産の流動化による売却処理が認められるには，所謂リスク負担割合が概ね５％の範囲内でなければならず，これを超えた場合には金融取引として処理しなければならない（会計制度委員会報告第15号「特別目的会社を活用した不動産の流動化に係る譲渡人の会計処理に関する実務指針」）。そのため，子会社の大山商事とともに特別目的会社が組成した匿名組合への出資を行い，結果としてリスク負担割合が大山商事と合算して５％を超えるにもかかわらず，大山商事の出資者を成増物産とは無関係の第三者を装うなど虚偽の外観を作出し，子会社として取扱わず，売却取引として会計処理をした。

第6 偽装された売上と贈賄に潜む罠

製薬会社LM社の事例

　LM社は新薬の開発・製造・販売を業とする製薬会社グループである。LM社は，一部の新薬開発をG大学附属病院と共同で実施しており，開発した新薬は同病院の医師の診断行為に基づいて患者に処方されている。取締役兼研究開発本部長ｓ氏はG大学附属病院のｐ教授に対して，実態のない医療関連会社，研究会・団体など複数社を通じて数億円規模の賄賂を支払っており，当該事実を隠すために会計不正を実行していた。また，LM社とG大学附属病院はLM社から架空の派遣研究員を迎え入れ，ｓ氏を含むLM社の架空派遣研究員に対して学位を付与していたことも不正調査の過程で明らかになった。なお，会計不正は，会社ぐるみで実行されていた。

医薬産業の特徴

　医薬産業は，主に生命に密接に関連し，多種品目・少量生産を取扱う産業である。また，研究開発指向の産業であり，付加価値の高い知識集約型の産業であるという特徴をもち，原薬メーカー，製薬会社，医療卸売業，医療機関，最終消費者等が存在するビジネスモデルとなっている。

【原薬メーカー】
- 安全性の高い原材料を供給する
- 製薬企業による医薬品の承認の際に，原薬メーカーが指定され，安定供給が求められる

【製薬会社】
- 新薬の開発・製造・販売を行う

- 共同研究開発や共同販売等を行い研究開発投資のリスクを分散する場合が多い

【医療卸売業】
- 各医療機関への情報提供や，製品物流を担い複数メーカーの医薬品を取扱う

【医療機関】
- 高い専門性を有する医師が診断行為に基づいて，患者に処方する医薬品を決定する
- 同じ薬効の中から選択される薬剤・メーカーは医師ごとに決定され，各医師の選択は変更されにくい
- 薬局は処方箋に基づき，医薬品の販売と情報提供を行う

【最終消費者】
- 医師の処方箋に基づいて医薬品を購入する
- 薬価制度に基づいて，原則，薬価の3割を負担する

上記のような医療産業は贈収賄を含む汚職行為が多い産業であると世界的にも知られており，汚職行為を実行するためにはその資金を捻出するための粉飾決算が伴う。

❶ 汚職行為の類型と手口

医薬産業は生命に密接に関連し，多種・少量品目を取り扱う産業である。研究開発指向，知識集約型という特徴をもち，原薬メーカー，製薬会社，医療卸売業，医療機関，最終消費者等をビジネスの要素とする。また，医療産業には贈収賄など汚職行為が多く，汚職行為を実行するにはその資金を捻出するための粉飾決算が伴う。法律用語とは異なるが，本書では，次の類型を総称して「汚職行為」と呼称することにする。

> 贈収賄：業務上の決定に影響を及ぼすため，価値あるものの提供を申出たり，提供，要求，受領したりする行為。

> キックバック：納入業者が発注側の従業員に秘密の支払いを行い，過剰請求に対する協力を取り付ける行為。

> 不正入札：競争入札において特定の入札業者が落札できるように，発注側の従業員が不正に便宜を図る行為。
> 利益供与の強要：発注側の従業員が納入業者に有利な決定をする見返りとして支払いを要求し，拒否すれば不利な決定をすると脅す行為。
> 違法な謝礼：業務上の決定に対する謝礼として，価値あるものを授受する行為。

本事例のように実態のない会社・団体を通じて行われた贈収賄，キックバックは，提供する側と受ける側の共謀に基づくため，財務報告等から見抜くことが極めて困難である。隠蔽のための二つの手口を紹介する。

手口1　架空組織や実在する代理人・コンサルタント等を利用する手口

最終受領者への支払いは，コンサルタントや代理人又は他の仲介者経由で間接的に行われ，第三者を介在させることにより支払いを隠ぺいする手口である。最終受領者にたどりつくまで，複数の仲介者やシェル・カンパニーを経由することがある。当該手口は，最も一般的な手口であり，支払いが非常に多額になるという性質がある。

【手口1のイメージ】

手口2　接待等を利用する手口

なんらかの価値のあるものを供与することで相手の判断に影響を与え，支払人に不当に有利な行動へ誘導するものである。支払いは部分的には事実で，商品の販売促進，デモ・説明に関連している可能性もあるので，支払いの「合理性」と「意図」が重要となる。例えば，LM社側の支払いは帳簿上，「販売促進費」「交際費」「旅費交通費」「給与手当（幽霊社

員等)」「仮払金」等に計上されている可能性が高いであろう。なお，恒常的に実行されると発見がしにくいという性質がある。

【手口2のイメージ】

【LM社の販売費及び一般管理費明細】

販売費及び一般管理費 単位：百万円	2018/3期	2019/3期	2020/3期
役員報酬	1,500	1,500	1,500
給料手当	3,661	3,802	3,765
賞　与	882	870	854
通勤費	307	332	312
退職給付費用	730	730	743
法定福利費	1,115	1,158	1,147
旅費交通費	43	56	66
広告宣伝費	390	1,062	442
交際費	38	259	55
光熱費	524	700	523
消耗品費	175	178	174
租税公課	832	694	832
業務委託料	430	304	1,114
研究開発費	2,540	1,498	1,623
支払手数料	234	4,990	679
リース料	200	426	1,562
販売促進費	1,244	1,392	1,344
保険料	56	152	55
修繕費	543	1,467	543
減価償却費	1,081	1,514	1,088
貸倒引当金繰入	210	539	1,978
雑　費	971	864	1,127
計	17,706	24,487	21,526

出典：販売費及び一般管理費明細

❷ 会計不正の看過と問題点

　会計不正が共謀で実行され，上級管理者が関与した場合，財務報告等の異常値を検知することは非常にむずかしい。また，資金繰りと関係なければ，財務報告等だけでは会計不正の兆候すら見抜けないであろう。LM社の販売費及び一般管理費を例にとって支出項目を検証すると，会計不正が発見できる可能性はほとんどないことがわかる。

　販売費及び一般管理費の明細だけではなく，通常の仕入取引に紛れていないか，対象企業のビジネスの特性を十分に理解し，他の資産項目や未払金・買掛金の明細，期末日前後の仕訳の検証，コンサルタント等の契約書，預金通帳等を可能な限り入手して複合的に分析することが重要になるであろう。

　経営者と会議等を繰返し実施し，会計不正の兆候を察知しておくことも重要である。例えば，LM社の場合，兆候はつかめた可能性はある。

- 産業自体が飽和状態にあり，新薬開発を巡り過度な競争にさらされていた。
- 明確な事業上の合理性があるとは考えられない仲介手段を利用していた。
- 経営者自身の倫理観の欠如が会計不正を正当化した。

❸ 手口の違いにみる発見の端緒

財務記録における端緒

　主に，企業による支払行為は，以下の3通り考えられ，関連する勘定科目を重点的に検証する必要がある。

- ➢ 営業資産の購入（例：材料や商品の仕入れ）
- ➢ 固定資産の購入（例：土地，機械装置や備品の購入）
- ➢ 経費の支払い（例：委託料の支払い）

　（手口1）の場合において，営業資産や固定資産の購入においては，購買や発注の権限者が，必要な資産の発注を装って全部又は一部の架空の発注を行い，実際には一部物品やサービスを受領していないにもかかわらず検収処理を行い，購入代金を不正に渡すという場合である。購買システムが，単価マスターによりシステム制御されている場合であれば，帳簿上の資産の個数が実際の個数と合致しないことがある。単価マスターによりシステム制御されていない場合は，通常より高い単価になっている。また，未だ商品やサービスが提供されていない段階で，支払先に対し，支払が行われている場合があるため，支払時期にも留意が必要である。

　経費の支払いの場合においては，「外注費」，「業務委託費」，「支払報酬」，「雑費」等に計上されているコンサルタントや代理人への支払い取引を重点的に検証する必要がある。弁護士や公認会計士への支払いであっても，汚職行為として偽装されている場合もあるため留意が必要である。また，仕入先がいる地域以外の地域への支払いや，支払先以外の会社等への支払い，また，一回しか利用しない支払先への支払いという支払行為にも留意が必要である。

　（手口2）の場合においては，（手口1）の端緒の他に特に通常の取引では使用しない支払先や自社の口座等にも留意を要する。簿外の銀行口座が自社，現従業員，元従業員，又は第三者の名義で開設されていることがある。また，仮払金や立替金の精算によって，会社資金が払い出される場合があるため，発注書や請求書といった適切な取引を証明する書

面のない支払い及び領収書や承認のない経費報告書について，留意する必要がある。

【「販売費及び一般管理費明細」に含まれる可能性が高い汚職行為】

	(手口1)	(手口2)
役員報酬		
給与手当		
賞　与		
雑　給		
法定福利費		
福利厚生費	○	○
旅費交通費		○
通信費		○
業務委託費	○	
運　賃		○
広告宣伝費	○	
接待交際費		○
会議費		○
水道光熱費		
消耗品費	○	
租税公課		
新聞図書費		○
車両費	○	○
支払手数料	○	
諸会費		○
リース料	○	
支払報酬	○	
地代家賃		○
保険料		
修繕維持費	○	
寄付金	○	○
減価償却費	○	
雑　費	○	○

取引先マスターにおける端緒

　購買・販売・会計システムに登録されているマスターとは，コンピュータでデータ処理を行うときに，処理の基本となるデータが入っているファイルやデータベース中のデータのことをいい，取引先マスターには，通常，取引先の基本情報（会社名，業種，住所，代表者，電話番号など）や，支払いで利用する銀行口座情報，取引先担当者情報などが登録され管理されている。通常，システムからエクセルのような表計算ソフトにエクスポートが可能であるため，容易に検証ができるであろう。
　（手口1）及び（手口2）共通であるが，取引先の基本情報の会社名に国営企業や代表者及び取引先担当者に政府関係者や公務員等の氏名の有無，取引先の業種が自社のビジネスの取引先として妥当か否かは最低限検証の対象とすべきである。また，取引先マスターを登録する際に，取引先に対する信用調査等のデューデリジェンスを実施している場合には，当該報告書を査閲し，取引先の株主や取引先の取引先に公務員等が存在しないかも検証する必要がある。また，同一の取引先に対して複数の支払いで利用する銀行口座情報が登録されている場合やオフショア口座が登録されている場合においては，複数の口座を登録する理由及び口座の正当性を検証する必要がある。さらに，取引先マスターに登録すべき情報が一部入力されずに空白になっている取引先については，空白理由を把握し，追加検証の必要性を検討することになる。
　特に（手口2）の場合は，取引先マスターにマスター登録をせずに支払行為を実行する場合がある。当該支払行為は，預金通帳を含むバンクステートメントを査閲し取引先を検証することになる。会計帳簿上，取引先が明記されず「諸口」と記載されている支払いや，上述した仮払金や立替金の精算の際の報告書等の内容にも留意が必要である。

契約書における端緒

　例えば，取引先と業務委託契約を締結する場合，主に図表の事項が協議され記載される。
　業務委託取引が存在する場合，又は，このような契約自体が存在しな

【業務委託契約書の記載事項（抜粋）】

業務委託契約書

- 契約日付
- 契約当事者
- 業務内容
- 業務報酬及び支払方法
- 契約期間
- 受託者の報告義務
- 成果物
- 成果物の権利
- 契約解除事項
- 紛争解決条項
- その他一般条項

い若しくは契約自体が存在していたとしても業務内容が不明瞭若しくは契約内容の合理性が不明確な場合などは，（手口１）に関連して，汚職行為の手段たる業務委託取引ではないか注意する必要がある。また，契約に必要な取引先に対する信用調査報告書や取引先からの提案書が存在しない場合もあり，こうした場合には取引の背景事情について特に注意しなければならない。その他，正当な契約に見えても汚職行為の手段としての契約でないか確認するため，以下のような点に留意が必要である。

- 受託者たる相手方企業が，役員や株主の親族，知り合いなどが保有する企業である。
- 受託者たる相手方企業が，実体のないペーパーカンパニーである。
- 受託者たる相手方企業が，創業まもない企業である。
- 提供される成果物やサービス内容が，明記されていない。
- 提供される成果物やサービス内容が，受託者たる相手方企業の業務内容と一致しない。

- 提供される成果物やサービス内容が，受託社たる相手方企業の能力（財務規模，人員規模，専門能力，経験・実績など）と釣り合わない
- 正当な事由がないにも関わらず，成功報酬となっている。
- 正当な事由がないにも関わらず，前払いとなっている。
- 提供される成果物やサービス内容に比して，多額の支払いとなっている。
- 取引が実行された国以外への支払となっている。
- 複数の契約に分割された支払いとなっている。

受託者たる相手方企業が，役員や株主の親族，知り合いが保有する企業である場合，実体のないペーパーカンパニーである場合，又は創業まもない企業である場合には，そもそも贈賄の受け皿として存在している法人ではないかとの疑いが生じる。また，提供される成果物やサービス内容が，明記されていない，相手方企業の業務内容と一致していない，相手方企業の能力と釣り合っていないなどの場合には，そもそも，契約書記載の成果物やサービスが現実に提供されることが予定されておらず，贈賄を仮装するために作成された契約である疑いを生じさせる。成果物やサービスに不釣り合いな多額の支払いも，同様である。さらに，正当な事由のない成功報酬や前払いは，汚職行為の目的たる「不正の利益」の存在の可能性を推測させる。また，複数契約での分割支払いは，少額分割化することにより発見を回避するもの，とも憶測でき，やはり汚職行為の疑いが生じる。

なお，残念ながら（手口2）の場合においては，契約書が締結するケースが多くないため，契約書において汚職行為の端緒を発見することは困難であろう。

第7 補助金に潜む罠

私立大学XV学校法人の事例

　戦後設立されたXV学校法人は輝かしい教育理念とは裏腹に，長年にわたって理事長のワンマン体制で運営されており，十数年前から理事長の資質とあわせて経営悪化が内外でささやかれていた。

　XV学校法人は，当局が書面審査のみで補助金交付を決定するとされる耐震補強工事に係る「直接補助金」に目をつけた。当該事業に関する補助金申請の採択率は7割以上であると言われており，適正な工事を偽装するため，複数社から見積書（見積原価）を提出させたが，うち1社は理事長の親族が経営している会社であり，なかには建設業法の許可を受けていない会社もあった。

　見積書を提出していた正規の業者が不審に思い当局に通報したことから，偽装が表面化した。理事長は当該工事とは別に，遊興費等を捻出するため，恒常的に仕入業者等に実態のない業務や物品を発注し，キックバックを受けていた。当該取引は，税務当局から数億円の申告漏れを指摘されたことにより発覚した。XV学校法人は，数億円の補助金返還を命じられて経営危機に陥り，民事再生法適用を申請するに至った。

❶ 学校法人の財務報告等

　学校法人会計基準が平成25年5月に改正され，文部科学大臣所轄法人（大学，短大，高専等）は平成27年度から適用され，知事所轄法人は平成28年度から適用されている。本改正は，学校法人を取巻く環境変化に対応して行われたものである。今回の改正の主なポイントは以下のとおりである。

> 現行の資金収支計算書について新たに活動区分ごとの資金の流れがわかる「活動区分資金収支計算書」を作成する。
> 従前の「消費収支計算書」を「事業活動収支計算書」に名称変更する。
> 事業活動収支計算書では，教育活動収支差額，経常収支差額，基本金組入前当年度収支差額等の収支差額が表示される。
> 貸借対照表について「基本金の部」と「消費収支差額の部」を合わせて「純資産の部」とする。
> 第4号基本金について，その金額に相当する資金を年度末時点で有していない場合には，その旨と対応策を注記する。

学校法人会計基準第4条は学校法人が作成しなければならない計算書類として，資金収支計算書，事業活動収支計算書，貸借対照表を規定している。資金収支計算書は一般事業会社のキャッシュフロー計算書，事業活動収支計算書は一般事業会社の損益計算書に相当するものと考えて差支えない。なお，本事例は旧基準で記載している。

【XV学校法人の財務報告等】

資金収支計算書（抜粋）
単位：百万円

	予算	決算	差異
<収入の部>			
学生生徒等納付金収入	264	239	25
手数料収入	863	555	308
寄付金収入	1,463	1,651	▲188
補助金収入	357	329	28
資産運用収入	7,310	2,041	5,269
資産売却収入	720	855	▲135
事業収入	312	331	▲19
雑収入	1,349	1,213	136
借入金等収入	1,271	1,311	▲40
前受金収入	2,325	2,132	193
その他の収入	…	…	…

…	…	…	…
＜支出の部＞			
人件費支出	5,372	5,122	250
教育研究経費支出	433	363	70
管理経費支出	43	34	9
借入金等利息支出	1,641	1,551	90
借入金等返済支出	667	469	198
施設関係支出	581	659	▲78
設備関係支出	8,240	2,630	5,610
資産運用支出	1,218	1,842	▲624
その他の支出	…	…	…
…			

出典：決算報告書

消費収支計算書（抜粋）

単位：百万円	予算	決算	差異
＜収入の部＞			
学生生徒等納付金	4,725	4,736	▲11
手数料	264	239	25
寄付金	890	616	274
補助金	1,463	1,651	▲188
資産運用収入	357	329	28
資産売却差額	40	−	40
事業収入	720	855	▲135
雑収入	312	331	▲19
…	…	…	…
…			
＜支出の部＞			
人件費	6,677	6,496	181
教育研究経費	6,325	6,077	248
管理経費	446	388	58
借入金等利息	43	34	9
資産処分差額	−	431	▲431
徴収不能引当金繰入額	4	7	▲3

	…		…	…	…
	…		…	…	…

貸借対照表(抜粋)

単位:百万円	本年度	前年度	増減
＜資産の部＞	35,845	36,922	▲1,077
固定資産	32,521	32,327	194
流動資産	3,324	4,595	▲1,271
＜負債の部＞	9,373	10,296	▲923
固定負債	6,291	6,572	▲281
流動負債	3,082	3,724	▲642
＜基本金の部＞	38,030	37,048	982
＜消費収支差額の部＞	▲11,558	▲10,422	▲1,136

出典:決算報告書

❷ 会計不正の看過と問題点

　一般事業会社における営業活動によるキャッシュフローは教育研究活動のキャッシュフロー(学生生徒等納付金収入＋手数料収入＋寄付金収入(特別寄付金を除く)＋補助金収入(その他国庫補助金収入を除く)＋資産運用収入＋事業収入＋雑収入＋前受金収入＋前期末前受金－人件費－教育研究経費－管理経費－借入金等利息)であり、XV学校法人では2,036億円の赤字となっている。

　一般事業会社における営業収益は学生生徒等納付金＋手数料＋寄付金＋補助金＋事業収入であり、XV学校法人では8,097億円となっている。営業費用は人件費＋教育研究経費＋管理経費であり、XV学校法人では1兆2,961億円となっている。

　一般に学校法人は学生数の減少等によって収入が伸び悩む一方、教育の質を維持するために教職員の人数や給与等の削減が困難な状況にある。その結果、赤字を隠そうとして粉飾決算を実行してしまうのである。

【作成が義務付けられている計算書類】

【旧基準】
資金収支計算書
- 資金収支内訳表
- 人件費支出内訳表

消費収支計算書
- 消費収支内訳表

貸借対照表
- 固定資産明細表
- 借入金明細表
- 基本金明細表

→

【新基準】
資金収支計算書
- 資金収支内訳表
- 人件費支出内訳表
- 活動区分資金収支計算書

事業活動収支計算書
- 事業活動支内訳表

貸借対照表
- 固定資産明細表
- 借入金明細表
- 基本金明細表

　繰返しになるが，共謀で実行され，上級管理者が関与した場合，財務諸表から異常値を検知することはむずかしい。学校法人の特性を理解し，そのガバナンス体制を分析することが重要になるであろう。また，理事長等と会議を繰返し，粉飾決算の兆候を察知しておくことも重要である。

- 理事長はコンプライアンスの重要性を役員・教職員に伝え，自ら率先垂範しているか。職責の公共性，社会的責任を自覚して，適正な運営に努めているか。
- 理事，監事，評議員の選任は慎重かつ適正に行われているか。各会議の開催頻度は適切で，実質的な討議が行われ，内容が記録されているか。
- 必要な諸規程が整備され，諸決定が正規の意思決定機関で行われているか。適切な牽制，上司の監督は行き届いているか。
- 経営と職員の連携・コミュニケーションが十分に行われているか。
- 監事監査，内部監査が有効に機能し，改善報告が行われているか。監査の結果，不正を発見した場合には，所轄庁または評議員会に報告する体制になっているか。

学校法人の経営が困難となる原因

日本私立学校振興・共済事業団 学校法人活性化・再生研究会「私立学校の経営革新と経営困難への対応―最終報告―」(平成19年8月1日)によると,学校法人の経営が困難になる原因について,興味深い分析がされている。

客観的要因	主観的要因	
● 少子化や地域の過疎化 ● 規制緩和による競争の激化等	【共通】 ● 人材不足と経営責任の欠如	
	【経営面】 ● 過剰な設備投資による金融資産の減少と過大な借入金への依存 ● 人件費・諸経費の硬直化による収支の逼迫 ● 不祥事や学内紛争によるマイナスイメージの発生等	【教学面】 ● 教学内容の魅力の低下や改組転換の失敗による学生数の減少等

不正リスク要因に当てはまる項目が多いと思うのは,筆者らだけであろうか。特に,「競争の激化」や「人材不足と経営責任の欠如」という要因は,上場会社でも会計不正が発生した要因として挙げられる項目であり,学校法人は潜在的に会計不正の発生リスクが高い業種の一つであろう。

(粉飾決算例)
- 寄付金の簿外処理
- 補助金の不正受給
- 大学等の新設・増設の財産目録に係る計算書類の虚偽記載
- 金融機関からの資金調達を確保するための計算書類の虚偽記載
- 補助活動に係る収支の預り金処理
- 有価証券等の貸借対照表価額に係る計算書類の虚偽記載
- 有価証券等の時価情報に係る計算書類の虚偽記載

- ●関連当事者との取引の注記事項からの除外　など

(資産の流用例)
- ●寄付金の流用
- ●補助金の流用
- ●施設設備利用料の流用
- ●補助活動収入の流用
- ●受託事業収入等の簿外処理による流用
- ●学生アルバイト代等の架空請求による流用
- ●消耗品の架空発注による流用
- ●リース契約の偽装による流用
- ●工事代金の水増しによる着服・流用
- ●資産購入代金の水増しによる着服・流用
- ●手許現金の流用
- ●貸付金の流用
- ●預り金とリベートの簿外処理による流用
- ●科学研究費補助金の流用　など

学校法人における会計不正例

(ケース1)
　学校法人LKの財務担当課長は，勤務先の学校法人から現金2億円を着服していた。当該課長は，「競馬やパチンコに使った」と容疑を認め，業務上横領の容疑で逮捕された。

(ケース2)
　学校法人KJは約6年に亘り，勤務実態のない常務理事に，報酬として約60百万円の支払いをしていた。なお，同法人は国や県，市から補助を受けていた。

(ケース3)
　学校法人JHは，理事長ら創立者一族に対して約10年に亘り，不正支出をしていた。なお，理事長に対して私的な会食や業務目的といえない国内出張の費用が「渉外費」「旅費交通費」名目などで計上され，また，理事長の妻や母には勤務実態がない「特別顧問報酬」などが支払われていた。

(ケース4)
　学校法人OLは，約5年に亘って「専任教職員数」について一部の非常勤教員を専任教員とみせかけた出勤簿を偽造し，県に提示して不正に補助金を受領した。

第8 入札に依存した事業に潜む罠

清掃業VX社の事例

　清掃業を営むVX社は，大阪に本社を構え，社長の人脈や手腕により，府内の建物清掃，設備管理等のビルメンテナンス，病院やホテルの清掃管理業を行い，設立15年間で関西圏を中心として200件超の受託現場の獲得に至った。

　設立20年目を控え，15年目以降は，社長の発案で同業他社に倣い官公庁物件を中心に受託を開始し順調に売上が増加していた。しかしながら，ある日VX社を含む同業他社複数社に当局の捜査が入り，入札談合等があったと認定され，VX社は公官庁取引の入札参加資格が剥奪され，課徴金が科せられただけではなく，レピュテーションリスクにより既存契約の3分の1が打ち切られ，民事再生手続開始に至った。なお，VX社は，約5年に亘り下記の2種類の会計不正を実行していたことが発覚した。

- ある物件について，競合しないことを条件として，受注した会社A社→B社→VX社→（A社の実際の外注先）D社のように外注の形態をとり，「売上」と若干の「利益」を共有する（所謂，スルー取引）
- 特定の相手先と相互に同額の売上を計上し，売上高を嵩上げする。この場合，取引当事者双方が売上と外注費が同額になるため，相殺する（所謂，クロス取引）。

① 入札参加資格

　例えば，各省庁の入札に参加することができる「全省庁統一資格」は

規模の小さな会社や個人事業主でも取得することができるが，資格には会社の規模に応じて上からA，B，C，Dというようにランクが付けられている。そして，そのランクに応じて，参加できる入札が制限されている。

- 年間平均（生産・販売・売上）高
- 自己資本額の合計
- 流動比率
- 営業年数
- 機械設備等の額

上記などの項目ごとに点数が与えられ，その総合点に従ってランクが付けられることになる（ただし，実際には適正な競争性を確保するため，他の等級の参加が認められる場合あり）。例えば，小さい会社が大規模の工事を請負うには，財務的にも経験的にも相当な無理があることは容易に想像がつくであろう。すなわち，大きい会社を装えば大きい案件が受注できるのである。ここに会計不正の動機が存在する場合がある。

【VX社の財務報告等】

要約貸借対照表 単位：百万円	2023/3	2024/3	2025/3
売上債権	179	174	212
その他資産	359	299	303
資産合計	538	473	515
仕入債務	60	68	125
有利子負債	346	224	151
その他負債	93	123	129
負債合計	499	415	405
純資産	39	58	110
負債純資産合計	538	473	515

出典：決算報告書

要約損益計算書 単位：百万円	2023/3期	2024/3期	2025/3期
売上高	2,043	1,587	1,581
売上原価	1,695	1,259	1,266
売上総利益	348	328	315
販売費及び一般管理費	218	198	188
営業利益	130	130	127

出典：決算報告書

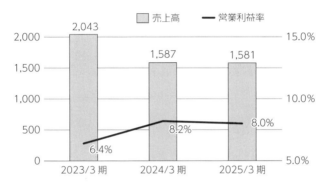

❷ 会計不正の発生要因

　VX社は，実態よりも大きい案件を受注するために，社長及び同業他社の共謀により，スルー取引やクロス取引（広義の循環取引）による会計不正が行われ，VX社の社内の隠語として「回し」と呼称していた。背景には，売上を増加する動機と社長の同業他社に対する個人的な権力欲，また，上場会社を含めた同業他社も不正を行っていると当該行為を正当化してしまっていた。

- ➤ 同業他社に対して「循環取引」への関与・協力要請
- ➤ 社内で原始証憑の日付・案件名等の操作・改変による売上・外注費等の計上を指示
- ➤ 資金の入出金を行い，取引が実在するかのように偽装を指示

など

なお，官庁や自治体，公団といった特殊法人らが発注する公共工事等の入札では，通常，入札に参加した業者が価格で競争した結果，一番安い価格を提示した業者が落札（受注）することになる。談合とは，このような「競争」を避けるため，入札に参加する業者たちが事前の話合いにより落札業者を決めておき，実際に入札する時には，この業者が予定通り落札できるよう，他の業者が協力し合ってこの業者より高い価格で入札することである。

【VX社の財務報告等（会計不正排除後簿価）】

要約貸借対照表（実態）

単位：百万円	2023/3	2024/3	2025/3
売上債権	179	174	212
その他資産	359	299	303
資産合計	538	473	515
仕入債務	60	68	125
有利子負債	346	224	151
その他負債	93	123	129
負債合計	499	415	405
純資産	39	58	110
負債純資産合計	538	473	515

出典：決算報告書

要約損益計算書（実態）

単位：百万円	2023/3期	2024/3期	2025/3期
売上高	1,393	1,297	1,151
売上原価	1,045	969	836
売上総利益	348	328	315
販売費及び一般管理費	218	198	188
営業利益	130	130	127

出典：決算報告書

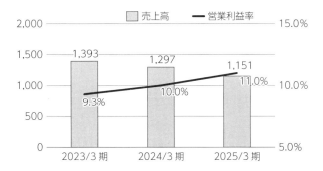

　VX社は，2023/3期650百万円，2024/3期290百万円及び2025/3期430百万円の売上高及び外注費の概ね同額が嵩上げされていた。

　売上高や売上原価は同額減少するものの，売上総利益率や営業利益率は上がるのである。社長は，売上は大きく見せたいが，一方であまり儲かっていないように見せたいとのことであった。

課徴金減免制度

　課徴金減免制度とは，事業者が自ら関与したカルテル・入札談合について，その違反内容を公正取引委員会に自主的に報告した場合に，課徴金が減免される制度である。執筆時現在，公正取引委員会が調査を開始する前に他の事業者よりも早期に報告すれば，課徴金の減額率が大きくなる仕組みとなっており，公正取引委員会の調査開始日前と調査開始日以後とで合わせて最大5社（但し，調査開始日以後は最大3社）に適用されることになる。事業者自らがその違反内容を報告し，更に資料を提出することにより，カルテル・入札談合の発見，解明を容易化して，競争秩序を早期に回復することを目的としている。

第2章 フォレンジック会計士が遭遇した会計不正の事例考察

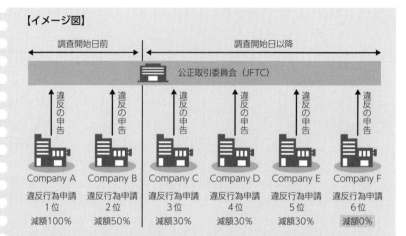

注：執筆時現在，公正取引委員会は，課徴金制度の在り方について専門的知見から検討を行うことを目的として，各界の有識者からなる「独占禁止法研究会」を開催し，「独占禁止法研究会報告書」（2017年4月25日）を作成し，公表している。これによると，違反を自主的に申告した企業への課徴金減免制度の拡充や，課徴金額の水準引上げが盛り込まれている。公正取引委員会は，これを踏まえ，独占禁止法改正案の詳細を詰め，早ければ次年度の通常国会に提出する予定で進んでいる。よって，上記が改訂される可能性があるため最新情報は，公正取引委員会Webページ（http://www.jftc.go.jp/）を参照のこと。

第9章 サプライチェーンの グローバル化に潜む罠

輸入商材加工業CPB社の事例

　CPB社は，南米やASEAN諸国から商材を輸入し，自社又は協力業者にて加工して製品販売している。

　数年前の世界的な景気停滞期の後の輸入商材使用品の国内相場下落により大幅な損失が発生し，その後も，大手商社参入による仕入価格高騰・輸入過剰による国内相場下落によりさらに大幅な損失の発生（合計約5,000百万円），そこに急激な円安進行が追い打ちをかけ資金繰りに窮する状態に陥っている。国内市場は，国産商材使用品と輸入商材使用品で明確に市場が区分されており，代替することは容易ではなく，輸入商材使用品が供給過剰になると国内相場が崩れ，売上価格が下落してしまう。

　CPB社の資金調達は借入金ではなく主にユーザンス[1]が利用されており，上述したとおりここ数年資金繰りに余裕はなかったが，ユーザンスの枠を有効活用することにより資金手当をしていた。CPB社の財務担当役員は，上記の損失が顕在化すると金融機関からの追加枠が受けられなくなるという誤った意識により，損失を隠蔽する判断に至った。当初反対する役員も存在したが，社長の鶴の一声により損失の隠蔽を決定し，5,000百万円という金額の合意がなされ，隠蔽方法は財務担当役員に一任された。

---

[1] ユーザンスとは，一般に支払猶予期間のことをいい，確定日払手形，一覧後定期払手形等の期限が付けられた手形をユーザンス手形（usance bill），手形又は必要書類の呈示後一定の期間を経た後に支払が行われることを取り決めている信用状をユーザンス信用状（usance credit）という。

会計不正の手口

　CPB社は，2023/3期の期末間際において，役員間の定例的な協議により損失が顕在化すると金融機関からの追加枠が受けられなくなるという誤った意識により，損失を隠蔽する判断に至っている。財務担当役員は，CPB社のビジネスの特性から輸入に係る「前渡金」の過大計上が金融機関に説明がしやすいと判断し，また，発覚を恐れ会計システムに全額入力するのではなく，自身において実在する仕入先に金額を割振り経理担当者に購買システムへの入力を指示した。金額の割振り等は，当該役員自身のパソコンの表計算ソフトにて作成し管理していた。結果，計上した損失を上回る利益をあげることができず，現在に至るまで当該手口は続けられ，過大計上した前渡金では金融機関に対して説明が困難と判断した期には，「棚卸資産」や「売上債権」を操作することもあった。

【CPB社の財務報告等】

要約貸借対照表
単位：百万円

	2023/3	2024/3	2025/3	2026/3
現預金	3,425	7,425	7,902	3,949
売上債権	9,656	9,948	9,231	10,870
棚卸資産	10,960	7,902	8,580	9,321
前渡金	5,403	5,496	4,453	6,338
その他資産	3,645	2,673	2,664	2,776
資産合計	33,090	33,444	32,831	33,255
仕入債務	18,440	18,581	19,259	18,711
有利子負債	7,075	6,046	4,893	5,542
その他負債	902	1,800	1,428	1,659
負債合計	26,418	26,426	25,579	25,912
純資産	6,673	7,018	7,251	7,344
負債純資産合計	33,090	33,444	32,831	33,255

出典：決算報告書

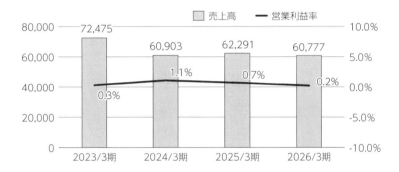

要約損益計算書 単位：百万円	2023/3期	2024/3期	2025/3期	2026/3期
売上高	72,475	60,903	62,291	60,777
売上原価	66,495	55,836	57,334	56,056
売上総利益	5,980	5,067	4,957	4,721
販売費及び一般管理費	5,775	4,426	4,508	4,569
営業利益	205	640	449	152

出典：決算報告書

❷ 金融機関の対応

　金融機関の担当者は，前渡金の増加が気になるものの，CPB社の財務担当役員からの説明に一定の合理性があると判断し，また，担保となる売上債権や棚卸資産があると判断したため，次の一手を打たずにいた。懇意にしている公認会計士に相談したところ会計不正の疑いがあると意見を貰ったので，CPB社に財務調査の受入れを依頼し，会計不正が顕在化した。直近期の会計不正を排除したベースの簿価貸借対照表は，債務超過に陥っていた。前渡金の増加が気になった時点で当該公認会計士に相談していれば，早期に発見できた可能性はあるであろう。

【CPB社の財務報告等（会計不正排除後の簿価）】

要約貸借対照表（実態） 単位：百万円	2023/3	2024/3	2025/3	2026/3
現預金	3,425	7,425	7,902	3,949
売上債権	9,656	9,948	9,231	10,430
棚卸資産	10,960	7,902	8,580	7,799
前渡金	343	286	497	351
その他資産	3,645	2,673	2,664	1,376
資産合計	28,030	28,235	28,875	23,905
仕入債務	18,440	18,581	19,259	20,111
有利子負債	7,075	6,046	4,893	5,542
その他負債	902	1,800	1,428	259
負債合計	26,418	26,426	25,579	25,912
純資産	1,613	1,808	3,296	▲2,006
負債純資産合計	28,030	28,235	28,875	23,905

出典：決算報告書

要約損益計算書（実態） 単位：百万円	2023/3期	2024/3期	2025/3期	2026/3期
売上高	72,475	60,903	62,291	60,337
売上原価	71,555	55,986	56,080	61,008
売上総利益	920	4,917	6,211	▲671
販売費及び一般管理費	5,775	4,426	4,508	4,569
営業利益	▲4,855	491	1,703	▲5,240

出典：決算報告書

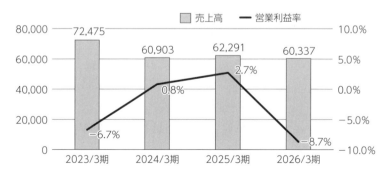

❸ サプライチェーンのグローバル化による会計不正リスク

本件とは異なるが，今後の日本企業のためにも，筆者らが近年多く相談を受けるサプライチェーン不正について紹介したい。多くの日本企業がアジアへの生産拠点の移行やアジアからの原材料の調達を行うようになって久しい。日本企業においてはコスト削減にも寄与し魅力的ではあるものの，一方でサプライチェーン不正（Supply Chain Fraud）や汚職行為の機会も増加することになり，日本国内とは異なる不正リスクマネジメント体制が必要になるであろう。また，近年，国際的に汚職関連法や競争法等の規制が強化され，サプライチェーン不正や汚職行為が原因の重大な財務的・風評リスクはかつてないほどに大きくなっている。

サプライチェーン
不正の結果生じるリスク
➤賄賂・キックバック
➤粉飾決算・二重帳簿
➤重複発注・支払い
➤優良取引先の排除
➤在庫などの資産流用
➤リコール・製造物責任
➤知的財産・機密情報の流出
➤グレーマーケットへの販売・押込販売
➤カルテル・談合　など

アジアにおいて違法なリベート，キックバック，ベンダーとの共謀等の不正リスクは高いと認識されており，これらの不正リスクを完全に排除することはできないものの，企業は，不正リスクを軽減し，早期発見できる統制を構築する必要がある。

国別の汚職行為等の不正リスクの高低を測るためには，Transparency Internationalの「腐敗認識指数」（Corruption Perception Index, CPIスコア）が参考になる。特にアジア主要国においてもCPIスコアが低い国においては，汚職行為等の不正リスクが高いということに留意が必要である。

【CPIスコア】

順位	国名	スコア	順位	国名	スコア	順位	国名	スコア
1	New Zealand	90	72	Solomon Islands	42	113	Vietnam	33
7	Singapore	84	79	China	40	116	Pakistan	32
13	Australia	79	79	India	40	123	Laos	30
15	Hong Kong	77	87	Mongolia	38	131	Nepal	29
20	Japan	72	90	Indonesia	37	136	Myanmar	28
27	Bhutan	65	95	Maldives	36	136	Papua New Guinea	28
31	Taiwan	61	95	Sri Lanka	36	145	Bangladesh	26
41	Brunei	58	101	Philippines	35	156	Cambodia	21
52	Korea (South)	53	101	Thailand	35	169	Afghanistan	15
55	Malaysia	49	101	Timor-Leste	35	174	Korea (North)	12

出典:「Transparency International (CPI2016)」よりアジアパシフィック地域のみを抜粋
注:CPIスコアの範囲は,0～100であり,CPI2016では176ヵ国を対象としている。

　サプライチェーンは,企業内または企業間を跨る資材調達から加工・仕上げ組立・物流・販売を経て最終顧客への納入までの供給オペレーションの連鎖である。サプライチェーン不正は,支払いサイドに分類される会計不正の一種であり,一般的に以下のように分類される。

- 調達（購買）不正（Procurement fraud）
- 在庫不正（Inventory fraud）
- 製造不正（Production fraud）
- 流通不正（Distribution fraud）

　この供給オペレーションには,会社従業員・経営者等・供給業者・ベンダー・競合他社・エージェント・請負業者・下請け業者等,非常に多くの人間に不正関与の機会があるため,不正の防止・発見は非常に難しいであろう。特にアジアからの原材料の調達をしている企業においては,サプライチェーン自体が極めて長くなり,より複雑さが増す。さらに,アジアへ生産拠点を移行した企業においては,役職員を含むサプライチェーンに関与する人間がほとんど現地人であることもあり,組織風土が日本とは異なるであろう。

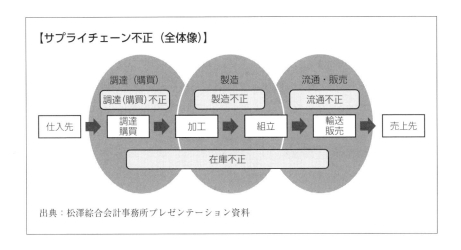

出典:松澤綜合会計事務所プレゼンテーション資料

❹ 調達(購買)不正とその兆候

　残念ながら,アジアでビジネスを展開する多くの日本企業は,日本とは異なるサプライチェーン,経済情勢,法規制,商慣行,言葉や文化の壁等に直面し,現地のビジネスに精通した少数の日本人や現地人に「従来からのやり方でやってきている。」「郷に入っては郷に従え。」と説明され,不正が発覚するまで統制を強化せず放置している場合がある。このような環境下において,アジアにおける調達(購買)不正は,請求書偽造,贈収賄,キックバックから,在庫の横領,知的財産の窃盗,低品質材料の購入に至るまで多岐に亘り,不正が発覚しないことを理解している個人(内部不正)や,共謀等を利用して不正を隠蔽する知識を有している集団(共謀),外部からの攻撃(外部不正)等,意図的に統制を超えたときに共通して生じることが多い。

　調達(購買)不正の防止・発見統制の強化は,不正の手口,特性を十分に理解したうえで幾層にも及ぶ複数の統制を組み込むことが第一歩である。特に,調達(購買)は,サプライチェーンの入り口に位置し,ここで実行される調達(購買)不正は,この時点で防止・発見できなければ,不正に起因する価額,品質,納期への悪影響がサプライチェーンの

中に入り込んでしまう。アジアでビジネスを展開する日本企業は，サプライチェーンの中にいる誰かが，不正を働くまたは汚職行為を行う場合に，この統制で防止できるか，または早期発見できるか，関与していない人が牽制できているかを検証する必要がある。アジアにおける調達（購買）不正の一般的な兆候の例としては以下のとおりである。

- ずさんな会計記録，あるいは会計記録自体が存在しない
- 高価格/低品質材料（放置するとリコール問題に発展する場合がある）
- 仕入先による購買スタッフの過度な接待
- 歴代，現地購買責任者が急に金持ちになる
- 購買スタッフによる監査実施の拒否，監査実施の先延ばし
- 時間外取引，取引の不適切な承認，適切な承認なしのEFT（電子的口座決済）取引の実施
- 従業員と仕入先が同一であることを示すデータの存在
- 短期間での従業員や仕入先のアカウントの変更
- 利益相反等（担当者の血縁関係企業との取引等）

調達（購買）不正における会計不正例

（ケース1）
中国子会社のA社は現地人a氏を購買責任者として雇用していたが，a氏は自分の地位を利用し，仕入先からわざわざB社を経由し，手数料を抜いてA社の仕入としていた。B社は実はa氏の妻が代表を務める会社で夫婦が別姓であったこともあり，長期に亘り不正が発見できなかった。

（ケース2）
上海子会社のTC社において，日本人従業員が国内外の出張や日本へ帰国する際に，秘書にチケットの手配を頼んでいたが，相場よりも高いチケット代を払っていたことから，エージェントを変えるように指示したところ，その秘書から当該エージェントを使うことのメリットを言い

訳に抵抗された（満席であっても必ず手配してくれる。アップグレードの便宜を図ってくれる。安いチケットも場合によっては手配してくれる等々）。
　現地社長自身も便利には感じていたものの，秘書の衣服や腕時計など身につけている物がその数ヶ月間で格段に良くなっていたことから不審に思い，複数のエージェントから相見積もりを入手した。その結果，その差額があまりに大きいことを知るとともに，エージェントの営業マンが秘書に現金を入れた封筒を贈っているという情報を掴み，秘書を呼んで事情徴収したところ，不正を認めた。

（ケース3）
　RD社は，東莞子会社において過去に現地従業員の業務上の横領などの不正が複数件発覚しており，当該従業員のうちjd氏は懲戒解雇された腹いせに，顧客情報の持ち出しや，取引上の重要情報のデータの抹消をした。RD社はこれを教訓にアジア子会社の日々のデータのバックアップの義務付けと，重要情報の管理を厳格に行うようにした。

❺ 製造不正とその兆候

　製造は製品の開発から始まり，製造スケジュール，製造計画・管理，製造フロー，仕掛品・半製品の管理，品質検査，環境影響分析等を含む一連のプロセスである。企業は製造段階において，専門知識・知的財産の漏えい，原材料・仕掛品・製品・副産物・廃棄品等の盗用，異物・毒物の混入等，さまざまな不正リスクに晒されている。このような環境下において，アジアにおける製造不正は，不正が発覚しないことを理解している個人（内部不正）や，共謀等を利用して不正を隠蔽する知識を有している集団（共謀），外部からの攻撃（外部不正）等，意図的に統制を超えたときに共通して生じることが多い。不正行為者別に製造不正を分類すると図表のように整理ができる。

不正が発覚しないことを理解している個人（内部不正）
●原料投入記録・製造関係書類の偽装・改ざん（製造原価・在庫の金額・数量等の意図的な付替を含む） ●原料・試験品・仕掛品・製品の窃盗・流用 ●廃棄物・副産物・連産品の窃盗・流用 ●従業員・工場長単独による不正製造・密造 ●従業員・工場長単独による製造妨害（薬物・毒物の混入等を含む） ●従業員・工場長単独による知的財産の窃盗　など
共謀等を利用して不正を隠蔽する知識を有している集団（共謀）
●仕入業者や販売先等との汚職行為（利益相反・談合・賄賂・キックバック） ●請求書・受領書等の偽装・改ざん ●共謀による不正製造・密造 ●共謀による製造妨害（薬物・毒物の混入等を含む） ●共謀による知的財産の窃盗　など
外部からの攻撃（外部不正）
●外部者による製造妨害（薬物・毒物の混入等を含む） ●外部者による知的財産の窃盗 ●偽造品の製造 ●製品の梱包材の窃盗　など

　不正の防止・発見統制の強化は，不正の手口，特性を十分に理解したうえで幾層にも及ぶ複数の統制を組み込むことが第一歩である。アジアでビジネスを展開する日本企業は，サプライチェーンのなかにいる誰かが，不正を働くまたは汚職行為を行う場合に，この統制で防止できるか，または早期発見できるか，関与していない人が牽制できているかを検証する必要がある。

　本稿では，アジアのうち特に中国を中心として事例を挙げ，製造不正を起因として刑事責任を問われるケースを紹介するので参考にして頂きたい。仮に不正・不祥事に巻き込まれた場合や自社で製造不正が発生した場合等に備えて，自社のサプライチェーンの特徴をイメージしながらアジア各国の法令を正しく理解しておくことは非常に重要である。また，筆者は，法律の専門家ではないため法律等の解釈は行わないが，読者は

適宜適切に法律の専門家に相談して頂きたい。

> **中国における製造不正に関する主な法令（執筆時現在）**
> - 生産販売劣悪商品罪（刑法140条，149条，150条）：生産販売者が不合格商品を合格商品に偽って5万元以上販売する行為。
> - 生産販売衛生基準未達食品罪（刑法143条，150条）：国家衛生関連法令に違反して製品を生産販売し，他人の健康に危害を加える行為。
> - 生産販売有毒，有害食品罪（刑法144条，150条）：国家衛生関連法令に違反して有毒又は有害製品を生産，又は有毒又は有害を知った上で購入し販売を行い，他人の健康に危害を加える行為。
> - 生産販売基準未満医療用器具罪（刑法145条，150条）：国家品質管理規定に違反し，医療器械，衛生器具を製造販売し，又は違反であることを知った上で購入し販売を行い，他人の健康に危害を加える行為。
> - 生産販売安全基準未満商品罪（刑法149条）：国家基準，業界標準に適合しない電気製品，圧力容器，易燃又は易爆製品の生産販売，又は違反であることを知った上で生産販売する行為。
> - 廃棄物密輸罪（刑法155条，156条，157条）：海関法規と国の廃棄物管理規定に違反し，海外にある廃棄物を中国国内に輸入する行為。

注：法令の最新情報は，適切に法律の専門家に相談のこと

製造は，サプライチェーンの中心に位置する。ここで実行される製造不正は，この段階で防止・発見できなければ，得意先・消費者等の外部の第三者へ影響が移転してしまう。アジアでビジネスを展開する日本企業は，サプライチェーンのなかにいる誰かが，不正を働くまたは汚職行為を行う場合に，現在の統制で防止できるか，または早期発見できるか，関与していない人が牽制できているかを検証する必要がある。アジアにおける製造不正の一般的な兆候の例としては下記のとおりである。

- ずさんな会計記録，あるいは会計記録自体が存在しない
- 高価格／低品質材料（放置するとリコール問題に発展する）
- 下請業者による購買スタッフの過度な接待
- 歴代，工場長が急に金持ちになる
- 工場長による監査実施の拒否，監査実施の先延ばし
- 時間外取引，取引の不適切な承認，適切な承認なしのEFT（電子的口座決済）取引の実施

- 従業員と下請業者が同一であることを示すデータの存在
- 短期間での原価計算方法・原価計算資料の変更・偽装
- 多額な歩留まりの発生，是正措置の不実施
- 利益相反等（担当者の血縁関係企業との取引等）など

製造不正における会計不正例

（ケース1）
　中国産食品において食品のタンパク質含有量（窒素含有量）を贋造する為にメラミンが利用されるケースがあった。メラミン自体の急性毒性は比較的低いものの，ある一定量を超えると死亡するケースがある。
　BJ社は，食料品を製造・販売する中国企業である。日頃から工場長を中心に仕入先等や下請会社と汚職行為を繰返し，私腹を肥やしていた。このような状況下で工場内の品質検査は杜撰であり，ある日致死量を超えるメラミンが製造過程で混入してしまった。BJ社は，BJ社の食料品を摂取した消費者より，腎臓に異常をきたす報告を受けていたもののこれを一定期間放置していた。結果として約10名が死亡，約30万人が被害を受け約100名が逮捕される事態に発展してしまった。

（ケース2）
　DK社は，総合家電を製造・販売する中国企業である。DK社はある家電製品を安全基準に満たしていないと知りながら販売を続け，ユーザを死亡させてしまった。後日，DK社責任者2名が逮捕された。

（ケース3）
　IB社は，総合家電を製造・販売する日本企業である。中国子会社において，リコールが発生したものの，現地の社長の判断によりリコールの届出を行わず，リコール隠しを実施した。結果として後日当局から巨額な制裁を受けることになった。

（ケース4）
　GC社は，電子部品を製造・販売する中国企業である。GC社は競争

の激化からコスト削減を目指していた。そのような状況下で，GC社の購買担当者は，香港経由で欧米から電子廃棄物を輸入し，電子部品の材料として使用することを見込んでいた。廃棄物をコンテナに積み込んだが，海関総署（中国において，物品等の輸出入管理及び税関事務を司る機関）の調査にて発覚し，逮捕されてしまった。

（ケース5）
　WD社は，ブランド品を製造・販売する日本企業である。WD社のアジアの製造子会社では，工場長を中心に，自社のロゴが付く前の半製品をグレーマーケットに転売していた。

❻ 製造不正の手口を考慮した原価管理

　アジアの国によっては日本とは異なり，IT統制が働かない環境になっている場合がある。このような環境下においては，不正行為を助長しな

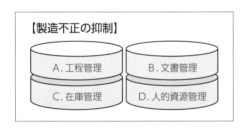

いため，適切なIT投資も必要になるであろう。特に歩留まり管理を含む原価管理が適切に実施できていない場合には，製造不正は在庫不正や流通不正へと波及してしまうであろう。不正が実行される可能性があることを常に年頭におきながら管理体制を強化することが重要である。製造不正において，不合格品や良品ともに品質の定期的なチェックは特に留意が必要である。例えば，不合格品の増加や歩留まり率の増加は，良品を不合格品と偽り在庫の横領や，知的財産の窃盗の兆候を示している場合があり，品質保証管理者や工場長等の特定の役職員の不正を発見できる可能性がある。

　以下，不正の手口を考慮した不正対応管理手法を紹介するが，ここでいう不正対応管理手法とは，不正を予防するだけではなく，企業の製造

不正を抑制するために，予防，発見，対処（不正調査および是正措置）すべての側面から管理体制を構築することを意味しているので留意を願いたい。また，製造工程の一部を下請業者に委託している場合においては，下請業者も管理の対象にしなければ，不正を抑制できないであろう。なお，下請業者等に関しては，不正行為を排除するために契約書等に不正行為禁止に関する条項を契約書に追加することも検討すべきである。

(1) 不正対応工程管理

各製品の適切な製造スケジュールを設定し作業結果の記録を行い，設備の安定稼働と点検，歩留まりの発生状況の不効率を防止することが適切な工程管理の大原則である。なお，製造不正には次の予防・発見コントロールを考慮するべきである。

- 経営者の承認なしに製品を生産することを認めない。
- 製造に必要な原料及びその他資産は需要供給計画に基づいて調達する。
- 需要供給計画に関してコンプライアンス責任者からの承認を得る。
- 標準作業手順書（SOP）の有効性をモニタリングするために内部統制の有効性の定期的な検証を実施する。
- 盗用や模造品の製造が不可能な設備・品質管理システムを開発する。
- 未検印の投入記録，予備品使用記録等の検証体制を構築する。
- 生産・廃棄水準の変化を検証するための分析・解析を実施する。
- 下請業者の生産・廃棄水準の検証を実施する。
- 役職別に価格承認権限を実施し定期的な検証を実施する。など

(2) 不正対応文書管理

製造原価に関する品質管理・点検方針，設備台帳，工程管理表，歩留まり発生状況表等，適切な製造の維持管理に必要な各種のドキュメントを管理することが適切な文書管理の大原則である。適切な文書管理は，

各種作業の効率化と意図しえないライン停止時の迅速な措置を可能にすることができる。なお，製造不正には次の予防・発見コントロールを考慮するべきである。

- 製造に投入・使用された全ての原料等は迅速に記録し，文書化する。
- コンプライアンス責任者によるサプライズ監査を実施する。
- 高リスク領域への定期的な内部監査を実施する。
- アウトプットデータ（仕掛品・製品）に対するインプットデータ（原材料，部品，労務費・経費等）の異常性を検出するために定期的なデータ分析を実施する。
- 疑わしい取引や会計不正の発見に関して監査を実施する。
- 通常でない支払の定期的な検証を実施する。など

(3) 不正対応在庫管理

製造原価に関する適切な在庫管理は，在庫の数量および単価の双方向から検証することが大原則である。特に実地棚卸書類の改ざん，製造原価から在庫への単価の付替えは日本企業でも多く発生する不正の手口である。なお，製造不正には次の予防・発見コントロールを考慮するべきである。

- 原料倉庫や在庫用倉庫等の重要な場所を特定の関係者のみに限定する。
- 帳簿記録と実地棚卸記録との検証を実施し委託在庫の適切な管理を実施する。
- 不合格品，廃棄物等の適切な管理を実施する。
- 購入原料と部品が標準作業手順書（SOP）とそれに係る証憑（数量確認書類，修正文書やデータ，承認サイン，関連手続等）の内容と相違がないか検証する。
- 原価配分の適切性を検証する。
- 在庫の回転期間を検証する。

(4) 不正対応人的資源管理

　人的資源においては，適切な人材を雇用し，適切な訓練をすることが欠かせない。国ごとに法規制は異なるものの入社前，または定期的に購買担当者に対するスクリーニングを実施する必要がある。雇用した従業員によるサプライチェーン不正を防止するためには，適切な職務の分掌が必要であり，一個人がサプライチェーン全体を管理する権限を与えないようにするとともに，ブラックボックス化しないために適切に牽制ができる統制が必要となる。

　特に工場長に対する牽制は重要であろう。また，従業員，下請業者，その他関係者が適切に行動できるために，研修を実施し，製造不正に該当する行動とそれに伴う責任（罪）を理解させ，理解した旨を確認するために従業員等より署名を受け，確認書として保管することが望ましい。さらに，通報内容の機密性を保証した内部通報制度の設置し，下請業者を含め利用を促進する施策を講ずる必要がある。

7 流通不正とその兆候

　流通・販売は企業のサプライチェーンの最後のステップであり，企業は流通・販売ネットワークを通じて，最終的に顧客から現金収入を得ることになる。言いかえれば，製品が顧客の手に渡るために必要な製造と消費を結びつける機能であり，この流通・販売段階におけるずさんな管理は，企業におけるサプライチェーン不正による損害額が最も大きくなる可能性を秘めている。また，流通は次のように物流と商流とに大別することができ，相互に補完し合って流通の機能を支えている。

- ●物流：倉庫から顧客等へ品物を運ぶこと（例えば，アジアから日本市場への物品の移動）。
- ●商流：顧客等へ品物を販売すること（商取引（売買）に伴う一切の活動）。

　なお，アジアにおける流通・販売不正の一般的な兆候の例としては次のとおりである。

- ずさんな記録・文書管理，あるいは記録・文書自体が存在しない
- 個人的または／および組織的な過度なプレッシャー
- 流通業者又は販売代理店に対する過度な接待
- 歴代，販売部長が急に金持ちになる
- 販売担当者による監査実施の拒否，監査実施の先延ばし
- 時間外取引，取引の不適切な承認，適切な承認がない
- 従業員と流通業者または販売代理店が同一であることを示すデータの存在
- 売上認識・計上方法・計算根拠資料の短期的な変更・偽装
- 把握していない外部倉庫業者の存在
- 利益相反等（担当者の血縁関係企業との取引等）

(1) 不正対応受注管理

受注管理において，一般的に受注受付をいかに迅速にかつ正確に行うことができるかが重要視される。先進的な日本企業ではEDI方式による受注受付を導入し，高速で信頼性のあるデータのやりとりを可能としている。電子メールで受信した注文データを表計算ソフトやDBソフトを活用し在庫状況を検証し，注文請書を顧客に電子メールで返信するとい

【流通不正の抑制】

A. 受注管理	C. 請求管理
●受注業務 ●受注情報管理 ●販売条件管理　など	●運送会社・販売代理店別請求検証 ●請求書管理　など

B-1. 物流管理	B-2. 配送管理	B-3. クレーム管理
●物流チャネルの検証 ●物流業者・販売代理店管理 ●物流コスト・代理店手数料分析　など	●運送会社管理 ●集荷・運送状況管理 ●異常情報管理 ●配送完了情報管理 ●運賃管理　など	●物流進捗管理 ●未着・キャンセル対応 ●返品・試用品管理 など

う自動化がなされていることもある。しかしながら，多くのアジア企業においては，日本に比してIT統制が脆弱な企業も多く，この点が先行売上の計上や在庫隠しに利用されることが多々ある。受注管理には次の予防・発見コントロールを考慮するべきである。

- 承認済の輸送業者，転売業者，販売代理店，得意先等のリストのみを使用可能とする。
- 新規得意先等については，経済状況，支払能力だけはなく，評判，関連当時者についての情報を収集し検証する。また，既存得意先等においても定期的に情報をアップデートする。
- 受注から売上振替手続を明確に規定する。
- 製品の横領や窃盗を避けるため，廃棄品，試用品の取扱いについて明確な方針を規定する。
- 倉庫内の製品の自動的な監視システムを構築する。
- 販売に関する契約書・関係書類を定期的にレビューする。

(2) 不正対応物流・配送・クレーム管理

企業は，製品の販売前に消費者の動向調査や流通・販売チャネル調査を定期的に実施し，どのような取引形態にて取引を行うのかを決定することがアジアにおける流通・販売の安定性構築に最も重要である。流通業者や販売代理店等の選択には一般的に販売能力や企業信用などを中心に判断することになるが，特にアジアにおいて企業信用に対する正確な情報を入手することは困難であるため，流通業者や販売代理店等の選択に頭を悩ます責任者も少なくないだろう。しかし，アジアにおいても企業信用調査会社を活用すれば，調査先企業と取引関係にある会社へのヒアリング等が可能である。

流通・販売チャンネルの選択は，代金の回収や流通段階における不正製品防止に対し，非常に重要な事象であり定期的に検討すべきである。現在，アジアにおいても流通方式が一般貿易，代理店制度，専売店，特約販売店および直販等と多様化してきているため留意が必要である。物流・配送・クレーム管理には次の予防・発見コントロールを考慮するべ

きである。
- 倉庫の中にある完成品へ権限のない人間がアクセスできないようにする。
- 製品を管理する人間と記帳する人間とを明確に役割を区分し，相互牽制が働くようにする。
- 輸送業者へ製品の受領と配達を証明するために領収書に署名を求める。
- 輸送業者や販売代理店等から利害関係に関しての宣誓書を入手する。
- 輸送業者や販売代理店等に，不正行為腐敗防止宣言の署名を依頼する。
- 輸送業者や販売代理店等を評価し，定期的に契約を見なおす。
- 製品の移動をコンピュータ化し，常に監視できる体制にする。
- 製品が配達されていない場合のクレーム内容を監視する。

(3) 不正対応請求管理

サプライチェーンの最後の機能として，輸送業者・販売代理店等へ手数料を支払う業務がある。当該機能は，言うまでもなく業務が，内部牽制機能が十分に確保されたルールに基づいて遂行され，役割と責任および業務処理手順が厳密に規定されている必要がある。規程に基づいて承認された手続のみが，取引事実に従って正確に保持されなければならない。請求管理には次の予防・発見コントロールを考慮するべきである。
- 請求期間が通常に比して短い，又は長いものに注意する。
- 輸送業者・販売代理店等を定期的に監査し，異常な変動がないか留意し，押込販売や，手数料に対する過大申告に留意する。

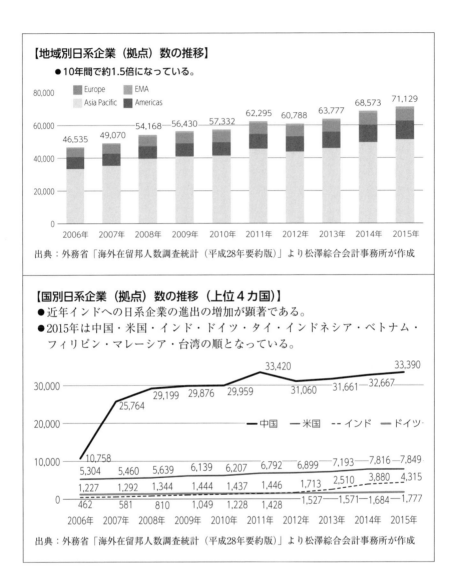

下記の不正は一例であり、現地任せの対応が原因で実際に不正が起こっているということを深く認識することが必要である。

アジア現地子会社の典型的な不正

資金管理
- 小口現金管理が杜撰なことによる現金着服
- 小切手サインの偽造による着服
- 格付けが低いにもかかわらず,使い勝手がよいという理由で地元のローカル銀行に口座開設し,余剰資金を運用(銀行員からキックバック)など

購買関連
- 親族名義の取引先を設立し,比較的高い価格で取引
- 仕入先との共謀によるキックバック など

営業関連
- 営業担当者のカラ出張による出張費用不正受給
- 得意先・販売代理店との共謀による多額の値引き,過大な販促費の支払い

人事労務関連
- 存在しない従業員(幽霊社員)を登録し(又は退職済従業員を活用),支払給与の着服
- 複数人で共謀してタイムカードを改竄し,残業代を不正に着服 など

経理財務
- 付加価値税納税の滞納による現金の着服
- 個人所得税(源泉所得税)の還付申告を勝手に行い,還付金を着服 など

工 場
- スクラップ/固定資産/在庫などの盗難・横領・横流し など

その他
- 役人への贈答品(又は賄賂)と担当者によるその着服
- 機密情報の漏洩
- 職場における薬物使用,薬物売人の暗躍 など

出典:松澤綜合会計事務所プレゼンテーション資料

親会社によるモニタリング

効率的・効果的にモニタリングするためには,毎月,現地子会社から,試算表やKPIに関する財務情報の変更内容を入手し,推移分析,ビジネス情報との比較,財務比率分析等を実施し,異常値やミス・不正の兆候の有無を検証することが必要となる。こうしたモニタリングは「親会社に見られている」という牽制効果も期待できる。

日本企業において,少なくとも今後50年はアジアにビジネスを依存した環境となるであろう。アジアは,日本企業に多くのビジネスチャンス

を提供するが，同時にリスクもあることを留意しなければならない。サプライチェーン不正に関する不正リスクの低減を目的した内部統制等の強化に係る費用は，調達（購買）不正が発覚した場合に係る不正調査費用，制裁金，レピュテーション低下の影響よりも，遥かに少ない金額で済むであろう。

企業担当者の対応状況❸

　グローバルに共通の経営理念・行動規範を見直し，企業グループとして必ず遵守すべき最低限の要求事項を「グローバル行動規範」として再構築することになった。「グローバル行動規範」を事業部長からグループ各社へ展開する責任体制とし，国・地域ごとの特徴を反映した所在地国別の「行動指針（Code of Conduct）」を整備し，現地従業員に理解できる内容にして浸透を再徹底した。
　その後，浸透に向けた努力として，海外拠点で年に4回のコンプライアンス強化月間を設置し，各強化月間に，各部署でコンプライアンスの観点でしてはいけないことを「べからず集」としてとりまとめ，管理部署は各部署から提出された「べからず集」を審査し，最優秀作品を決定した。　　　（グローバル自動車製造業　AU社）

　自社及び他社の不正事例をもとに，主要な業務プロセスに関して，想定される不正のシナリオを洗出す。
（不正シナリオに対する現状調査）
　各拠点の担当者にインタビュー又はサーベイ（アンケート調査）を実施し，不正シナリオごとに，現状業務の中でそのリスクに対応することができているかどうかを調査する。
（不正シナリオに対する対応策の検討）
　不正リスクに未対応のシナリオのうち，優先的に対応すべきものを設定するとともに，その対応策を検討する。なお，対応策の検討に当たっては，経営層（日本人）と管理職（ローカル）とが協働となるが，経営層（日本人）は意思決定，管理職（ローカル）は現場業務への適用可能性の確認・検証，および一般職（ローカル）への周知・トレーニングをメインに行う。　　　　（グローバル製薬業　EZ社）

第10　予算達成に取りつかれた子会社社長に潜む罠

グローバル製造業IK社の事例

　グローバル製造業IK社は，グループ業績が低迷する中，「事業の選択と集中」を掲げ，EU事業のテコ入れに乗り出した。EU事業本部長に，若手有望株oj氏が就き，各販売子会社の業績管理を徹底させた。

　中でもドイツ子会社は，売上も好調で毎期予算を達成している状況にあり，oj氏も他のEU事業管轄の子会社の社長に対して，ドイツ子会社を見倣い，業績を伸ばすよう毎月のように電子メールにて檄を飛ばしていた。

　しかしながら，2026/12期に行われたドイツ子会社に対する内部監査において，6年間に亘る売上高200億円（営業利益40億円）の架空売上，社長及び社長親族等による私的な経費使用等が発覚した。

　IK社の内部監査は，子会社の撤退の必要性や業績悪化の原因を瞬時に判断するため，業績悪化子会社を中心に循環で行われており，ドイツ子会社は業績が良いと認識していたため，実に10年ぶりの監査であった。また，IK社では子会社社長及び経理担当者を日本からセットで出向させているが，本件は両者が共謀で会計不正を行っていた。

EU地区（販売子会社の状況）			
	2023/12期	2024/12期	2025/12期
IKチェコ販社	×予算未達	×予算未達	×予算未達
IKフランス販社	×予算未達	×予算未達	○予算達成
IKドイツ販社	○予算達成	○予算達成	○予算達成
IKオランダ販社	×予算未達	○予算達成	×予算未達
IKイタリア販社	○予算達成	×予算未達	×予算未達
IKスペイン販社	×予算未達	×予算未達	×予算未達
IK北欧販社	○予算達成	×予算未達	×予算未達

IKイギリス販社	×予算未達	×予算未達	○予算達成
……			

出典：社内管理資料

❶ 会計不正の看過と問題点

　筆者らが依頼を受ける海外子会社の会計不正の調査において，日本人が不正を行っているケースは非常に多い。「日本人は悪さをしない」というのは，日本国内だけの神話に近いのであろう。

　日本の親会社では課長レベルの人間が，出向先の国では代表者に就任するため，一国一城の主になった気分で会社を私物化してしまう例や，また，アジアの某国では，プライベートも充実し，親会社からの帰任命令後，退職し定住してしまう例もある。

　本件は，業績管理やモニタリングの手法として，損益だけを管理していることに問題があり，在庫や債権債務を行っていなかった。また，子会社の会計システムを含む基幹システムは，親会社と異なりつながっておらず，四半期に一度バッチ処理されるのみで，親会社側でもタイムリーに資産及び負債の状況は把握できずにいたのである。

　さらに，内部監査が業績評価に引っ張られるあまり，業績が悪い子会社中心となっていた。筆者らの経験上，毎期予算達成している場合や毎期黒字化している場合等には，会計不正が行われるケースは意外と多い。業績が悪いと，多くの人がモニタリングを行い，会計不正を実行できる隙がないのではないか。

(1) 親会社による監視不足

　多くの日本企業の子会社政策は重要な経営戦略の一環であり，企業買収，事業再編，海外進出等による子会社数の増加と相俟って相対的に子

会社による不祥事も増加する可能性があるであろう。例えば，ある上場会社では，5年間で380社以上の子会社が増加しており，多くの日本企業が市場シェアの拡大，業容拡大等を狙い子会社数を増加させている。子会社数が急激に増加する中，子会社自体に会計不正を予防し発見する統制が欠如している場合，親会社の監視の目が行き届いていなければ子会社会計不正の発生を抑止できない。親会社から地理的に離れている海外子会社の場合や，親会社の本業事業とは異なる事業を展開している子会社の場合には特に顕著であり，親会社のコンプライアンスルールは十分に浸透せず，子会社独自の違法な商慣習やルールを許容してしまう場合が多い。親会社が子会社監査を実施しても，言語や法令の相違，企業文化や商慣習の相違を理解できずに会計不正の発生を看過してしまっている場合も多いようである。

(2) 人材不足

例えば，海外子会社を展開する場合に，本来ならば，現地の言語ができ，子会社の事業慣習，法規制及び財務内容を理解できる人材を親会社から送り込めれば，親会社の監視の目が行き届く可能性はある。また，欲を言えば当該人材を定期的にローテーションできれば，不正の抑止にもなる。そのような人材は希少であり，人事交流が滞りがちとなる。このような人事交流の停滞が不正に至るケースもある。

(3) 期待ギャップ

例えば，親会社マネジメントの期待を受けて子会社を買収・設立した場合，当該子会社の失敗は，親会社の経営戦略が否定される可能性がある。親会社からは誠実で信頼のおける人材がマネジメントとして送り込まれ，送り込まれた人材は，一国一城の主となる。このような状況において，仮に子会社の業績が期待とは異なる場合，子会社のマネジメントは果たして真実な報告ができるのか。また，親会社マネジメントは，ワーストシナリオを想定しているのか。このようなギャップが会計不正の発生・発覚を遅らせるという事例もある。なお，親会社マネジメント

の直轄である内部監査人が，子会社監査に赴いても子会社マネジメントの会計不正を指摘できる可能性は低いであろう。

このように，子会社会計不正の要因は，親会社で想定できる不正の要因とは異なった側面があり，その防止のために，適切な対策が必要である。

❷ 計画予算の作成方法の検証

計画予算の策定方法は，企業によってさまざまである。そのため，計画予算がどのように作成されたかを把握し，計画予算の数値の特性を理解しておく必要がある。

(1) トップダウン方式

- メリット：時間・コストが比較的少なくて済む。経営者の意思が反映されやすい。
- デメリット：目標設定が過大になる。現場の参加意識が芽生えにくい。

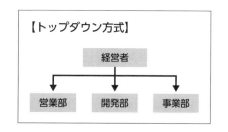

(2) ボトムアップ方式

- メリット：現場の特殊要因を把握しやすい。現場の参加意識が醸成できる可能性が高い。
- デメリット：目標設定が過少になる。時間・コストがかかる。経営者の意思が反映されにくい。

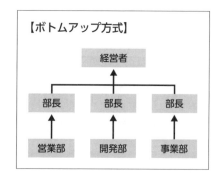

(3) 参加方式

> メリット：目標設定が適正になる可能性が高い。現場の参加意識が醸成できる可能性が高い。
> デメリット：時間・コストがかかる。議論がまとまらない可能性がある。

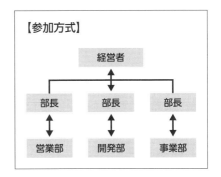

計画予算の数値は，通常，正常収益力に経営戦略の影響額を加えたものである。そのため，下記の事項を重点的に検証する必要がある。

正常収益力＝（過去実績－特殊要因）×需要動向

【売上高】
> 製品別・拠点別をどのような分類で行っているか。
> 需要動向の把握をどのように行っているか。

【売上原価】
> 製品別・拠点別をどのような分類で行っているか。
> 固変分解をどのように行っているか。
> 売上高に対応しているか。

【販売費及び一般管理費】
> 販売費及び一般管理費の区分はできているか。
> 固変分解をどのように行っているか。
> 恒常的でない費用が含まれていないか。

戦略の影響額＝達成確度×効果額

> 戦略の実施にあたって難易度，確度はどの程度か。
> 影響額の算定に誤りがないか。

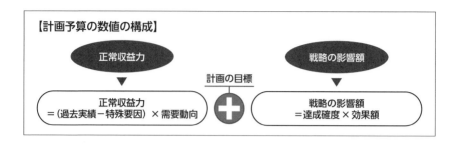

❸ 子会社にて会計不正が発覚した場合の対処方法

　会社組織を人間の身体に例えるならば，不祥事は身体に侵入した新種の「ウイルス」と言っても過言ではない。すなわち，子会社で会計不正が発覚した場合には，ウイルスの感染活動は本当に治まったのか，ウイルスの活動の痕跡の確認を行って，早期の点検と被害低減に取組む必要がある。

(1) 子会社の経営者の目線

　例えば，ある子会社のある支店・事業所で不正が発覚した場合，子会社の経営者は，必ず他の支店・事業所でも同様の不正が発生していないかを調査する必要がある。これは，子会社の経営者として当然の行為であり，不

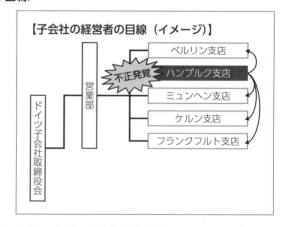

正が発覚した支店・事業所と同じ深度で調査を実施することで，自社の「ウイルス」が全滅したことを確認することとなる。

(2) 親会社の経営者の目線

　親会社の経営者としては，ある子会社のある支店・事業所で不正が発覚した場合，同一環境に置かれている他の子会社にも同様の不正が発生していないかを検討する必要がある。この場合，子会社だけに目を向けがちであるが，親会社においても同一環境にある部門・事業において，子会社不正と同じことが発生していないかを検証する必要がある。不正対策の確立の程度，内部監査の頻度，資産・売上高の規模を勘案して，濃淡をつけて調査を実施することで，「ウイルス」の転移，二次感染がないかを検証する。

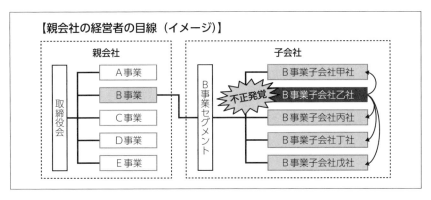

　また，経営のグローバリゼーションが叫ばれる昨今，親会社の目の届きにくい海外子会社では大小さまざまな不正が発生しており，海外子会社で発生した不正が時として連結財務諸表に重大な影響を及ぼすことがある。これは，特に海外展開する日本企業は，グループ子会社における不正対策の取組み状況について詳細を把握していないことが要因であると言われている。不正の調査だけでなく再発防止策として，米国，EU，中国，ASEANと事業展開しているならば，それぞれの国・地域の不正対策についてマニュアルを用意し，研修機会を設けることが望まれる。各国の法制度の特徴を踏まえた柔軟な不正対策が必要であり，日本の不正対応とは異なる外国法違反への不正対応のあり方を踏まえたリスク管理が望ましいであろう。

(3) 親会社の関与の有無

　親会社の株主の目線で考えると，親会社と傘下グループ会社は一体として対応することが求められるであろう。よって，子会社で発覚した不正に親会社が関与しているか否かを検証することは非常に重要である。特に当該不正に親会社の役員が関与したか否かを，取締役の監視義務のある監査役や社外役員を含む監査委員会が主体となり，株主の目線で再検証する必要がある。親会社の関与状況によっては，他の子会社も同様に「ウイルス」感染している可能性があり，その場合は「ウイルス」が全身に転移していることを意味し，役員の総退陣以外，手の施しようがないという事態に陥る可能性もあるであろう。

(4) 執行当局間の連携

　上述した事例の数々は，極端な事例かもしれないが，特にグローバルコンプライアンスという分野ではその必要性は顕著である。なぜならば，各国の執行当局が密室に連携しているからである。例えば，日本企業は，競争法違反に関し米国司法省（DOJ）に制裁を受けた米国外企業の中で，またEU競争当局（EC）に制裁を受けたEU外企業の中で最高の割合を占めている状況にある。

　海外展開する日本企業におけるコンプライアンス体制の脆弱性は，世界各国で指摘されている。日本企業が支社・事業所等の名目を問わず事業拠点が所在している国・地域，また当該拠点を通して又は通さずに事業活動を行っている国・地域に関しても，その全ての国・地域の不正対策をとるように努力する必要があるといえる。

　上場企業の海外を含めた子会社等の管理は，引続き経営上の課題であるといえる。なお，海外関係会社で不正が発覚した場合に備えて，すぐに対応できる手順を事前に整えておくことは重要であり，以下の点がポイントとなる。

- ▶ 文化，法令等の正しい理解
- ▶ 不正が発生した場合におけるリソース確保のための外部専門家との関係性の維持

▶ 電子データを含む証拠の入手方法の把握

子会社で発覚した不正・不祥事例

類 型	内 容
粉飾決算	子会社役員が主体となって，業績低迷の中，子会社の利益を確保するために，広告宣伝費の一部を資産に計上し先送りしていた。
資産の流用	子会社において，従業員が約7年間に亘り，3つのマンション管理組合の修繕積立金等を着服していたことが判明した。
粉飾決算	中国子会社の中国国内取引先との間の商品の販売等の取引に係る売上債権の回収可能性に疑義があったが，業績を下方修正することを回避するため，貸倒引当金の計上は行っていなかった。
情報漏洩	国内の金融子会社は，氏名や保険の証券番号が記載された約15,000人分の帳票を紛失したと発表した。顧客情報の不正使用は確認していないが社内規程の保管期限の前に誤って廃棄された可能性が高いとしている。
製品の不実記載	海外子会社において，パキスタンにおける「ハラール認証」の登録申請を行った旨及び製品販売を開始する予定である旨を公表したが，実際には当該認証の許可を受けておらず，製品の不実記載である点をパキスタン政府から指摘された。
粉飾決算	子会社の従業員が架空在庫の作出及び在庫の循環取引等を行っており，約60億円の損害を会社に与えた。
データの改竄	子会社が製造，出荷した建築物用の免震ゴムの一部で，建物の揺れを抑える性能が基準を満たしていない製品が発覚した。担当者が試験数値を改竄し，基準をクリアしており，国土交通省は免震ゴムの認定を取消した。
不正競争防止法違反	親会社の事業に関する情報を不正に得たとして，不正競争防止法違反（営業秘密の取得）の疑いで，子会社役員が逮捕された。
資産の流用	子会社の従業員は同社でイベント企画などを担当していた約8年間，クレジットカード会社に総額約30億円の商品券を無断で発注し，約2億円を着服していた。

粉飾決算	子会社の決算期末直前に実施した40百万円のソフトウェア販売において，当該販売に係る仲介業者には役務提供の実態がなく，また，同社が受領した販売代金から仲介業者へ支払った手数料の大半が販売先へ即日還流させる還流取引を行っていた。
粉飾決算	子会社は，工事進行基準に係る売上高を早期に計上するために，下請業者に対して，実際の作業が完了していない段階で「出来高明細書」，「検収書」を発行してもらっていた。

出典：公表事例を一部加工修正

第11 SNSに取りつかれたベンチャー社長に潜む罠

起業して間もない人々が，稀に陥ってしまう失敗事例を紹介する。
一部の起業家は，実績が乏しいため，「実績は乏しいが，自分たちは

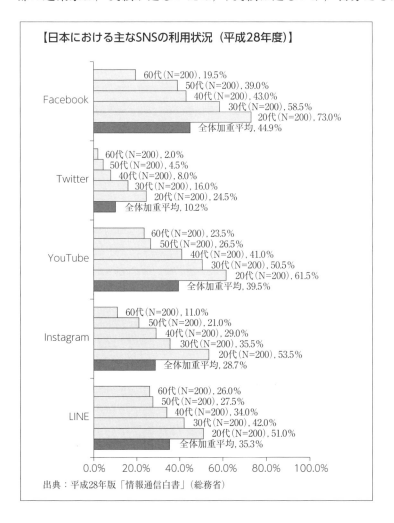

すごいんだぞ」という雰囲気を広く大衆に宣伝しようと画策する。しかも，設立資金が乏しい場合は，SNSやブログなどでの発信が，安くて手軽である。例えば，異業種交流会，国際的社会奉仕連合団体，ビジネスリファーラル組織，起業家パーティー等への参加を通じて，こんな人脈を持っている，こんな高級飲食店を知っているなど，セレブ自慢の如く振舞う宣伝を行ってしまう。

物品レンタル業OM社の事例

　ある物品のレンタル事業につき，今後の成長に目を付けたms氏は，グループ内ベンチャー制度を利用して応募したところ，2年後に黒字化を前提に社内で承認され，子会社として設立し代表取締役として就任した。同事業は数年前から国内でサービスとして定着しつつあり，産業障壁も低い状態で今後如何にして市場占有率を上げていくのが課題であると認識されていた。物品のレンタル料は，ms氏の意向により同業他社に先駆け無料とし，消耗品を有料とすることで投資を回収できるとの判断のもと，業務を開始した。

　なお，同社のビジネスフローは次のとおりである。

- 物品の仕入先：海外（国内に当該物品の製造会社はない）
- 物品のレンタル料：無料（大手同業他社に対抗）
- 消耗品：有料
- 物品の修理・メンテナンス：国内外注先

　若い頃から自己顕示欲が強いms氏は，SNSを活用し人脈を広げることで売上増加を目論んでいた。親会社からのモニタリングに対してもSNSの友達承認数と売上高増加の関係性を強調し，黒字化できることを疑わせなかった。

　しかし，相次ぐ輸入物品の故障によるメンテナンスコストの増加，多額の交際費及び広告宣伝費がネックとなり，2年が経過し一向に黒字化ができずにいた。同時に，事業の撤退を議論しはじめたころ，数ヵ月間黒字化が実現し，事業の撤退を1年延長することになった。

　さらに1年後，ms氏による売上過大計上による粉飾決算，及び売上

代金の入金が明るみになった。ms氏によると，事業継続を願うあまり，個人カードで及び実家の土地建物を担保に多額の借金をし，自身の口座から他社からの入金があったように偽装していた。

....

　非常に残念なのは，このような活動が多少売上に貢献してしまうことである。これが転落の第一歩で，「こういうことをもっとやれば売上はより増加する。」と勘違いして，SNSに取りつかれ，依存してしまうことになる。また，このころに悪徳SEO対策業者に出会い，その対策と称して資金を投じてしまい，事業の継続を断念したという元起業家を，筆者らは何人も知っている。

Web検索で上位に表示されることが，本当に自身のビジネスの売上に直結するか，よく考えてから実行に移すべきである。

　どの業種にも例外なく，取引予定先の意思決定権者に宣伝することが，売上を増加させる最短ルートである。日本における主なSNSの利用状況を年代別にみると，20代がピークで後は年代別に減少が顕著である。起業家の業とするモノやサービスがこの年代に宣伝することで，どの位売上が増加するのであろうか。よく考えて活用すべきであろう。SNSにてWebページを運用していると，とかく「もっとアクセスが増えれば……」と思いがちだが，いくらアクセスが増えても成約しなければビジネスとしては意味がないのであろう。

【OM社の月次損益】

月次要約損益計算書	2024/4	2024/5	2024/6	2024/7	2024/8	2024/9	2024/10	2024/11	2024/12	2025/1	2025/2	2025/3	年間 2024/3期
売上高	6,650	5,846	31,962	22,749	37,116	6,073	6,357	5,596	6,731	14,901	9,137	10,119	163,237
売上原価	4,427	3,010	18,829	32,128	16,692	2,876	4,642	3,830	4,354	4,733	5,012	6,230	106,761
売上総損益	2,223	2,836	13,132	▲9,379	20,424	3,198	1,715	1,767	2,378	10,169	4,125	3,889	56,476
販売費及び一般管理費	15,579	10,611	13,719	15,907	14,554	11,541	8,229	10,445	12,098	9,655	9,234	10,435	142,007
営業損益	▲13,355	▲7,775	▲587	▲25,286	5,871	▲8,343	▲6,514	▲8,678	▲9,720	514	▲5,110	▲6,546	▲85,531

月次要約損益計算書	2025/4	2025/5	2025/6	2025/7	2025/8	2025/9	2025/10	2025/11	2025/12	2026/1	2026/2	2026/3	年間 2024/3期
売上高	13,434	7,467	11,614	14,382	15,026	33,265	21,643	14,962	15,652	13,437	12,888	11,651	185,419
売上原価	4,603	4,197	2,188	5,585	5,891	19,357	8,778	5,746	5,901	6,265	4,678	5,293	78,482
売上総損益	8,831	3,270	9,426	8,796	9,135	13,909	12,865	9,216	9,751	7,172	8,209	6,358	106,938
販売費及び一般管理費	8,974	11,136	13,489	11,704	11,595	13,739	11,980	11,192	11,214	13,622	14,798	14,252	147,695
営業損益	▲143	▲7,866	▲4,063	▲2,907	▲2,459	169	885	▲1,977	▲1,463	▲6,451	▲6,589	▲7,894	▲40,757

月次要約損益計算書	2026/4	2026/5	2026/6	2026/7	2026/8	2026/9	2026/10	2026/11	2026/12	2027/1	2027/2	2027/3	年間 2024/3期
売上高	13,231	13,102	20,809	14,182	14,206	17,369	13,577	14,383	12,061	11,863	13,363	12,990	171,135
売上原価	5,155	5,082	5,422	4,552	4,834	6,637	6,302	6,835	6,933	6,454	6,487	7,628	72,321
売上総損益	8,076	8,021	15,387	9,630	9,372	10,731	7,275	7,548	5,128	5,409	6,876	5,362	98,814
販売費及び一般管理費	9,661	9,582	10,357	9,219	9,127	12,394	11,868	10,574	11,178	11,533	11,142	11,234	127,870
営業損益	▲1,586	▲1,561	5,031	411	245	▲1,663	▲4,593	▲3,026	▲6,050	▲6,124	▲4,267	▲5,873	▲29,056

出典：OM社の管理会計

❶ OM社のビジネスモデルの検討

　ms氏の自己顕示欲は別として，本事例のような物品レンタル業の場合，①レンタルする物品（ハード）が，ほぼメンテナンスコストを掛けることなく耐用年数以上に使用できる，②減価償却終了後も中古品として販売できる，の2点を最低限確保できなければ，多くの場合は，ビジネスとして成り立たないであろう。資金力のある競合他社と低価格競争をしてしまうと，本事例のように，すぐに資金繰りが悪化し，自分の首を自分で絞めてしまう結果となる。物品を無償でレンタルする場合，物品への投資額が回収できるまでに相当な期間掛かるであろう。

簡単にいうと，営業損失とはビジネスを続ければ続けるほど損失が拡大する状態を意味する。OM社では，会計不正を見抜けずに，事業の撤退を1年延長してしまったことで，更に損失を拡大させてしまった。このような状況の場合，事業を即止めることが一番の利益である。

❷ 会計不正の手口（振込人名の偽装）

本事例のような振込人名の偽装はよく利用される手口である。例えば，営業担当者が，得意先からの売上金を横領して

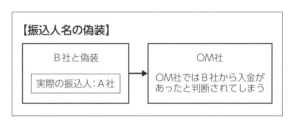

しまい，売上債権が長期間入金されない場合，不正が発覚してしまう結果となる。これを偽装するために，しばしば振込人名を偽装して売上金の入金を偽装するのである。すなわち，取引口座の名義と異なる名称で振込みをすることが可能なのである。執筆時現在，某銀行の回答によると，次のとおりである。

- インターネット・モバイルバンキング：画面上の操作により振込人名を変更することができる。
- テレフォンバンキング：オペレーターサービスを利用すれば変更が可能であるが，自動音声サービスでは振込人名を変更できない。
- ATM：画面上の操作により振込人名を変更することができる。
- 窓口の場合：振込依頼書の依頼人名欄に希望の名義を記入することで変更が可能である。ただし，来店者と異なる名義で10万円超の現金振込をする場合，来店者及び振込依頼人の本人確認書類が必要である。

また，ネットバンキングの送金番号入力欄に多数の文字を入力すると，通帳記帳時には口座の名義人まで表示されないことがあり，外部からの

入金を行う際に，特定のネットバンキングの口座を用い，送金の際に，入力文字が多くなるように取引先名を入力することで偽装もできる。

❸ リース・レンタル等の主な違い

読者の理解のために，リースやレンタル等の相違を取り纏めておくので，参考にして頂きたい。

項　目	リース	レンタル	割賦購入
対象物件	ユーザ指定の任意の物件	レンタル会社の在庫内の物件	ユーザ指定の任意の物件
物件の所有権	リース会社	レンタル会社	代金完済時に買主に移転
契約期間	比較的長期	比較的短期	自由設定（通常5年以内）
中途解約	原則不可（違約金発生）	原則可能	原則不可（繰上返済で可）
保守・修繕義務	ユーザ	レンタル会社	買主
保守・修理・除却費用	ユーザー負担	レンタル会社負担	ユーザー負担
瑕疵担保責任	ユーザ	レンタル会社	売主
危険負担	ユーザ	レンタル会社	買主
固定資産税・動産保険	リース会社負担	レンタル会社負担	ユーザー負担
契約期間終了後	返還又は再リース	返還	買主に所有権移転
会計処理等	オンバランス（資産計上）	オフバランス（経費処理）	オンバランス（資産計上）

出典：松澤綜合会計事務所プレゼンテーション資料
注：リースはファイナンスリースを想定している。

近年のベンチャー企業の会計不正例

(ケース1)
　役員が主導し，組織ぐるみで売上の先行計上，営業費用の繰延べ，非上場株式評価損の不計上などの会計不正を行った。

(ケース2)
　従業員が入荷データ及び在庫データを改竄し，約350百万円相当の商品を他社へ転売していた。

❹ 真の成長企業を見抜く

　投資家の目線で考えると，永続的な繁栄のためには多額の投資を必要とせず，「一貫して」成長しているかが非常に重要となるであろう。一貫して負債が低く，一貫して収益を上げ続けているかが非常に重要であるため，そのような観点で財務報告等を複数年に亘り分析する必要がある。日本人は売上高至上主義の傾向が特に強く，売上高の成長が優良企業であると勘違いし会計不正を見抜けない傾向が強い。すなわち，真の成長企業とは，

- 永続的競争優位性をもつ企業は高い粗利益率を示す傾向がある（粗利益率が低い企業の多くは良い投資先ではない）
- 販売費及び一般管理費は一貫して低い（固定費をきちんとコントロールできている）
- 営業利益に占める支払利息の比率は企業の危機レベルを示している（突然の資金ショートの可能性が高い）
- 純利益が右肩上がりである
- 売上債権の回転期間が同業他社に比して短い
- 財務報告等に計上されない無形資産が評価できる
- 自己株式を取得している

> 資本的支出[2]が低い　など

─ 企業担当者の対応状況❹ ───────────────────

　ベンチャーとは急成長を期待されたビジネスであり，どんなに長くても3年程度で黒字化して成長できなければ，あるいは3年目以降も開発を継続でき黒字化するまでの資金を確保できなければ，事業継続が困難になる。どんな高邁な社会的使命があると自分では思っても，それを果たすどころかベンチャー自体の退場をよぎなくされるであろう。
　　　　　　　　　　　　　　　　　（ベンチャーキャピタル業　代表取締役）

　創業初期に出来る限り顧客の切実なニーズを徹底的に把握し，市場性の確認，検証を十分行ってサービスの企画を徹底的に詰めることが大前提である。
　「なるほどそれなら成長できるはずだ」と人が聞いて十分納得し他の人にも説明できる程度でなければ，ベンチャーとして成立しないし，創業のリスクが大きすぎるのではないか。
　　　　　　　　　　　　　　　　　　　　　　（ベンチャー企業　代表取締役）

　事業なので，市場動向の読違い，環境変化は日常茶飯事であり，それに対応するのが社長の仕事である。取締役会で徹底的に議論し，思い切って方向修正する。方向修正により成功するビジネスモデルを確立できれば，会社は継続できると思っている。
　　　　　　　　　　　　　　　　（ベンチャー企業　CEO兼経営企画本部長）

---

2) 資本的支出とは，会計上，固定資産の使用可能期間を延長させたり，価値を高めたりする支出のことであり，資本的支出にあたる金額は，ひとつの減価償却資産として償却することになる。

MECEとは

　MECE (Mutually Exclusive and Collectively Exhaustive) とは，「相互に排他的な項目」による「完全な全体集合」を意味する言葉である。事業計画策定時などに，ロジカルシンキングの一手法として用いられる。筆者らも，効果的に不正調査を実施するための訓練に利用する重要な思考である。

（思考できない人の例）
- 議論が混乱し感情的なやり取りも始まった場合，課題ごとに切分け，一つ一つの結論を出していくことが苦手である。
- 結論を出したことに対して誰かが蒸返しても，蒸返されているのか，次の課題の議論をしているのか自信がなく，そのまま話の脱線を許してしまう。
- 人事制度上の問題点，個人の資質上の問題点，組織風土上の問題点など，微妙で相互にからみあった課題に関して，どれとどれが重なっているのか単独なのか，整理して考えられない。
- メンバーの混乱気味の話を聞いて，うまく整理するどころか，混乱をより助長するコメントをしてしまう。
- 自社のターゲット市場がどこか，市場の全体像の中での位置づけはどこか，顧客セグメンテーションがどう分かれ，セグメンテーションのどの部分がどういう理由で重なっているのかなどについて，通り一遍の説明はできるが，追加質問されると自分でも頭が混乱し，説明の辻褄が合わなくなってしまう。　など

（訓練方法）
- 2つ以上の事象のうち，どこが共通でどこが共通ではないか，常に考える癖をつける。
- 議論している物事，事象，概念の全体像は何か，どういう相互関係か，常に考え，図示して説明する。
- メンバーの話を聞きながら，論点を整理してあげる。
- フレームワーク，ロジックツリーなどにより物事を整理する練習を繰返す。必要に応じてチャートに描いて整理する。

第12 パソコンの転売を日常化した子会社役員に潜む罠

コールセンター業GCG社の事例

　金融機関の子会社でコールセンター業を営むGCG社の役員er氏（親会社から派遣された役員）は，自らが会社のシステム関連資産購入に最終的な決済権限を持っていたことを利用し，取引先と共謀し「システム構築費用一式」などの名目で約7年に亘り約30回も決裁書や請求書を偽装した。実際には，コールセンター新設のために必要なパソコンを多数仕入れ，そのうち2,700台のパソコンを横流しし，10億円相当の資金を着服していた。

　請求書の一部は，業務に使用していた会社貸与のパソコンにより作成し，実在する下請業者の社名ゴム印と社印を印鑑店で購入していた。

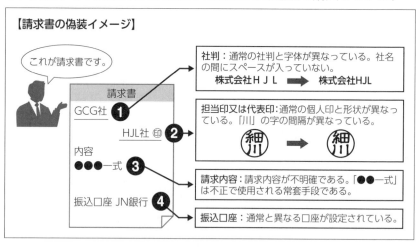

　筆者らも，毎年のように出会う不正の手口である。適切な管理（請求書のチェック，相互牽制及びジョブローテーション等）が行われていれば防げるタイプが多い会計不正であるものの，取引先と共謀されると，早

期の発見が困難であろう。

　横領の手口は，経費の着服や架空請求などのオーソドックスなものから，会社の備品，販促用金券の換金などさまざまであり，億単位の横領は決して珍しくはない。

犯罪の概要

(1) 横領罪

　横領罪は，自己が占有する他人の物を横領することにより成立する（刑法252条1項）。法定刑は5年以下の懲役であり，窃盗や詐欺より軽い犯罪となっている。

(2) 業務上横領罪

　業務上横領罪は，業務として占有している他人の物を横領する場合に成立する（刑法253条）。法定刑は，10年以下の懲役となっている。

(3) 背任罪

　背任罪は，他人の事務処理者が自己若しくは第三者の利益を図り，または本人に損害を加える目的で任務違背の行為を行った場合に成立する犯罪である（刑法247条）。法定刑は，5年以下の懲役又は50万円以下の罰金となっている。

(4) 特別背任罪

　さらに，会社の取締役や支配人等の場合は，会社法による特別背任罪の対象となり，10年以下の懲役若しくは1,000万円以下の罰金となる（会社法960条）。

　背任罪・特別背任罪が成立するには，自己の利益は必ずしも財産的な利益に限られず，自己保身等非財産的な利益も含まれると解されている。

業務上横領の認知件数は近年，1,000件程度で推移している。ただ，検挙した後，公判請求される事案は700件ほどにとどまる。財産犯の中でも告訴が必要とされる業務上横領は企業が世間体を気にして表沙汰にするケースは少ないと考えられる。

❷ 役職員等の横領等がある場合の税務問題

役職員等が横領等の不正行為（以下，横領行為等）により利得を得ている場合，課税関係が問題になることが多いため，本節では，執筆時現在の税務上の取扱いを一部紹介する。参考にして頂きたい。なお，課税関係の検討は，以下のとおり行われることが多い。

(1) 横領行為等の発生の有無

役職員等の不正行為者が当該法人の事業とは無関係に純然たる私的な行為により利得を獲得したものか否かが重要なポイントとなる。利得の原因が法人の事業に基づくものではない場合には，不正行為者の収入と位置付けられるものであり，利得は役職員等に帰属するものと判断されるであろう。この場合，一般的に役職員等に所得税が課されることとなるが，法人は横領等の事実はなく，当該利得は法人とは無関係なもので

あるので課税関係は生じない。

(2) 横領行為等を隠蔽した事実

重加算税の賦課に関しては，横領行為等のもとになった取引等が帳簿等に計上されず，申告額が過少となっている場合，課税標準や税額の計算の基礎となるべき事実について隠蔽や仮装経理の事実が認められれば重加算税が賦課されるリスクが高い。

(3) 損害賠償請求権の確定の有無

不正行為者が獲得した利得の原因が法人の事業に基づくものと認められる場合，すなわち客観的に横領行為等を実行した役職員等の権限の範囲内とみなされる場合，法人にとっては本来得ることができた利得を逸失し，又は過大な費用を要したこととなり，横領行為等による損失が発生するだけではなく，不正行為者に対する損害賠償請求権が発生する。そして，発生した損害賠償請求権が権利として確定したものであれば，これを益金に計上することとなる。

取締役が行った他社の簿外資金捻出の協力行為に対する対価等が法人に帰属するとした事例

岡山地裁平成19年5月22日判決

東京営業所の統括責任者であるT取締役が，他社DX社の簿外資金捻出に協力し，見返りとして架空売上の一部を協力金として受領した裏金捻出のためのルート（Dルート）に係る原告（法人）と被告（税務署）の主な主張は，

- ➤ 法人側：取締役th氏が個人的に金員（協力金）を得るために代表者等に無断で実行したもので，当該法人は全く関与していないなどとして当該取締役に帰属するとの観点から主張
- ➤ 税務署側：金員（協力金）の受領を含めた一連の行為は当該法人の行為と同視できるとして法人に帰属するとの主張

であり，本判決は，横領行為等が組織的に行われたと評価し，本件協力金は原告である会社に帰属すると認めるのが相当とした。

上記の控訴審である広島高裁岡山支部平成20年1月31日判決

第1審を維持し，控訴を棄却している。

従業員が受領したリベートが当該従業員に帰属するとした事例

仙台地裁平成24年2月29日判決

旅館業等を営む法人H社の従業員である料理長jo氏が食材の製造業者から受領したリベートを会社の収益に計上せず，また，当該料理長自身の収入にも計上していなかった。原告（法人）と被告（税務署）の主な主張は，

- ▶ 法人側：当該行為者の権限の内容，リベート授受の態様等から法人には帰属しない
- ▶ 税務署側：リベート授受は当該法人の行為と同視できるとして法人に帰属する

であり，料理長等は「個人としての法的地位」に基づき本件手数料を受取ったものと認められることから「本件手数料に係る収益は原告に帰属するものとは認められない」と判示した。

取締役による横領があった場合で，その者の行為が法人の行為と認められると判断された事例

広島高裁平成26年1月29日判決

代表権を有しない取締役であったK常務が，控訴人千葉支店の業務として，架空取引を行い，架空外注費及び架空売上が計上された事例である。法人内部において相応の地位と権限を有する者が，その権限に基づき，法人の業務として行った仮装行為であって，全体として，納税者たる法人の行為と評価できるものについては，納税者自身が行った行為と同視され，国税通則法68条1項の重加算税の対象となるものと解するのが相当であると判示した。

> **従業員による横領があった場合で，その者の行為が法人の行為と認められると判断された事例**
>
> **最高裁平成24年11月2日判決**
> 　第1審原告であるGX社の従業員取締役である乙氏が，BB商会の名義を用い，仕入金額の水増し，売上等の隠蔽を実行していた事例である。乙氏は，大阪支店支店長として，乙氏の指示を受けた大阪支店の従業員は，GX社の従業員として，仕入先や売上先と交渉し，商談がまとまれば，請求書等の宛名をBB商会として大阪支店に送付するよう依頼し，仕入先等は，取引の相手方はGX社大阪支店であると認識しながら，上記依頼に応じていたことが認められ，これらの事実に鑑みれば，本件取引は，いずれも乙氏らがGX社大阪支店長ないし従業員として行ったことは明らかであり，取引の法律上の効果はGX社に帰属するというべきであると判示した。

❸ 横領行為等に係る損害賠償金の計上時期

　例えば，役職員等の横領行為等が発覚し，当該損害賠償金の益金算入時期は，①同時両建説，②異時両建説，③損失確定説のいずれの立場によるべきか，また損害額と損害賠償請求額に差額がある場合の税務処理はどのようになるかという論点が存在する。

　私法上の考え方によると損害賠償金の益金計上時期については，同時両建説（昭和43年10月17日最高裁判決[3]）が取られていると解される。法人が，横領行為等により損害を受けた場合には，私法上，その損害の発生と同時に損害賠償請求権を取得するため，法人税法上，被った損害に係る損失は，その損害が生じた事業年度における損金（同法22条3項3号）を構成し，取得した損害賠償請求権は，損害が生じた事業年度における益金（同法22条2項）を構成する。

---

3) 法人の代表取締役兼会計担当役員の横領行為によって生じた損失とこれに対する損害賠償請求権の計上時期が争われた事例

一方，課税実務上は，異時両建説（昭和54年10月30日東京高裁判決[4]）による処理が認められており，原則として，その支払いを受けるべきことが確定した時の収益とし，被った損害に係る損失がその損害の発生した時点で損金算入され，切離しての損害賠償金の処理を行なうことが認められている。また，法人税法基本通達2－1－43では現金主義による損害賠償金の益金計上もできる取扱いが示されている。

> **法人税基本通達2－1－43（損害賠償金等の帰属の時期）**
> 　他の者から支払を受ける損害賠償金（債務の履行遅滞による損害金を含む。以下2－1－43において同じ。）の額は，その支払を受けるべきことが確定した日の属する事業年度の益金の額に算入するのであるが，法人がその損害賠償金の額について実際に支払を受けた日の属する事業年度の益金の額に算入している場合には，これを認める。

また，役職員等の横領行為等により生じた損害賠償金の場合は，同時両建説による処理をすることが予定されている（平成21年2月18日東京高裁判決）。上記の法人税法基本通達2－1－43は「他の者から支払を受ける」損害賠償金に限定しており，法人の役職員等から受ける損害賠償金には当てはまらないと解されるためである。なお，同時両建説によった場合，役職員等の無資力により，結果として損害賠償金を回収できないことがあり，その場合には貸倒損失の問題として，回収できないことが明らかとなった時点で損金算入することになる。

---

[4] 不動産売買に係る詐欺被害につき，被害にあった手付金相当額を損金の額に算入して確定申告したところ，税務署は同時両建説の立場から損失のみを計上することは許されないとして損金算入を否認する更正処分をしたところ納税者が処分の取消しを求めて訴訟を提起したものである。

役職員等が横領行為等から得た利得とその課税処理

　役職員等が横領行為等により利得を得ていた場合，その税務処理としては以下の三つのケースがある。
　　Ⓐ不正行為を行った者に対する給与と認定される
　　Ⓑ不正行為を行った者に対する貸付金と認定される
　　Ⓒ不正行為を行った者に対する損害賠償請求権の取得とされる
　Ａの考え方は，横領行為等が法人の行為と認められるもので，給与支出の外形を有しない所得であっても，特段の事情のない限り，実質的にその者がその地位及び権限に対して受けた給与であると推認することが許されるとの考えによるものである。
　Ｂの考え方は，役員等に対する給与の認定に代えて，その役員等に対する貸付金とすることであり，そのような法人の意思が認められてのものであると考えられる。
　Ｃの考え方は，「役員等による売上除外による簿外資金の捻出という行為が，売上除外をした役員ら行為者の個人的行為であって，法人としての行為とは認められない場合の処理」とされている。
　最終的にどのように税務上取扱われるかは，法人の意向も影響するだけでなく，法人が脱税目的で行った行為なのか，個人的な横領行為等を隠蔽するための行為であるのかを判別するのが困難である。例えば，横領行為等の隠蔽のために収入の圧縮や架空計上等が行われた場合，外形的には法人自身がなした脱税行為と識別がつかないため，例外的取扱いを認めると徴税事務に著しい支障を生じるためであると解されている。

役員が横領行為等により得た利得を役員賞与と認定した事例

大阪高裁平成15年8月27日判決

　社会福祉法人の理事長が，当該社会福祉法人の金銭を横領したことが，地方自治体の特別行政監査により発覚し，その後行われた税務調査により，課税庁では，当該横領による経済的利得を社会福祉法人から理事長に対する給与（賞与）と認定し，社会福祉法人に源泉徴収義務を課した

ことについて争われた。原告（法人）と被告（税務署）の主な主張は，
- 法人側：金銭の移動は，横領者が原告から本件金銭を横領した行為によるものであり，原告が理事長に賞与を支払ったものとは到底いえない
- 税務署側：横領者は，原告の理事長として，原告の資産に対する全面的な支配権を有していた上，本件金銭は，原告の事業活動によって得たものであることが明らかであり，横領者が原告の理事ないし理事長として勤務してきたこと以外に本件金員を得る理由がない

であり，横領者の社会福祉法人における地位，権限，実質的に有していた全面的な支配権に照らせば，本件金銭の移動は，同協会の意思に基づくものであって，社会福祉法人が横領者に対し，経済的な利得を与えたものとみるのが相当である。なお，横領者に不正に取得する意図や不正な行為があったとしても，上記認定判断を左右するものではない。そして，本件金員は，定期的に定額が支払われたものではなく臨時的な給付であるといえるから，給与所得のうちの賞与に該当するものと解するのが相当である。

第3章

会計不正の調査と対応

近年,上場会社では,粉飾決算を含む会計不正等が発覚し,弁護士・公認会計士等の外部の専門家や有識者を構成員とする第三者委員会を組成し,当該委員会による調査結果を対外的に公表するという実務的対応が定着しつつある。このような不正への対応は,本来,企業自身の問題であり,企業自身が主体的に解決しなければならない課題であるのは言うまでもない。

適切な第三者委員会組成の目的は,本来,委員の対象企業からの独立性が調査内容の信頼性及び客観性を保証し,かつ委員の有する専門性が,調査内容の正確性を確保するということになる。

「第三者委員」の素養

「不正調査ガイドライン[1)]」によれば,調査委員を選任する際に,①不正調査業務の目的適合性,②独立性の検討,③依頼者との関係性の検討,④調査人の能力とリソースの検討,⑤役割と責任の検討,⑥調査対象者等の協力の有無を検討すべきであると記載されている。特に第三者委員と称さなければならないとなれば厳格に遵守すべきである。近年調査委員会を組成する実務が定着しつつあるが,非常に悲しいことに,火事場泥棒の如く,不良な調査委員が存在することもまた事実である。筆者らが,不正発覚企業から実際に相談を受けた不良な調査委員の一例は,次のとおりである。

- 不正調査業務の経験が豊富と聞いていたのに,調査を実施するのに試行錯誤していた。また,調査人のほとんどが未経験であることが判明した。
- 調査委員は過去に所属協会や団体から処分されていたため,株主から調査の適切性が疑問視された。
- 不正発見にコミットして調査を開始したが,結局何も見つからなかった。

---

1) 経営研究調査会研究報告第51号「不正調査ガイドライン」(平成25年9月4日日本公認会計士協会)

- 徹底的に調査をしたと言っていたが，翌年別のグループ会社で類似の不正が発覚した。なお，そのグループ会社が調査対象外となった理由の説明はなかった。
- 捜査当局出身者であったが，自社のビジネスの理解や会計監査実務は全く素人であり，理解をして貰えず，不必要な会計処理の修正を余儀なくされた。
- 高額な報酬の代わりに，経営者に不利益が及ばないように，調査対象範囲を限定していた。
- 不必要な調査対象者に対して，証拠保全やメールレビューと称して調査を実施し，高額な報酬を請求された。
- 調査の過程で発覚した不正事実を揉み消したことが，調査終了後に発覚した。
- 調査委員自身のレピュテーションリスクを避けるために意図的に不正調査の範囲を限定した。
- 調査対象資料を紛失した。
- 会計処理を指南・工作していた会計コンサルタント会社の人間が第三者委員と称して調査を開始した。
- 公表していない事象（不正実行者，調査委員しか知らない事実）につき，講演と称して大衆に話していた。　など

なお，本ガイドラインの趣旨は，不良な調査を実施してしまう虞がある場合や不良な調査委員等は，「業務受嘱の辞退を判断する必要がある。」とのことであり，遵守されていれば不良な調査委員は存在しないことになるはずである。

　厳しい経済環境の中，会計不正などが自社グループ内で発生するリスクや対応に関して不安と危機感を募らせている企業も多いであろう。しかしながら，会計不正は不可避であり，企業が行うべきは，できる限りその発生リスクを軽減し，不幸にも発生した場合には速やかに実態の全貌を解明し，適切な開示を行い，効果的な不正防止策を策定・実施することである。

会計不正発覚企業の失敗事例 1

(ケース1)
　不正が発覚したQA社は，社会的責任を果たすために第三者委員会を設置し，調査を依頼した。提出された報告書を見ると，発覚した不正の違法性が延々と検討され，論じられているのみであった。調査報告書が公表された後，発覚した不正と同様の不正が発見されてしまった。当該委員は不正調査の方法を知らなかったのではないか。

(ケース2)
　会計不正が発覚した上場会社である丙社の第三者委員会の委員であるua氏は，過去に規制当局に勤務しており，多数の粉飾決算の調査に関与していたものの丙社の会計慣行の知識及び会計監査の経験が乏しかったため，丙社の会計慣行にない会計処理の修正を丙社に促した。

(ケース3)
　不正の兆候を発見した乙社は，その真偽を確かめるために外部のリスクコンサルタントに不正調査を依頼した。提出された報告書を見ると，内部統制の不備や欠陥，エンタープライズリスク（ERM）の高低の指摘がなされているのみであった。もちろん，乙社はそのようなことを依頼したわけではなく，当該コンサルタントに不正調査の経験がなかったためである。数年後，不正が発覚したが，当時有効な不正調査を実施していれば，損害額が3分の1に抑えられていた可能性があり，当該コンサルタントへ支払った報酬も含めて高い勉強代となった。

(ケース4)
　不正が発覚した上場会社のGG社は，情報管理の観点からという名目で不正調査人から不正調査の工程を開示されなかった。結局，予想以上に時間が掛かるという不正調査人からの発言に，適時開示を延期することになった。後日，不正調査に時間が掛かった理由は，重要でない関与者の大量の電子メールを読み込んでいたためであり，適時開示ができな

かっただけではなく，無駄な報酬を支払うはめになった。
　他の不正調査の専門家によると適切に業務配分をしていれば時間が掛かるはずはないと言われてしまった。

(ケース5)
　関係者だけのヒアリングのみをもって不正調査の結果を結論付けてしまい，内部調査が不十分であることをステークホルダーに指摘された丁社は，第三者委員会による外部調査を再実施することになった。第三者委員の不正調査人は，内部調査で対象とした関係者の人数を増加したのみで，結局ヒアリングのみをもって，不正調査の結果を結論付けた。第三者委員は不正調査の経験が乏しく，第三者委員の調査内容の適切性が疑問視された。

(ケース6)
　不正調査人X氏は，容疑者の行動記録を分析するために，容疑者が会社から貸与されたPCの内部のデータを取得し，調査した。数年後，当該容疑者の別の不正が発覚し，別の不正調査人Y氏が調査を実施した。サーバ内に不正調査人X氏が調査したものとは別の事実が保管されていた。当時の不正調査人の調査が不良であったことは言うまでもない。

(ケース7)
　経営者不正が発覚したIT産業の庚社は，第三者委員の調査を受けた。第三者委員から受領した調査報告書の中の「再発防止のための是正措置の提言」には，「内部統制を強化する必要」と記載されていた。経営者不正はマネジメントオーバーライド（Management override）とも呼ばれ，内部統制の限界（内部統制では防げない）として知られている。
　不正発覚企業の第三者委員会の委員を務めた公認会計士au氏は，自身が実施した不正調査の裏話をこの場限りと言って研究会で説明をしてしまった。当然のことながら，クライアントとの守秘義務違反である。

第1 初動調査が重要

初動調査は，内部通報ホットラインや内部監査等により不正の兆候を察知した場合にその内容を評価し，対応方針を決定するとともに必要な緊急対応の実施を目的とした調査である。初動調査は機動的かつ慎重に実施する必要があり，ここで失敗すると後の調査に大きく影響するため以下の点に留意する必要がある。

電子データ収集のヒント
- 企業のIT統制を理解し，電子データがどのように保存されているかを確認する。
- PCだけではなく，周辺機器にも注目して収集する。
- 不用意に機器の電源をいれない・むやみに触らない。
- 必ずコピーをして調査を実施する。
など

▶ 調査の機密性の確保（調査メンバーの限定，内部通報者の身分の保護）

▶ 指揮命令及び意思決定の方法（経営者不正の可能性がある場合についても考慮する）

▶ 証拠の保全方法

▶ 今後の情報収集方法の検討　など

【会計不正発覚時のクライシスマネジメント】

Step 1 初動調査	Step 2 実態調査	Step 3 是正措置の策定	Step 4 ステークホルダーへの対応	Step 5 是正措置の実施
☐通報内容の評価 ☐初動調査の実施 ☐外部公表の検討 ☐実態調査の実施の検討	☐調査メンバーの選定 ☐調査の計画立案 ☐調査の実施 　▶情報収集・分析 　▶仮説の立案およびその検証 　▶不正関与者へのインタビューなど ☐結果の取纏め ☐報告書の作成	☐是正措置の立案 　▶規程等の見直し 　▶関係者の処分 　▶取引停止など ☐公表用の報告書の作成 ☐マスコミ対応の検討 ☐当局対応の検討 ☐再生プロセスの検討	☐公表用報告書の作成 ☐公表対応の検討 　▶東証，SESC，税務署 　▶金融機関，株主 　▶得意先 　▶組合 　▶警察 　▶保険会社など	☐緊急対応措置の実施 ☐抜本的対応措置の立案，実施など

出典：松澤綜合会計事務所プレゼンテーション資料

会計不正発覚企業の失敗事例 2

(ケース1)
　子会社であるAW社において通報窓口に匿名にて会計不正に関する通報があったものの、その内容が断片的で不完全な情報等であったため、通報部署がこれを放置し、結果として社内の不正が外部のソーシャルメディア（SNS）に直接書き込まれ、会計不正が公になってしまった。

〈解　説〉

　通報を受けた事項に対しては、明らかに通報内容に疑問点がある場合等を除き、適切な調査が実施されるべきである。本事例は、通報内容を適切に評価せずに放置してしまった失敗例である。通報情報は完全な情報とは限らないため、断片的で不確実性の高い情報・不完全な情報等の通報があった際に、

通報相談の対応
➤問題の所在を確認し、調査の必要性を判断
➤即答できるものは直ちに返答
➤調査を要するものもその旨を返答
➤全ての情報を引出す　など

「あてにならない情報だから放置していい」、「軽々しく動かない方がいい」、または、「動く必要はない」という消極的な姿勢をとる関係者が多いようであるが、何も行動を起こさなければ、それ以上に信頼性の高い情報が入手できる機会も失われることになり、この消極的な姿勢は不正行為の潜在的なリスクを放置しているだけとなる。通報情報の内容が完全でない以上、真偽を確かめるべく更なる情報を入手する等の初動調査を実施する必要がある。

　本事例は、匿名の通報であるが、例えば通報者が判明している場合、更なる情報を入手するためには、まず通報者と面談すること必要であり、通報者が持っている情報・証拠書類等はすべて提示してもらうべきである。本格的な調査が必要と判断された場合には、通報者に対して調査を開始する旨の通知を送付することとなり、実際に調査チームを編成し調査を進めていくことになる。

(ケース2)
BP社は、社内で生じた会計不正を積極的に公表するために、初動調査が終了した時点で記者会見にのぞんだ。記者のインタビューに対して話が二転三転し、結果として正しい公表ができなかった。

〈解説〉
投資者が自己責任により投資を行うため、消費者が安心して商品を購入するため等企業のステークホルダーが当該企業と適切に取引するための投資判断材料として、企業は企業内で生じた重要な不正等の情報を積極的に公表するケースが増えている。これは、近年、ソーシャルメディア（SNS）の普及により経営者は、自身が不正の事実を公表する前に、インターネットを通じて情報が外部に告発されてしまうのが一番怖いと思っているため積極的な公表が増加していると言われている。本事例のように記者会見を実施する場合、

ポジションペーパーの作成

- 事実：誰が、いつ、どこで、何を、どのようにしたか（5W1H）などを明確にし、記載する。
- 経過：発覚時から現在に至るまでの経過を日時、時間単位で箇条書き。経過の結果、現況の説明も加筆。
- 要因：発生から発表までの時間がない場合には、「要因を究明中」とする。原則として推測は記載しない。
- 対策：発生から発表までの時間が短い場合には、「今後対策を検討し……」という記載。
- 見解（結論）：発覚した会計不正について、会社としてどう思うのか、どのように結論づけるのか、誰がどう責任をとるのかを記載。　など

マスコミやステークホルダーは、不正の発覚後企業の誠実性に注目し、経営者が不正の事実を認知してからどのようなアクションをしたかを評価することとなる。このアクションには、不正に関してどのような調査をしてどのようなものが公表されたかも含まれる。本件は、自ら積極的に公表したものの当該ステークホルダー等の期待に応えることができずに、結果として経営者の説明責任を果たせなかった失敗事例である。本事例のような失敗をしないように記者会見の前に以下のことを準備しておくべきである。なお、当初の会見は不正の内容にもよるが、社会への

注意喚起という目的を考えると，発覚してから，できるだけ早期に公表することが望ましく，最低限，「事象の概要」，「今後の対応」について公表する必要がある。また，事前に外部のアドバイザーを雇い訓練してもよいであろう。

- ポジションペーパー（公式見解）の作成と関係者への共有：確定している情報で公表できると判断した情報のサマリー
- 想定質問と回答分の作成と関係者への共有：最悪のシナリオを想定しておくことが重要
- 報道資料の作成：ポジションペーパーをもとに戦略的に作成
- その他：記者会見場所の確保，ネームプレート，出席者の検討など

（ケース3）
　CQ社は，ある取引先と共謀による不正が発覚し，内部調査チームを組成し調査を開始したが，内部調査が思うように進まなかった。これは，不正の発覚部門のcf部長が不正行為者であり，当該内部調査チームの一員として参画していたからである。

〈解　説〉
　内部調査チームをプロジェクトチームとして組成する場合，調査チームの選定にあたっては慎重に行うべきである。通常は，以下の2つのリスクがあり，本事例は後段の失敗例である。筆者らの経験でも，依頼される不正調査において，3年に1度位の頻度で後段の事例は発生している。

- 調査チームのメンバーから調査の情報が不正行為者等へ漏れてしまうリスク：これは，調査状況が不正行為者に漏れることで，不正行為者が証拠隠滅を図るような調査の妨害が行われる可能性や，また，調査結果が確定していない段階の情報が，会社が想定していないタイミングで外部に漏れてしまう可能性のリスクである。
- 調査メンバーに不正行為者が含まれてしまうリスク：これは，

当初，不正行為者が特定できていない場合，不正行為者が調査メンバーに含まれてしまうことで，不正行為者は調査状況に応じ，証拠隠滅を図る可能性があり，また，調査を誤認させる情報を調査メンバーに意図的に流し，調査を撹乱する可能性のリスクである。

調査メンバーは必要最小限のメンバーで構成し，さらに調査情報は厳密に管理する必要がある。不正調査とその是正措置には，必要に応じて事前に外部の専門家に相談をすることが重要である。また，調査チームが有効に機能するためには調査チームに強大な権限を与え，調査に制約がないようにする必要がある。本事例にあるCQ社ではこのような過去の不正を教訓に「不正調査基準」を策定し，どのようなチームでどのようなアクションをするかを事前に定めた。特に興味深いのは，内部統制の機能を低下させる上位権限者が不正に関与した可能性がある場合や不正が外部との共謀により実施された可能性がある場合には，不正の発覚当初から第三者（弁護士や公認会計士等）を不正調査チームに参画させることとすることが定められている点である。

第2 実態調査は仮説検証アプローチで

不正調査成功のヒント

不正調査の失敗は,「不正を発見できなかった」ではなく,「仮説検証アプローチで実施しなかった」である。

初動調査の結果,不正調査方針(実施期間,体制,対象,範囲,手続など)を決定した上で,実態解明を目的とした実態調査が行われる。実態解明は主に以下に関する事実を明らかにすることであり,

実態調査は「情報の収集」と「情報の分析」をし,不正手口の「仮説を構築」し,「仮説の検証」を行う一連のサイクルを繰返すことにより不正の実態解明を行うプロセスである(仮説検証アプローチ)。

> 不正関与者・不正協力者の特定と会計不正手口の把握
> 会計不正の定性的・定量的影響の確定
> 会計不正の発生要因(動機・機会・正当化)の分析等

【仮説検証アプローチ(イメージ)】

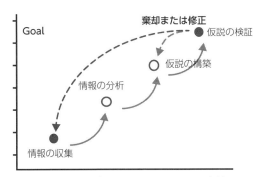

出典:松澤綜合会計事務所プレゼンテーション資料

筆者らは，「過去に別の専門家に不正調査を依頼したのに不正が発見できなかった」という経営者から不正調査を依頼されたことがあり，筆者らの調査により無事に不正が発見されたという経験がある。従前の不正調査を実施した専門家の肩を持つわけではないが，強制捜査権を持たない民間人が不正調査を実施する以上，どんなに経験を積んでも，不正が発見できないケースは存在する。よって，不正が発見できないことをもって，不正調査の失敗にはならない。本当の不正調査の失敗は，この仮説検証アプローチを怠ったことで生じる。真の不正調査の専門家であるならば，仮説検証アプローチを用いることで誰が行っても結果は同じになるはずであり，従前の調査で発見できなくて今回の調査で発見できなかったという結果は，従前の調査は専門家ではないということになるであろう。もちろん，筆者らも以下のような不正が発見できないケースの不正調査の依頼を受けることがあり，そのようなケースは，あらかじめ不正が発見できない旨を経営者に伝達している。

> 重要な情報が残存していない場合（例：会社の内部統制上資料を破棄してしまうフローとなっている）
> 共謀で不正が実施され，重要な情報が相手側にしかない場合で，相手側の調査協力が得られない場合　など

❶ 適格な情報を収集する

　仮説の構築及び検証にあたっては適格な情報を収集・分析できるように収集した情報が適合性，適時性，信頼性の要件をどの程度満たしているかどうかがポイントとなる。これを情報の

【適格な情報】

出典：松澤綜合会計事務所プレゼンテーション資料

適格性[2]という。繰返しになるが，筆者らを含む民間で実施する不正調査は，強制捜査権がない中で如何にして不正に関する情報を収集できるかが調査の鍵となる。そのため，情報が不足して仮説を構築できない虞がある場合などには，時限的に不正調査専用の「内部通報窓口を設置」したり，役職員に対して広く「アンケート調査を実施」したりして，情報を収集する工夫が必要である。

なお，当然のことながら違法な情報収集はしてはならない。

不正調査成功のヒント
効果的に適格な情報を入手せよ。

▶ 情報の関連性：会計不正に関する要素（不正関与者，要因，手段，影響額など）について，直接的・間接的に有意義な情報を与える程度。

▶ 情報の信頼性：正確かつ検証可能で客観性のある情報源から得たものであるかの程度。証拠の形態，原本との同一性の検証などで確認される。

▶ 情報の適時性：入手した情報と仮説の内容の時間的な関連性・整合性の程度であり，主に調査対象となる不正の発生時点と，調査手続により入手可能な情報の作成時点・基準時点の一致の程度。

有事に備えてログを保存 Column 20

　ログとは，コンピュータの証跡の情報の総称を言い，主にコンピュータの稼働状況やサーバのアクセス状況等についての，証跡を記録すること，または，そのようにして記録されたファイルのことを言う。「ログ」は「航海日誌（logbook）」を語源とするデジタルフォレンジック用語であり，操作やデータの送受信が行われた日時と，行われた操作の内容や送受信されたデータの中身などが記録

---

2) The Committee of Sponsoring Organizations of the Treadway Commission: COSO (2009), "Guidance on Monitoring Internal Control Systems"

される。ログには種類があり，エラーを記録したログは「エラーログ」といい，ユーザのアクセス情報を記録したログは「アクセスログ」という。なお，ログが出力できる主なシステムとしては，オペレーティングシステム（OS），サーバ，セキュリティソフト等がある。ログの種類は多種多様で，そのフォーマットもそれぞれ異なっているため，内容を理解するのは難しい。また，多量のアクセスを処理するWebサーバやメールサーバ等では，短期間で膨大なデータ量のログファイルが生成されるため，システム管理者がログファイルを直接調べて解析を行うことは現実的ではなく，通常，ログを解析する専用のソフトウェアが用いられる。

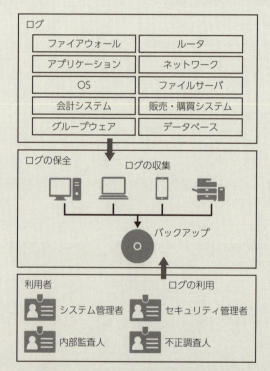

とりわけ，粉飾決算を含む会計不正の調査の実施においては，このようなログを解析することによって，容疑者のメールサーバへのアクセスの傾向や，不正アクセスの兆候，不正容疑者のWebページの問題点等を発見することもある。例えば，Webサーバには，

主に「ホスト名」「識別情報」「認証ユーザ」「日時」「ステータス」「バイト数」「リファラー（リンク元情報）」「ブラウザ情報」等が記録されており，ログを見ることでWebサーバに対し，どんなことが行われているのかを把握することができ，何か問題が発生した場合の証拠ともなり得る。

　近年では，内部統制の整備・運用が企業に求められる中で，ログの管理の重要性は増しており，また，ログが改竄されていないことを担保する必要性も高まっている状況にある。企業が，ログを有効に利用するためには，常日頃からログを収集しバックアップを保存しておくことが重要である。

〈Webサーバのログのイメージ〉
192.168.1.98 - - [04/Oct/2025:17:57:40 +0900] "GET / HTTP/1.1" 200 4504 "http://www.google.com/" Mozilla/4.0+(compatible; +MSIE+7.0; +Windows+NT+6.0;+.NET+CLR+2.0.50727;+.NET+CLR+3.5.30729;+.NET+CLR+3.0.30618;+.NET4.0C;+.NET4.0E;

　民間人が実施する不正調査における情報収集は限定的であるにせよ，さまざまな情報源が想定され，入手するための手続により証拠としての価値（証明力）が著しい影響を受ける。また，収集できる情報は，その情報が存在する国又は地域により異なるため，情報の収集に際して，その国又は地域の専門家に相談する必要がでてくる。

(1)　公開情報など

　公開情報については，入手が容易であるというメリットはあるものの，特にインターネット上の情報等の場合，その情報の真偽について注意を払う必要がある。

- 調査対象者等である会社のウェブサイト，有価証券報告書／決算短信といった財務情報
- 企業情報データベース
- 業界紙
- プレスリリース／マスコミ報道／ニュース記事

- インターネット掲示板／SNS等
- （民事公開事件の）裁判記録，登記情報（商業登記，不動産登記など）
- 公的機関又は私的機関にて公表されている情報　など

公的機関において保有している情報についても，不正調査の過程で有用なものが存在するが，必ずしも公開情報ではないものもある。このような場合，弁護士に依頼し情報を集める「弁護士会照会制度」や職務上請求を利用する等の方法により，情報収集が可能な場合もある。

- 住民票・戸籍謄本
- 課税証明　など

(2) **非公開情報の提供**

非公開の情報源からの情報収集は，基本的に任意の情報提供による部分が大きい。不正調査の対象会社が保有する情報については，ある程度提供を求めることが可能であるが，調査対象者等の個人に帰属する情報や取引先を含む外部の関係者に帰属する情報等については，情報の入手が困難なケースがしばしば生じる。必要な情報を収集するために，外部の興信所を利用するなどさまざまな方法が考えられる。

一般的な情報
- 容疑等の略歴・権限
- 氏名入り組織図と問合せ先
- 職務権限書／業務記述
- 業務フロー表
- 各種規程類
- 対象会社の資本関連図・関連当事者・株主名簿
- 取締役会及び監査委員会議事録・その他会議体の議事録
- 施設所在地
- 文書保存場所
- 関係者からのインタビュー等の口頭による情報　など

財務関連情報
- 過去の財務諸表・税務申告書
- 過去及び現在の管理会計資料（予算／実績管理表等）

- 会計データ，取引データ（購買管理，販売管理，原価計算等）
- 人事・給与データ
- 会計に関する帳票（総勘定元帳，残高試算表，仕訳帳，見積書，発注書，納品書等）
- 資金繰表／銀行取引明細書／通帳
- 賃金台帳／給料台帳
- 請求書や他の取引の証憑書類（船荷証券，預金入金票，納品受領書，小切手等）
- 契約書　など

その他情報
- システム鳥瞰図／システム管理者
- サーバ等のバックアップテープ
- 容疑者のPC等・容疑者作成の手書きのメモ
- 入退室・入退社記録
- 監視カメラ映像・音声等のデータ
- デジタルカメラ
- 携帯電話
- リムーバブルメディア（HDD，USB，メモリーカード等）
- 内部監査報告書等
- 過去や現在進行中の不正調査関連資料
- 内部通報の受信記録等
- 取引先等への確認等，外部との連絡文書
- 信用調査（法人，個人）等
- 対象資産等現物（視察，観察，実査等）による情報
- 移動監視（尾行）と固定監視（張込み）による情報　など

なお，紙媒体の情報においては，基本的に書類の原本を確かめる必要があり，証拠として写しを確保する際に，原本との同一性を証明できるよう，情報の整理が必要となる。

(3) 容疑者等からの情報提供

多くの会計不正では，不正実行者が金銭的な便益を享受している。そのため，容疑者の金銭の流れを証する預金通帳等は，不正調査をする上で非常に重要な情報を含んでいる場合が多い。しかしながら，預金通帳は個人の所有するものであり，個人情報を含むものであることから，提

供は任意であるのみでなく，提出を受けた後の個人情報の管理を厳密に行わなければならない。

- 容疑者個人の預金通帳等
- PC・携帯電話等の個人所有機器の電子データ
- その他個人保有物　など

❷ アンケート調査を活用する

　前述のとおり，強制捜査権がない中で如何にして不正に関する情報を収集できるかが不正調査の鍵となる。そのため，情報が不足して仮説を構築できない虞がある場合等には，時限的に不正調査専用の「内部通報窓口を設置」したり，役職員に対して広く「アンケート調査を実施」したりして，情報を収集する工夫が必要である。ここでは，実態調査実施時に行う「アンケート調査」のサンプルを提示する。

　アンケート調査を実施する時点を大きく分けると，以下のようになり，アンケート調査の目的（Why）とは「何を知ろうとするか」である。不正調査の実施における情報収集を目的とした場合，下記の（A）又は（D）に近いであろう。

- 実態把握のための調査（A）
- 予備検討ないし事前検討のための調査（B）
- 規程などの浸透度を測定するための調査（C）
- 有効でない内部通報制度を補完するために行う調査（D）

(1) アンケート実施要領の作成

　不正調査に掛けられる時間が有限である以上，実施要領の作成は必須である。これにより手順の共有化ができるであろう。なお，実施要領には，目的（Why），実施方法（How），アンケート調査対象者（Where），実施担当（Who），実施時期（When），費用負担（How much）等は決定しておく必要がある。

　▶アンケート対象者（Where）の決定：特に，以下の事項を不正調査

に掛けられる時間と得られる効果（費用対効果）などを勘案し検討する必要がある。
　●全数調査かサンプリング調査か。
　●全事業所対象か一部事業所対象か。
　●個人宛か法人宛か。
▶アンケート調査の実施方法（How）の決定：特に，以下の事項を検討する。
　●不正の発生を通知するか通知しないか。
　●記名式か無記名式か。
　●回答が必須か任意か。
　●設問が選択式か自由記述式か。
　●印刷方法
　●配付方法・回収方法
　●集計方法・分析方法　など
▶アンケート調査実施時期（When）の決定：実施時期は，長ければよいというものではない。しかし，短すぎると対象者に抵抗感が発生する場合がある。
　●配付の時期（繁忙期であっても最優先してもらう）
　●配付から回収までの期間　など
▶アンケート実施担当（Who）の決定：特に明確化が必要であるのは，以下の担当である。
　●調査票設計者
　●調査票作成・印刷・配付作業責任者
　●依頼・説明者
　●集計・分析担当　など

(記載例－抜粋－)

「コンプライアンス意識調査」に係るアンケート実施要領

2020年7月14日
株式会社KGAコンプライアンス統括部

「コンプライアンス意識調査」に係るアンケート実施要領は以下のとおりとする。

第1 実施方法
　株式会社KGAコンプライアンス統括部が所管となり，下記アンケート調査対象者に対して紙又は電子メールにて回付し，書面にて回収する手順にてアンケート調査を実施する。

第2 アンケート調査対象者
　2020年6月30日現在，当社及び当社グループに在籍する以下の役職員777名を対象とする。

	部署・役職	氏名	備考
1			
2			
3			
…			
777			

第3 アンケート実施担当
　アンケート内容及び実施方法に関する問合わせ：コンプライアンス統括部
　アンケート集計・分析担当：松澤綜合会計事務所

第4 実施スケジュール
　●アンケート項目開発期間：7月14日～7月17日
　●アンケート項目最終化：7月18日AM
　●アンケートに関する告知：7月18日13時
　●回答期間：7月18日～7月28日（7月22日から適宜督促）
　●アンケート提出期限：7月28日
　●アンケート集計・分析：8月15日　まで

第5 アンケート配布について
　コンプライアンス担当部の担当者から，社長及びコンプライアンス役員の連名にて調査対象者に対し，案内メールの送信を行う。配布資料は説明文及びアンケートシートを送付する。

第6 アンケート集計について

第4に記載のとおり，7月28日を提出期限として，コンプライアンス統括部に対して，メール（PDF）又は書面にて提出を行う。
第7　その他
第6に記載の提出期限において提出が行われなかった対象者については，コンプライアンス統括部より所属長へ督促を実施する。

(2) アンケート調査の挨拶文の工夫

　本音ベースのアンケート調査の目的（Why）が，会計不正の調査としても，未だ不正の発生を一部の人間しか知り得ない状況の場合は，当該不正の発生の存在を，グループ役職員に知らせてしまうと，その後の不正調査に支障をきたすことになる。そのため，建前ベースのアンケート調査の目的（Why），すなわち「大義名分」が必要となる。「大義名分」は，企業の状況によって異なるが，アンケート回答者が納得できるものであるかが重要である。なお，適当な「大義名分」が見つからない場合には，今回だけで終わらせず（今回が初回）に，将来に亘り定期的に実施する予定である旨を記載した方が良いであろう。

　また，記名式で実施するか否かも同時に検討する必要がある。

（記載例－建前ベースで記名式にて実施する場合－）
株式会社KGAグループ役職員各位

2020年7月14日
株式会社KGA
代表取締役社長○○　○○
コンプライアンス担当役員○○　○○

「コンプライアンス意識調査」質問書　兼　回答書

　株式会社KGAでは，連結グループの内部統制の一環としてコンプライアンス意識調査を行っています。本調査は，当社コンプライアンス統括部が，各担当者等に内部統制の理解状況やコンプライアンスの意識状況を理解するために有用と思われる情報を収集することを目的としています。したがって，回答に際しては，各人の良心と信念に従い，知りうる限りの事実を明記したうえで正直に記載して下さい。かかる調査の一環として，本質問書の各名宛人は，下記質問に対する回答を回答欄に記載し，回答日付を記入して署名のうえ，まず

はPDFファイル又は書面により，2020年7月28日12時までに，下記送付先にお送り下さい。また，PDFファイルで提出した場合署名された原本はその後遅滞なく下記送付先に郵送して下さい。

【事務局担当者の役職・氏名】コンプライアンス統括部　紺部　羅次郎
【メールアドレス】survey@jp.kga.com
【電話番号】03-XXXX-XXXX
【原本送付先】東京都港区XXXXXX
【内容及び実施方法に関する問合せ】コンプライアンス統括部
【集計・分析担当】松澤綜合会計事務所

　なお，本質問書に対する回答に際しては，以下の点に留意して下さい。
- 本調査は，当社の財務報告の信頼性の確保及び関連する内部統制の評価のために極めて重要であるため，名宛人には迅速かつ正確な回答が求められます。よって，締切時間厳守で，必ず回答して下さい。
- アンケート集計・分析は，守秘義務を保持している外部の第三者に依頼しています。よって，原則として当社コンプライアンス統括部は，直接の回答を把握しませんので安心して回答して下さい。
- 名宛人が本調査に協力して自己が関与したコンプライアンス違反や不正行為を誠実に申告した場合，当社コンプライアンス統括部は，当社取締役会に対して，諸事情を勘案した処分の減免をするように提言します。
- 名宛人が本質問書に回答しない場合，又は虚偽の回答をされた場合には，当社コンプライアンス統括部は，当社取締役会に対して，当該名宛人に対して必要な処分をするように提言します。
- アンケートにコンプライアンス違反や不正行為等の具体的な事案についての記述があった場合は，公益通報者保護法及び当社の「内部通報規程」の趣旨に則り，回答者が記述による不利益を被らないよう保護します。
- 本調査により得られた情報は，上記に明示した調査目的の範囲内で取扱います。
- 各人からご提供頂いた情報を，各人の同意がある場合又は正当な理由がある場合を除き，取締役会，監査役，顧問弁護士，会計監査人以外の第三者に直接的に開示又は提供しません。
- 回答はすべて2020年6月30日を基準日として記載して下さい。
- 複数の回答がある場合には，複数に回答をして下さい。
- 自由記載式の回答においては，各人の良心と信念に従い，知りうる限り全て記載して下さい。
- 上記事項を理解したうえで，回答するにあたり，署名欄に署名をお願いいたします。

〈署名欄例〉　※実際にはアンケートの最後に掲載します。

```
++++++++++++
株式会社KGAコンプライアンス統括部　御中
　私は，以下の株式会社KGAコンプライアンス統括部からの質問に対して，
私の記憶にある限り，正確に，かつ誠実に回答することを誓約いたします。
日付：
役職：
氏名：
署名：
++++++++++++
```

アンケート調査の回答のみを不正調査の結論としてしまうことは，避けるべきであるが，如何にして隠すことなく誠実に，かつ，関心を持って記載させるかの工夫は必要である。よって，下記の文言を付加するかを慎重に判断する必要がある。

- 原則として回答者は特定されない（例：集計・分析は，外部の第三者に依頼しているなど）
- 回答者は保護される（例：公益通報者保護法及び「内部通報規程」の趣旨に則り，回答者は不利益を被らないよう保護するなど）
- アンケートの取扱い（例：調査目的（大義名分）の範囲内での取扱いなど）
- 組織に対する誘因と貢献（例：処分の減免など）

囚人のジレンマ

　囚人のジレンマとは，ゲーム理論におけるゲームの一つであり，互いに協力する方が協力しないよりも良い結果になることが分かっていても，協力しない者が利益を得る状況では互いに協力しなくなるというジレンマを言う。例えば，共同で犯罪を行ったと思われる囚人「山田」と「木村」を自白させるため，検事は二人に下記のような司法取引をもちかけたとする。

- もし，二人とも黙秘したら，二人とも懲役２年。
- だが，どちらか一人だけが自白したらそいつはその場で釈放

（懲役0年）。この場合自白しなかった方は懲役10年。
● ただし，二人とも自白したら，二人とも懲役5年。
　この時，二人の囚人は共犯者と協調して黙秘すべきか，それとも共犯者を裏切って自白すべきか，というのが問題である。なお，二人は別室に隔離されており，相談することはできない状況に置かれている。
　囚人山田及び木村の行動と懲役の関係を表に纏めると，以下のようになる。

	木村協調	木村裏切り
山田協調	（2年，2年）	（10年，0年）
山田裏切り	（0年，10年）	（5年，5年）

　囚人二人にとって，互いに裏切り合って5年の刑を受けるよりは互いに協調し合って2年の刑を受ける方が得である。しかし，囚人達が自分の利益のみを追求している限り，互いに裏切り合うという結末を迎える。これが囚人のジレンマである。重要なのは，相手に裏切られるかもしれないという懸念や恐怖から自分が裏切るのではなく，相手が黙秘しようが裏切ろうが自分は裏切ることになるという点である。

(3) アンケート調査項目（What）

　アンケート調査の目的（Why）をブレークダウンし，調査したい項目を整理する。不正調査の中で実施されるアンケート調査は，多くの場合，建前ベースの質問項目と本音ベースの質問項目が一体となって構成されることになる。建前ベースの質問項目は，企業の置かれている状況に応じて数問含めておく。

（記載例－アンケート項目（本音ベースの箇所のみ抜粋）－）
Ⅵ．その他のコンプライアンスリスクの状況

1-1．コンプライアンス違反をしたことがある（Yes / No）。
1-2．1-1．の回答がYesの場合，具体的な項目全て回答してください。

（　　　）（　　　）（　　　）
1-3. コンプライアンス違反を強要されたことがある（Yes / No）。
1-4. 1-3.の回答がYesの場合，具体的な項目全て回答してください。
　　　（　　　）（　　　）（　　　）
1-5. 他の人間がコンプライアンス違反をしたことを見かけたことがある（Yes / No）。
1-6. 1-5.の回答がYesの場合，具体的な項目全て回答してください。
　　　（　　　）（　　　）（　　　）
具体的な項目

a	役職員の会社資産の横領・窃盗・着服	b	役職員の粉飾決算
c	知的財産の流用	d	会社情報の漏洩
e	ハラスメント・差別	f	労働問題
g	情報リテラシー	h	第三者からの訴訟・係争
i	競争法・独禁法違反	j	商業賄賂
k	公務員等への贈賄	l	輸出入管理手続の不備
m	製品安全事故・品質不良	n	環境法関連違反
o	契約不履行・契約違反	p	特許侵害・ライセンス違反
q	国内法規制改正への対応	r	国際法規制改正への対応
s	その他 （具体的に　　　　　　　　　　　　　　　　　　　　　）		

2-1. 当社グループのコンプライアンスリスクにつき貴殿が思うところを具体的に記載してください。

（自由記載欄）

❸ フォレンジックテクノロジーを活用する

　証拠となり得る電子データ等を早期に収集・保全することは不正調査において極めて重要である。会計不正調査の情報収集段階におけるフォレンジックテクノロジーの基本手続は次のとおりである。

不正調査成功のヒント
電子データ等を早期に収集・保全せよ。

> 識別：企業のIT統制及び情報のロケーション・保存状況を把握し，保全・取得する情報を決定する。

> 保全・取得：保存されている媒体等に応じた情報の保全・取得を行う。

> 分析・処理：保全・取得した情報を分析し，削除されたデータの復元や，作成者・作成日時による解析等を行う。また不正調査チームによるレビューが可能な状態でファイル等を出力する。

収集対象とすべきデータは業務上の使用帳票・証憑類，会議体及び業務連絡等の正式なコミュニケーションに関するデータに限らない。また，電子メール及びドキュメントに関する情報についてもユーザが容易にアクセスできるデータとアクセスするには専門知識が必要となるシステムデータやメタデータ[3]がある。これらは，データそのもののプロパティだけではなく，ユーザのPCの使用時期，操作の内容の記録等も含まれているため，この情報自体を証拠として利用することも可能である。また，PCやサーバだけではなく入退室管理の記録や監視カメラの映像，通話記録も収集する情報の対象として検討すべきである。電子データの保全にあたっては，ビットごとに複製を行う物理コピー（イメージング）が原則である。これは証拠能力を保全する目的と，データの分析の際にOSレベルで削除されたデータの復元等を可能とする目的がある。

---

[3] メタデータとは，あるデータに関する情報を持ったデータのことであり，データそのものではなく，データについてのデータであるため，メタ（上位の）データと呼ばれる。メタデータとして記載される主な情報としては，著者，作成日，タイトル，著作権情報や関連キーワードなどがある。メタデータは，膨大な量のデータから特定の情報を検索したり，整理したりする作業を簡略化することが可能となる。

電子データが改竄されていないことを証明する Column 22

　ハッシュ関数（hash function）とは，与えられた原文から固定長の疑似乱数を生成する演算手法を言う。生成した値は「ハッシュ値」と呼ばれ，データのハッシュ値を求めて両者を比較すれば，データが改竄されていないかを検証することができ，いわば電子的な指紋のようなものである。代表的なハッシュ関数としては，与えられたデータに対してハッシュ値を生成するSHA-1やMD5がある。一般的にハッシュ関数とは，次の関数をいう。

- H（X）は，一方向関数であり，H（X）からXを逆算することはできない。
- Xが与えられた場合でも，H（X）＝H（Y）となるYを求めることは困難である。

これは，
　A．同じデータからはつねに同じハッシュ値が出力される
　B．データの内容が少しでも変化すると出力されるハッシュ値も変化する
　C．ハッシュ値からもともとのデータを導き出すことは不可能
といった特長があり，すなわち，ハッシュ関数は不可逆な一方向関数を含むため，ハッシュ値から原文を再現することは困難であり，同じハッシュ値を持つ異なるデータを作成することは極めて困難である。通信の暗号化の補助や，ユーザ認証やデジタル署名等のデジタルフォレンジックの分野でも利用されている。

　例えば，粉飾決算の調査の際に，不正実行者のPCを保全する際にデバイスデータの同一性の証明になり，ファイル単位での同一性の検証にも利用できるため，同一ファイルを削除し，膨大なデータを整理して解析することもできるのである。

❹ 調査範囲を検討する

　調査範囲の検討において，会計不正が発覚した部門（支店や子会社を含む）だけではなく他部門において同様の会計不正，類似の会計不正の発生可能性がないことを合理的に説明できる場合を除いて，グループ会社，他部門を含めた全社ベースで調査範囲を決定する必要がある。発端となった不正の内容や事実，不正の関与者，不正の手口を調査する過程で，不正調査の対象とすべき類似の不正の有無の可能性を検討し，調査対象者等や調査対象期間を含む調査範囲について判断する必要がある。

　なぜならば，通常，会計不正発生の要因となる事象や状況は発覚した不正関与者等のみではなく，企業グループ全体に存在している可能性があり，したがって会計不正の発覚は氷山の一角にすぎない可能性があるからである。そのため，「調査範囲に関しては，慎重に検討・協議し，その判断の根拠を明確にしておく必要」がある。

❺ 効果的にインタビューを実施する

　第一章に記載したとおり，不正調査のあらゆる局面においてインタビューは不正調査の成否を左右する非常に重要な手続である。インタビューは実施目的によって情報収集のためのインタビュー，自白を促すためのインタビューに大別される。効果的なインタビュー実施の主なポイントは次のとおりである。

- 事前の準備を入念に行う。
- 被面接者との相性。
- ラポールを確立し，被面接者を知る努力を怠らない。
- インタビューをコントロールする。
- 「八何の原則」を念頭に置き，インタビューメモの作成を意識する。
- 正当な懐疑心を保持する。
- 被面接者の行動に着目する。

❻ 海外での会計不正は要注意

　前述したとおり，海外に展開している日本企業にとって，海外拠点において発覚した会計不正への対応は重要な課題である。海外拠点において会計不正が発覚した場合に適切な対応ができるよう包括的な調査基準を策定しておくとともに，調査人員を適時に確保できる体制（外部専門家の利用を含む）を整備しておくことが重要である。不正調査の実施においては，特にその国の文化，法律及び規制，電子データなどの情報収集等が不正調査実施上の障害となることが多いため，留意することが必要である。

　本人の同意なき個人情報の国外への持出行為を原則として違法とする国も少なくない。不正容疑者の電子メールなどを日本に持ち帰って調査する場合には，現地法の最新情報に詳しい専門家への確認をしてから実施する必要がある。筆者らも，日本企業の海外子会社で日本人役員が不正を実行したため，当該実行者の電子メールを調査するために海外を飛び回った経験が多数ある。

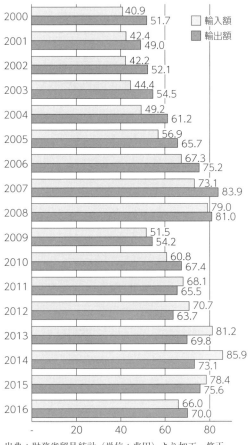

【輸出入総額の推移】

出典：財務省貿易統計（単位：兆円）より加工・修正

要因分析を実施して是正措置へ

 発覚した不正への対応の最終目的は，現在直面している企業ダメージを最低減に食い止める（緊急対応）とともに，不正発覚により失われた信頼を含む企業価値の回復と持続的成長へ軌道修正させる（抜本対応）ことである。

 有効な是正措置を策定，実施するためには，実態調査において不正発生の要因の分析（動機・機会・正当化）が適切に行われていることが重要である。

❶ 緊急対応

 緊急対応には，関係者の処分や法的責任の検討，不正発生の直接的原因となった内部統制の不備の是正，財務諸表への影響額の確定，不正が発覚した業務そのものを継続するか否かの検討，取引先との共謀で不正が実行された場合には当該先との関係の遮断や損害額負担の交渉等が含まれる。

❷ 抜本対応

 緊急対応の実施は，将来直面する可能性のある潜在的な不正リスクに対する企業の適切な対応を保証するものではない。企業が発覚した不正の損害を回復し，さらに企業価値を高めていくためには不正調査により洗い出された，不正リスク管理モデルの各構成要素（不正のガバナンス，予防・発見・対処の統制，不正リスク評価）の機能不全の根本原因を是正し，不正リスクが軽減されて統制がより強固となったことを検証・評価する必要がある。この検証・評価結果は不正リスクの継続的評価の際の項目の一つでもある。

第4 報告の仕方で調査の印象が変わる

不正調査成功のヒント

有効な不正調査が行えたか否かは，調査報告書の作文力の力量で決定されるものではない。

不正発覚の事実，不正調査結果，是正措置の実施状況など，不正発覚後の社内外の報告・公表は，単に法規制上の説明責任の遂行のみならず，企業の各ステークホルダーとの間の関係を形成するためのコミュニケーションの手段である。

したがって，社内外の関係者への報告・公表の是非は，その目的や時期，内容の信頼性の程度などを考慮して決定する必要がある。不正調査の前提事項及び調査結果を報告・公表するに当たって調査報告書が作成されるが，調査報告書の作成目的は以下のとおりである。

> 経営者が適時・適切に対応したことを広範囲の従業員に対して伝達すること
> 政府・規制当局に対して調査結果を自発的に開示すること
> 不正の発覚事実，調査結果，是正対応の正しい情報を外部に対して公表すること

したがって，報告書において記載するべきポイントは下記のことが重要であり，第三者委員の作文力の力量で決定されるものではない。また，調査報告書が分厚いだけの不良調査は，レピュテーションリスクが伴うであろう。

> 発覚した経緯と発覚後の対処は十分か
> 十分な調査が実施されたか，他に不正はないか（調査体制，調査手続，調査範囲）
> 不正の手口はどのようなものか
> 不正が発生した要因は何か（動機，機会，正当化）

- 不正関与者は誰で，誰に責任があり，どのような処分をするのか
- 財務諸表への影響はどのくらいか，正しい財務諸表はどのようなものか
- 是正措置は十分か，実施可能か　など

第5 調査報告書の記載例と調査手順の確認

不正調査の手法である仮説検証アプローチを実践するには，ある程度の不正調査の経験が必要である。よって，不正調査を実施したことがない読者が，試行錯誤してしまうのは無理がない。

調査報告書の構成

（表紙等）

（本文）
- 結果要約
- 前提事項と背景情報
- 調査範囲・調査手続
- 調査結果（不正の手口）
- 調査結果（発生要因）
- 調査結果（関与者の特定）
- 是正措置

（添付資料）

出典：松澤綜合会計事務所プレゼンテーション資料

そこで，会計不正の最終成果物である調査報告書の記載例を示しておくので，読者は現場でどのようなことを実施するのかをさらにイメージして頂きたい。

調査報告書は，草稿であるか最終稿であるかを問わず，通常，実施した調査の目的，調査の範囲，及び調査報告書の使用と第三者への開示に関する制限を記載する必要がある。また，不正調査で判明した事実を記載した上で，明瞭かつ簡潔な方法で調査結果と是正措置案の検討結果を記載することになるであろう。そのため，調査報告書には，以下の内容の一部又は全部が記載されることになる。

❶ 表紙・宛先等

表紙等には，宛先・日付，挨拶文，用語や略語の定義が記載されることになる。なお，調査報告書の宛先は，不正調査の依頼者又は提出先で

あり，日付は，報告書の提出日である。

　調査報告書で多用する会社名，専門用語，個人名，年号用語等の用語の定義やそれに関する略語をあらかじめ記載しておくことが重要である。特に，個人情報保護の観点から個人名は本文に記載せず，仮称を用いて記載しておく配慮は重要である。

　個人の実名を記載した調査報告書が公開される場合があるが，不正実行者が会社に損害を与えたとはいえ，経営者，第三者委員及び調査人が不正実行者個人の名誉を毀損した場合には，当然に，刑事上も民事上も法的責任を免れるものではない。

（記載例）

2023年11月21日

　ABC株式会社　取締役会　御中

社内調査委員会
委員長　和光　白子　㊞

調査報告書

　2023年10月18日に開催された臨時取締役会の決議に基づき，子会社であるXYZ株式会社において，2021年4月から2023年9月までの間に行われていた不適切な取引及び会計処理に関して，本調査委員会が行った調査の結果について，下記のとおりご報告いたします。

　なお，本報告書における略称は別紙A記載のとおりです。

記

　調査報告書そのものを提出するかは，別として，誰宛に会計不正の発覚や調査結果の一部又は全部の報告が必要かを広報担当部門等と協議をしておくべきである。主に，下記のステークホルダーが報告先として検討される。

- 証券取引所，証券取引等監視委員会（SESC）等（上場会社の場合）
- 税務署
- 金融機関
- 株主
- 取引先
- 組合
- 警察（刑事事件の場合）
- 保険会社（保険[4]に加入している場合）
- その他管轄当局　など

❷ 結果要約（Executive summary）

　結果要約は，調査報告書の主要な部分を要約して記載した部分であり，調査報告書本文の冒頭に記載する場合がある。結果要約は，全体の要旨が，当該箇所を読むだけで理解できるように記載する必要がある。

❸ 前提事項と背景情報（Background）

　前提事項と背景情報には，発覚した経緯と発覚後の対応，初動調査の概要，調査対象組織の概要などが記載されることになる。不正調査の経緯の記載は，不正調査が行われた趣旨と，不正調査が正当な根拠をもって行われたことを明確にするとともに，不正の発覚から不正調査開始に至るまでに経営者等による適時かつ適切な対応が行われたか否かを明らかにする上で，重要な記載部分である。したがって，時系列での明確な整理をし，どのような機関でどのような意思決定が行われて不正調査に至ったかについて明示することになる。

---

[4] 社員による横領等の犯罪で会社に生じる損失を補償する保険等が存在する。

(記載例－抜粋－)

第2　前提事項と背景情報

1．発覚した経緯と発覚後の対応
　(1)　発覚の経緯
　　　　2023年9月11日に，当社子会社XYZ社南九州事業所長が，決算作業に先立ち2023年9月末における新潟事務所の完成工事及び未成工事のチェックを実施したところ，2023年12月に工事完成予定のM社向け工事のJOB.NOに多額の原価を計上していることを発見した。
　　　　これをもとに，同所長が前宮崎事務所チームリーダーa氏及び現宮崎事務所チームリーダーb氏に対して確認したところ，本来とは異なる未成工事に一部の原価を付け替えていることを大筋で認めたため，本件の発覚に至った。
　(2)　発覚後の対応
　　　　発覚後は，コンプライアンス部長指示のもと速やかに以下のように対応している。
　　　　2023年9月15日：コンプライアンス部長への報告
　　　　2023年9月17日：社長へ報告
　　　　2023年9月18日：初動調査チーム発足

2．初動調査の概要
　(1)　専門委員会の設置
　　　　事実関係の究明と被害額の調査並びに社員の処分可能性について，具体的に確認調査していくために専門委員会である賞罰委員会に委ねることとし，内容確認が出来ていないために，事実関係の調査について社内の調査チームを発足し，また，同チームは当社の顧問弁護士東国原先生に調査に関する指導を仰いだ。
　(2)　調査概要
　　　　調査作業は顧問弁護士東国原先生と相談をし，また指導を仰ぎな

がら実態調査を行った。調査チームは，この不正事件の全容と発生原因を解明するために，a氏，b氏本人並びに××（下請業者）に対する事情聴取の他，宮崎事業所員へのインタビューを実施するとともに，事実の裏付となる関係証拠書類の収集し分析を実施した。

❹ 調査範囲・調査手続（Investigation Scope and Procedure）

　調査範囲・調査手続には，調査目的，調査体制，実施した調査手続，調査対象期間，調査対象書類，インタビュー対象者と実施方法，PC等の解析，その他の方法で入手した証拠等が記載される。簡潔に記載して，詳細は添付資料にする場合もある。

　調査目的は，調査実施者の責任範囲を明確にするために，必ず記載する必要があり，調査報告書の利用者の判断を誤らせないために，調査目的に含まれない事項があるときには，その点を明示する場合もある。また，調査体制は，調査目的に照らして十分な不正調査が行われたことを示す記載部分である。調査人と調査対象との独立性の程度の記載が必要である。

　実施した調査手続は，会計不正の手口に対して有効な不正調査ができたことを説明するために必要である。なお，制約があり調査手続が実施できなかった場合は，実施できなかった調査手続とその理由の記載が必要となるであろう。

（記載例－抜粋－）
　東京事業部における実態調査は，次の手続を実施した。

(a) 初動調査の把握
(b) インタビュー
(c) PC等の解析
(d) 協力者等に対するバックグラウンド調査と取引関係の把握

(e) 過年度財務報告への影響額の検証

「(a) 初動調査の把握」は，本件処理発覚後に猪瀬氏及び舛添氏による2回の初動調査により得られた情報のヒアリングにより本件処理の概観を把握し，本件処理の外部関与者6社を特定した。また，初動調査で得られた本件処理の財務報告へ与える影響の試算額について検討した。

「(b) インタビュー」は，本件処理の主体的関与者及び外部関与者17名を特定し対象とした（添付資料を参照のこと）。インタビュアーの独立性・透明性を担保するために，外部調査委員のみで構成されるチームにより対面にてインタビューを実施した。

「(c) PC等の解析」については，石原氏が業務上使用していた会社貸与PC及び外付けHDDに残存するデータを取得し，取得したデータのうち復元が可能であると認められる場合には，削除データの復元後，内容の閲覧及び調査を実施した。また電子メールサーバに残存するデータに対してキーワード検索を実施し，特定のキーワードが含まれる電子メールの有無及び電子メールの内容の閲覧及び調査を実施した（添付資料を参照のこと）。

「(d) 協力者等に対するバックグラウンド調査と取引関係の把握」は，本件処理の手口において青島商事を利用した通常取引の偽装が行われていることから，公開情報及び個人情報データベースより本件処理の外部関与者のバックグラウンド情報を入手し，外部関与者が実質的に支配している企業を特定した（添付資料を参照のこと）。また当社グループにおける外部関与者及び外部関与者が実質的に支配している企業との取引関係の有無を把握及び分析した。

「(e) 過年度財務報告への影響額の検証」は，本件処理の手口において外部関与者15社については，売上計上後，翌期以降に当該取引の取消処理が行われていることから，売上明細データより全ての売上取消処理を抽出し，売上取消処理の対象となる売上計上取引を製品名，販売数量及び単価から特定した。また，特定した売上計上取引と売上取消処理の金額が一致，かつ，資金の移動を伴わない取引を架空取引として把握した。なお，取引の妥当性が認められる一部の取引を除き全ての売上取引及び仕入取引を架空取引とみなしている。これらの架空取引について修

正を行うとともに，当社が実施した棚卸資産の再評価の方法及び再評価の影響額について，過年度財務報告への影響額の検証を行い，その妥当性を検討した。

（記載例－抜粋－）
　今回発覚した会計不正に対し，社内の原始証憑が改竄されていることから，本来の会計処理を復元させるためには，仕入先から入手される情報が重要な要素となっている。その為，出来るだけ情報を得るべく以下の情報を入手した。
- AB社に保存されている当社からの注文書
- XC社担当者宛に送信されている当社担当者からの電子メール
- …………
- …………

❺ 調査結果（不正の手口／Fraud Schemes）

　調査結果（不正の手口）には，不正調査対象となった不正において，いつ，どこで，誰が，どのような行為を行ったと認められ，財務諸表にどのような影響を与えたか，という点に関して，不正調査の結果判明した事実を記載する。不正の手口が複数ある場合には，この項の前に不正の類型を記載し，類型ごとに不正の手口を記載することもできる。また，文章で不正の手口を表現しにくい場合には，必要に応じて図表を挿入する等の対応が必要である。特に誰が誰の指示で実行したのか，また誰が知りうる立場にあったのか，早期に発見できなかったのは何故かという点を意識し，また，上述した調査手続が当該手口を把握するのに適切であったかという観点も意識する必要があるであろう。

(記載例－抜粋－)

本調査で判明した本件処理は，以下の手口により実行されていた。
A）本件処理に関与した取引先への協力要請
B）社内の地位の利用
C）証憑の偽造・改竄等による架空売上・仕入等の計上
D）親会社への虚偽の報告
E）会計監査人への対応

A）本件処理に関与した取引先への協力要請

本件処理に関する外部関与者5社は，主に栗東社と通常の取引関係のあった取引先である。本件処理は2035年8月のA社との取引より開始している。α氏は，栗東社の業績を黒字化するために架空取引の実行を計画し，正確な時期は不明であるとしているものの，A社は元営業課長（2034年3月当時）β氏の紹介を通じて本件処理の協力を要請した。要請内容は，架空計上された売上取引について将来的に売上取消を行う，というものであった。

B）社内の地位の利用

本件処理の主体的関与者であるα氏は栗東社社長（当時）の地位にあり，親会社役職員2名が栗東社の非常勤取締役に就任していたものの取締役会は実質的に機能しておらず，親会社から出向・常駐している経理責任者もいなかった。そのため，営業業務から経理財務業務，在庫管理や人事に至る広範囲の業務について独断で決定できる立場にあった。

栗東社関係者へのインタビューによれば，α氏は，このような社内の地位を利用して自ら本件処理の取引内容の決定，簿外在庫の管理を実行するとともに，経理部長，営業担当者，資材担当者，社長秘書等に対して本件処理の実行を指示していた。本件処理の指示に疑問を感じ質問をした際に，α氏は，指示に従わない場合には解雇を示唆し本件処理の実行に協力させていた。

C）証憑の偽造・改竄等による架空売上・仕入等の計上

α氏へのインタビューによれば，α氏が期末近くに年度予算目標額を

達成するように本件処理金額を決定し，a氏もしくは経理部長が，会計システムへの出荷入力操作及び架空売上計上処理を行い，その翌期以降に会計システムへのクレジット入力操作を行い架空売上及び架空売上債権の取消処理を行っていた。実際には本件処理外部関与者に製品は出荷されておらず，未出荷在庫の存在を隠蔽していた。

本件処理については，外部関与者との資金取引は行わず，栗東社の会計帳簿上で処理されている。経理部長へのインタビューによれば，毎期A社に対して会計監査人より残高確認が発送されていたものの，会計監査人からの指摘事項はなかった。

D）親会社への虚偽の報告

栗東社から親会社に対する月次や四半期末の報告では，月次や四半期ごとの売上予算を達成するように売上高を水増しし虚偽の実績を報告していた。報告と会計システムとの売上数値等の差異は，決算期末に解消するように，決算期末近くにまとめて本件処理を実行していた。その他にも親会社が承認した借入枠を超過した銀行借入金，栗東社の人員数を過少に報告する等，親会社に対して虚偽の報告を行っていた。また，本件処理の発覚を免れるために，本件処理による売上債権回転期間の増加理由について，受注獲得のために長期のユーザンスを設定したことが理由である等の虚偽の説明を行っていた。

E）会計監査人への対応

栗東社関係者へのインタビューによると，栗東社から会計監査人に対しては，本件処理が含まれた虚偽の財務情報のみを提供していたこと等から，結果として，a氏らによる本件処理は数年間に亘り会計監査人にも発覚しなかった。

（記載例－抜粋－）

A）前提事項

調査対象期間に計上された中山組の全売上から，本件処理に関わる全ての取引を検出するための手続を検討し，併せて，過年度財務諸表への架空売上による売上関連科目への影響，架空仕入による仕入関連科目へ

の影響を検討した結果，本件処理に関連する影響額を全て取除くことによって，正しい財務諸表の作成は可能であると判断した。

B）財務諸表への影響

要約損益計算書
……　……　……　……
……　……　……　……

要約貸借対照表
……　……　……　……
……　……　……　……

　本件処理による中山組の過年度財務諸表に与える影響額は，2016年3月期から2020年3月期にかけて売上高累計74億円，営業利益累計28億円が過大計上となっており，純資産に与える累積的影響額は29億円となっている。
　修正前の経営成績については，売上高は2016年3月期に16億円，2020年3月期には54億円と3倍超に急速に拡大している。営業損益は，2017年3月期以降黒字を確保して，2020年3月期には746百万円の営業黒字となっている。しかし，この収益拡大及び業績改善の大部分は架空売上によるものであり，修正後の損益の状況をみると，2016年3月期以降営業損失はむしろ拡大傾向にあり，2020年3月期には8億円の営業赤字となっている。修正前の財政状態は，総資産は2016年3月期に13億円，2020年3月期に79億円と5倍以上に拡大している。しかしこれは，架空売上の計上によって実在しない売上債権が増加した影響である。修正後の貸借対照表をみると，実態としては2017年3月期以降債務超過に陥っており，2020年3月期には23億円の債務超過にまで拡大している。

調査結果（要因分析／Fraud risk factor）

　調査結果（要因分析）には，不正調査の結果判明した会計不正の手口に応じて，会計不正の発生要因の分析を行い検討の結果を記載する。会計不正が発生した要因は，今後の是正措置案の検討との関係で重要であり，両者の記載内容は整合的であることが必要である。また，長期に亘り不正が実行されていた場合，会計不正を早期に発見できなかったのはなぜかという観点からも分析する必要がある。

> **（記載例－抜粋－）**
>
> 　当社では2012年に「コンプライアンス行動指針」を制定すると同時に，当社では各業務マニュアルを含めた社内規程類を2012年10月に全面的に整備し，その後も幾度かの改訂を行っている。
>
> 　それらの内容については一定の網羅性があり，内部統制構築のための基盤として機能していたが，統制を確実に浸透，推進させていくという視点からは一部不十分な点も認められた。例えば，規程やマニュアルで定められた処理以外の特例的な処理を認める場合に，その手続が明確でない場合があり，結果的に一部の業務処理原則を形骸化させかねない可能性があった。
>
> 　規程違反，マニュアル違反の際の懲罰等の対応については，一定限度具体的に明確化されているべきであったが，当社規程にはそれらへの言及はあるものの「考え方」にとどまり，規程やマニュアル等に則った業務の遂行に必要十分な強制力が備わっているとは言い難い状態であった。
>
> 　「コンプライアンス行動指針」は，その考え方や指針は具体化，詳細化が成されているものの，それらを経営者や従業員の具体的な日常業務と明確に関連付けて浸透させるという点においては，指針項目に該当する具体的な業務の説明や，そのために守るべき法令等との関連付けが十分ではないところがあった。

> **（記載例－抜粋－）**
>
> 　リスクマネジメント担当部署は2016年9月に常務取締役を委員長とし，コーポレートガバナンス室が事務局となり，各事業部門の管理担当部署長をはじめとする30名ほどの委員によって構成されている。
> 　同委員会はリスク情報の適切な収集・伝達，事件・事故発生時の体制の整備及び再発防止策の検討などを目的とし，リスクマップを作成し委員に現在の当社を取巻くリスク環境を認知させるなどの活動や，社内外で発生した事件，事故等の情報の共有化を行っていた。同委員会が捉えるリスクの分類は会社法に基づく内部統制に対応するためのものであるため幅広で網羅的とならざるを得ず，事業部固有のリスクや不正発生の可能性追求などを深掘りして議論し，個別に対策を講じることができる体制が十分ではなかった。
> 　経営のガバナンス体制については，取締役会及び取締役と上席執行役員が出席して当社の主要な施策について議論，承認する経営会議に監査役も出席し，審議や決裁内容について一定の監視，牽制を行っていた。しかしながら，当社の取締役会及び経営会議は，比較的に業務執行に関する審議と決裁に重点が置かれ，経営の意思決定機関としては，従業員のコンプライアンス意識の醸成や，そのための組織体制整備など，全社ガバナンス体制を構築するため一定限度の行動は行っていたものの，その浸透を図る積極的な施策の策定，実行や，それらの実態の評価検証等の点については，活動が必ずしも十分と言えるものではなかった。

❼ 調査結果（関与者の特定）

　調査結果（関与者の特定）には，責任の所在として，不正関与者及び職務上の監督者等の関係者個人の帰責性の程度に関する調査結果が記載される。責任の所在は，法的な判断に強く関連する記載部分となるため，法律の専門家以外の不正調査人が自らの意見を記載すべきではなく，飽くまで調査の過程で判明した事実の記載にとどめるべきであろう。

(記載例－抜粋－)
　これまでの調査で経営者の関与を示す事実は発見されなかった。しかしながら，本件は当社のコーポレートガバナンス及び経営全般に対して極めて重大な影響を与えたことから，経営者の本件に対する経営管理責任および社会的，道義的責任のあり方と対応については，弁護士の判断を仰いだ上で，別途検討するものとする。

(記載例－抜粋－)
　本件に対して主体的に関与したRU氏については，インタビュー及び証憑等からもその不適切な行為の証拠が得られた。よって当社のコンプライアンスルールに反し，かつ会社に対し経済的損失を与えたことから，当社の懲罰委員会及び取締役会にて厳正な処分を決定することとする。なお，主体的関与者RU氏及びそれ以外の者による金銭の着服等の横領の事実は，本件に関する調査の結果からは認められなかった。

(記載例－抜粋－)
　これまでの関係者へのインタビュー等の調査により，NO氏によって不適切な処理が行われている可能性を認知していた者，またNO氏からの直接の指示命令や強い要求に基づいて，自らの部下に対し業務上の処理を指示した者の存在が確認された。それらのうち，当該事業部門下の部等の組織統括職にあった者については，「コンプライアンス行動指針」「内部通報規程」等，当社社内規程に反した行為について職責に応じた責任を問うべきと判断し，人事部門において公正な処分を行う。

　筆者らが行う不正調査では，「不正実行者特定に係る5段階ステップ」を活用し，収集した証拠を十分に吟味・検証したうえで，不正実行者の行った事実認定をする際の参考にしている。

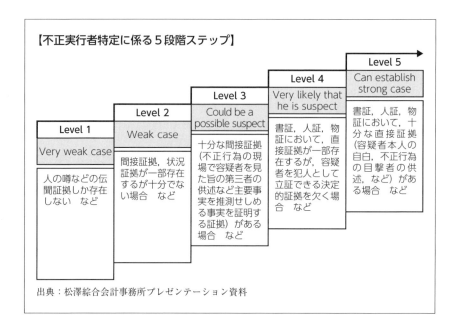

❽ 是正措置（Corrective action）

是正措置には，緊急的対応及び抜本的対応が記載される。緊急的対応は，同種・類似の不正を繰返さないために直ちに着手すべき再発防止策が記載される。関連する業務プロセスにおける業務処理統制の見直し，共謀先との取引停止，関係者の処分，決裁権限や報告手続の見直し，子会社・海外拠点管理の見直し，情報システムの見直し，内部監査の強化，内部通報制度の整備などである。一方，抜本的対応は，会計不正の発生を招いた根本的な原因に関する是正措置案であり，同種・類似の不正に限らず企業全体の不正リスクを低減させるために，全社的かつ中長期的な取組として実施すべき再発防止策が記載される。

（記載例－抜粋－）

コンプライアンス意識

　参加型教育研修などを通じ，社会的貢献，企業理念に通じるコンプラ

イアンス意識の醸成を図る。企業理念や行動規範の見直し，策定とあわせて社内風土改革の一環としてプログラム化して取り組み，外部専門家の協力も仰ぎ外形的取り組みに終わることのないよう，中長期的な視点での活動計画も含めて計画化する。
マネジメント／ガバナンス体制見直し
　リスクマネジメント委員会にさまざまなリスクに対し，個別に組織横断的かつ機動的対応が可能な体制を整備する。またリスクマネジメント委員の責任と権限を明確にし，各部門におけるコンプライアンス及びリスク管理の体制を整備する。経営に対し具体的なリスク対処を意見具申する組織を組成し，経営のガバナンス力を強化，サポートできる体制を整備する。

(記載例－抜粋－)
取引先や顧客への通知
　新しい大井社がコンプライアンス遵守を経営上の最大の課題としていることを，顧客へポスターや窓口等において明示する。また，取引先に対しては，再生大井社を謳った通知を手渡すとともに，取引等への疑念等がある場合の連絡窓口を指定することで，信頼回復に努める。
懲戒実施と説明責任明確化
　懲戒に関する基準と一貫性のある懲戒処分の実施により，経営者の不正に対する非寛容の姿勢を示す。また，部下による不正に対し，不正の動機付けとなる指示の有無や，適切なトレーニング実施の有無等，管理者としての説明責任を明確化し，不適切な場合には懲戒の対象とする。

第6 高くついた代償

(1) 破産か再生か

　発覚した会計不正の対処においては，経営者の誠実性及び説明責任が問われる局面である。不正発覚後，迅速に対応しても，その調査内容・範囲が不十分であれば，更に信用を低下させてしまう結果となる。発覚した不正への対応を最終的に評価するのは，企業自身ではなく，顧客，株主，投資家，取引先，規制当局，従業員等のステークホルダーであることを忘れてはならない。

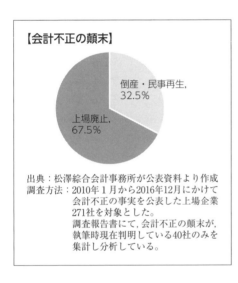

　繰返しになるが，不正の重要性の程度に関わらず，企業が発覚した不正に対して適切に対処することは非常に重要である。連日のように報道されている企業の不正は，不正の発生を示す警告シグナル（兆候）に対して，組織が日々の適切な対応を怠ってきたことが原因である。特に不正が発覚した場合において，企業の対応に問題がある場合，企業価値の重大な毀損さらに企業の存続そのものが困難となる可能性があることはいうまでもない。比較的重要度が低い不正においても，そのまま放置すると，将来大きな損害につながる可能性があることを肝に銘じる必要がある。

事例紹介18 製造業 ....

> 　製造業であるOR社は，業績達成のため，買戻条件付の製品を販売し，決算期後の３か月後に買戻しを行っていた。これは，「仮装売買」や「押込販売」と呼ばれ，売上計上できないものである。結果，数年後資金繰りが行き詰まり民事再生の申立を行った。

事例紹介19 サービス業 ....

> 　サービス業であるER社の役員は，会社資金100億円を私的な用途に利用していた。主な使途は，住宅ローンの繰上返済，ゴルフ会員権やリゾート会員権の購入，FX投資及び交際費などである。結果，上場廃止となった。

第4章

再発防止策の実践

粉飾決算を含む会計不正が長年実行されていた場合等は，企業文化を変更するには時間が掛かるであろう。その場合，企業の会計不正の浸透には，少し時間を掛け段階を経て実施することも考慮した方がよい。

再発防止策を実践するうえで，重要な理論は，「不正リスク管理理論（Fraud Risk Management Methodology）」と言われる理論である。一昔前は，内部統制の専門家，リスクマネジメントの専門家と名乗るコンサルタントが突如として現れ，内部統制報告制度等（いわゆる，J-SOX）が不正の予防になると吹聴し，一大ブームとなったものの十分な成果をあげているとは言えないのではないか。

不正は，企業又は個人を取巻く環境的要因が複合的に人間の行動心理に影響を与えた結果，不法もしくは不公正な利益を得る目的により意図的に行われる行為である点で他のビジネスリスクと大きく異なる。不正リスク管理とは，このような不正の特性に着目し，予防・発見・対処という重層的アプローチにより不正リスクを抑止し，全社的な企業目標の達成を支援し，企業価値の最大化に貢献することを目的としたリスク管理手法の一つである。

【当社の不正リスク管理モデル】

経営層だけではなく，組織や企業における全ての階層の人員は，不正リスクへ対応する責任があると考えられる。特に，厳しくなる規制や国民や利害関係者の監視の目に企業等がどのように対応しているかを説明する責任がある。そのためには，どのような不正リスク管理プログラムを活用しているのか，どのように不正リスクを特定しているのか，どのように不正を予防しているのか，少なくとも不正の早期発見をどのように心がけているのか，どのような不正調査および是正措置のプロセスを用意しているのかを説明できなければならないであろう。不正リスク管理モデルは，これらの困難な問題の解決に役立つように設計されている。

構成要素		
1	不正リスクのガバナンス	Fraud risk governance
2	不正リスクの評価	Fraud risk assessment
3	不正の予防	Fraud prevention
4	不正の発見	Fraud detection
5	不正調査と是正措置	Fraud Investigation & Corrective action

出典：松澤綜合会計事務所プレゼンテーション資料

不正リスク管理理論（FRMM）を念頭に置きつつ，粉飾決算を含む会計不正の再発防止の実践ポイントを記載することとする。なお，実践するためには経営者の次の役割が重要となる。

- 不正リスク管理における全役職員の役割・責務を伝達する。
- 経営層自ら不正リスク管理施策を実施に当たり，積極的に参画し，当該姿勢を全役職員に伝達する。
- どのような不正リスクが存在しているのかを識別可能とするため，トレーニング等により全役職員に対して浸透させる。
- 行動規範や会社の不正リスク管理に係る規程を経営層，従業員，取引先等に理解させ，同意させる。
- 利害の対立（牽制が機能しなくなるようなケース）がある場合においては，それを解消する。
- 企業においてどのような不正リスクがあるのかを識別し特定する。
- 役職員や取引先が会計不正の兆候・発生を報告できる内部通報制度を設置し，実効性を担保するために通報者を保護する。
- 会計不正が発覚した場合における不正調査の手順を予め確立する。
- 企業等内で会計不正を防止するために，不正行為者等に対する処罰を記載した懲罰規程を作成し，また，会計不正が発生した場合は，要因を分析し，内部統制に不備・欠陥がある場合はその是正措置を実施する。
- 不正リスク管理施策の有効性を継続的にモニタリングし，評価結果を適切な管理者や部門に報告する。

経営者のコミットが土台創りに有効である

　会計不正が発覚した場合，再発防止に向けて表面的な経営者の決意表明や是正策の発表では無意味であり，会計不正を許容しない経営者の姿勢を明文化し，これを全社的活動として機能させなければならない。すなわち，この不正リスク管理の土台は，不正リスクに対する経営層の姿勢（Tone at the Top）及び強いコミットメント（commitment）によって企業等の全社的な不正への取組みを示すことができる。経営者による強いコミットメントや有効なガバナンスが存在しない場合，どのような不正リスク管理施策もうまくいかないことは言うまでもない。

　粉飾決算を含む会計不正を管理するためには，コーポレートガバナンス体制の一環として，取締役会を含む執行部及び上級管理職の不正リスク管理に対する責任を明確化する必要がある。そのために，経営層は，不正リスク管理体制の取纏め，及び経営層への報告の責任者として重役レベルの経営層を任命するべきである。

　本当に重要なのは，責任者を決めることではなく，その責任者が不正対策を実行できるかである。経営者のコミットの体制は，会社の規模や発覚した会計不正の重要性によりさまざまであるが，筆者らの経験で経営者のコミットの例を記載する。

企業経営者のコミット例

> **（ケース1）**
> 　例えば，定期的に現在の課題や疑問を話しあうコンプライアンス委員会の設置が，有効な場合がある。筆者らの経験でもコンプライアンス委員等に就任することがあるが，外部の専門家が参画したことで，従業員が粉飾決算等の疑惑や疑問・提案をしやすくなったという企業もあった。

(ケース２)
　会計不正が発覚した企業に，経営者とは独立した上級管理者を責任者として１名以上配置し，当該取引に係る方針等の作成及び監督させ，経営者に直接報告させるようにした。経営者は，当該上級管理者に対して，職務を遂行するに知識と能力が不足する場合に備えて，人事権限を付与した。上級管理者を優秀なメンバーがサポートし，また，外部の専門家を交えて対策をスタートした。

企業担当者の対応状況❺

　当社は営業担当者による巨額な会計不正が発生したことを契機に，再発防止のために年に２回コンプライアンス強化週間を設置し，下記のメッセージを必要な翻訳をしたうえで，グループ全社に伝達している（建機メーカー　経営者）。
+++（以下，抜粋）+++
　現在当社グループを取巻く環境は大変厳しいものがあり，当期の目標達成のためには，私たち全員が一丸となって取り組んでいかねばなりません。しかしながら，会社は決してみなさんにコンプライアンス違反を犯してでも結果を出せとは求めていません。寧ろ業務上コンプライアンス違反に繋がるような事態に直面した場合には，躊躇なく上司・同僚・部下に相談し，判断に迷った場合には，しかるべくコンプライアンス委員会事務局を含む専門部署に相談して下さい。
　一人で問題を抱え込むことなく，上司・同僚・部下とコミュニケーションを取りながら仕事を進めていくことにより，グループ全体で自然にコンプライアンス違反をチェックしていくことが最善です。

　不正リスク管理体制の確立及び倫理的な企業風土の醸成は，会計不正の防止・発見の基礎となることは明白であり，企業の従業員，顧客，仕入先，その他のステークホルダー等への倫理的な対応は，企業の持続的発展に欠かせないものである。不正発覚が発覚した多くの日本企業では，「喉元過ぎれば熱さを忘れる」的な対応が多く，その対応そのものが最重要の改善事項の一つであると考えられる。

企業担当者の対応状況❻

　「先代の社長は，コンプライアンスに無関心な人であった。近年においては，コンプライアンスに無関心では済まされないであろう。」　　　　　（製造業　専務取締役）

> 「部長レベルが，対策を進めようと思っても当社ではうまくいかない。重要な対策には責任者は必ず役員を巻込むようにしている。仮に大きな不正が発覚し，その対策が必要になった場合も例外でないであろう。」
>
> （半導体製造業　人事部長）

(1) 経営者に率先してもらう

　経営者の姿勢（Tone at the Top）とは，企業のリーダーが醸成する職場の倫理的（あるいは非倫理的）風土をいう。経営者の姿勢は，行動規範等を通じ従業員に浸透されるものであり，倫理観や誠実性を支持する姿勢を経営者自身が明示すれば，従業員に対して同様の価値観を維持するように自覚を促すことが可能になるであろう。しかし，経営者が倫理には無関心で損益にのみ関心を示しているようであれば，従業員は倫理的な行動は優先事項ではないと感じるはずである。すなわち，経営者の姿勢が，不正リスク管理体制のための企業風土の醸成に重大な悪影響を及ぼすのである。

　不正リスク管理体制の確立の有効性は，企業の全構成員の誠実性と倫理観を超えることができない。よって，役職員に対して不正を許容しないことを伝える，率先垂範する（lead by example），不正行為の発見者が安心して通報・報告できる仕組みを提供する，そして，従業員の誠実な行動に報いるために適切な権限及び責任を付与するといったことを経営者は実践すべきである。

──企業担当者の対応状況❼──

> 「当社では，不正を行っても必ず発覚すること，会社の社会的信用も失墜すること，そして何よりも不正実行者本人が不幸になることを，社長自らグループ役職員に対して繰返し伝達している。」
>
> （グローバル企業　監査役）

> 「不正をしない風土を構築できるよう，日々の業務においても自らを律した行動をとるよう心がけており，成果主義にとらわれないよう部下にも伝えている。」
>
> （医薬品販売業　上級管理職）

> 「当社グループでは，毎年なんらかのコンプライアンス違反が発生しており，会計不正も例外ではない。グループ行動規範にはコンプランス遵守を謳っているものの，

倫理的な企業風土の醸成に非常に頭を悩ませている。」
(金融業　コンプライアンス部部長)

第2 部門横断的にプロジェクトチームを組成する

　不幸中の幸いと言うべきか，会計不正を含む会社有事の発生は，会社内の団結力を強くする場合がある。しかしながら，多くの会社では有事から平時へ戻った場合，残念ながら，喉元過ぎれば熱さを忘れるという状態に陥ってしまう。よって，再発防止策の実践はこの熱さを忘れないうちに，部門横断的なプロジェクトチーム（不正防止体制構築プロジェクト）を組成し実行してしまうのが良いであろう。

　日頃から部門横断的に業務を実施したことのない会社は，多くの場合部門間の対立構造となってしまう。そのためチームリーダーには経営層になって頂くことをお薦めする。なお，各部門の主な役割は以下のとおりである。企業の状況，不正リスクの高低等によりリスクベースドアプローチ[1]にて実施すべきである。

(1) 法務コンプライアンス担当部門

平時での主な役割

　主に会社間取引時に交わす契約書や取決め事項などの書類の検証・作成のほか，会社運営に係る法律関連の情報収集，法改正に伴う運営業務の検証等を担当する部門である。

再発防止チームでの役割

> - 会計不正体制を監視する責任者を任命する。
> - 特に取引先との共謀等で会計不正の実行を防止するために，取引先承認を一元化し，全取引先との契約関係を把握しているか検証する。

---

1) 再発防止策を，全項目網羅的に講じるのではなく，会社がおかれている環境（外部環境・内部環境），会社の特性，不正リスク等に応じて，会計不正リスクの高い項目に対して重点的に講じるという意味で用いている。

【部門横断プロジェクトチーム（ワークショップ形式）】

- General Auditor
- Legal Compliance Department
- Chief Compliance Officer
- Accounting Department
- Finance Department
- Corporate Controller
- Human Resource
- Corporate Audit

一致団結

出典：松澤綜合会計事務所プレゼンテーション資料

- ▶ 新規取引先との取引開始の手続を厳格化する。
- ▶ 取引先のバックグラウンドチェックをする手続を通常化する（与信管理等を含む）。
- ▶ 首尾一貫した契約書を使用できるように契約書のひな型を作成する。なお，ひな型には，契約に不正防止条項を盛込む。
- ▶ 不正防止条項遵守の確認書を毎年取引先から入手する。　など

(2) 経理担当部門

平時での主な役割

銀行などの金融機関や仕入先・取引先などの入出金，及び会社内の収支管理を担当する部門である。また，会社を運営していく上で必要な資金調達や，財産運用等，銀行等との折衝や交渉を担当する場合もある。

再発防止チームでの役割

- ▶ 不適切な支払いがないか取引ごとに検証を行う。
- ▶ 交際費，寄付・政治献金，交際費・贈答費，第三者への支払い，通例でない支払い等の不正リスクの高い項目を検証する。　など

(3) 内部監査担当部門

平時での主な役割

通常，経営者の指示に従い，各部門又は関係会社等の業務状況の妥当性の監査等を担当し報告する部門である。

再発防止チームでの役割

- できれば監査担当部門と法務コンプライアンス担当部門で共同の再発防止対策チームを設置する。
- 定期的に役職員や取引先に対して，アンケート調査やインタビューを行い，再発防止策の遵守状況について検証する。
- 内部通報制度が有効に機能しているか検証する。
- 特定勘定科目（交際費等）に対して重点的に監査（承認プロセスの妥当性，取引の実在性等）を実施し，できれば抜打ちで監査を実施する。
- 会計不正の発生の兆候を理解し監査に活かす。
- 定期的に会計不正リスクの評価を行う。　など

(4) 人事担当部門

平時での主な役割

会社で働く人材の雇用や採用制度，適正配置，福利厚生や教育制度，研修制度，懲罰等を担当する部門である。

再発防止チームでの役割

- 人事制度に会計不正再発防止策を組込む。
- 各地域で会計不正防止研修を行う。なお，研修は各部門，役職に応じた内容を提供するべきである。
- 全役職員から会計不正防止遵守に対する懲罰規程を作成するとともに年次宣誓を取得する。など

グループワークと多数決

　多数決（Majority decision）とは，集団において意思決定を図る際に，多数派の意見を採用する方法のことである。不正防止体制構築プロジェクトのグループワークでは，この多数決による決定は極力避け，「全員が納得するまで話し合う」という姿勢でワークショップを実施するようにすべきである。もし，全員が納得できない場合でも，少数派の意見を一部分取り入れるという姿勢を見せることで，チームの一体感を崩すことなくプロジェクトの遂行が可能となる。安易に多数決で決めるのではなく，少数派の意見にも耳を傾けるようにして，チームをまとめていくことが重要である。

　筆者らの経験でも，筆者らのような外部の第三者がファシリテーターとなることによって，ワークショップを成功に導けることがある。ワークショップの実施には，外部の専門家を利用することも検討が必要である。また，多数決をとるにしてもトータライザー等を使用するなど工夫をしている。多数決を挙手制で実施すると，「誰がどの案に賛成したか」が明確になり，

- 多数派から少数派への嫌悪
- 少数派から多数派への恨み
- 少数派の羞恥心　など

ワークショップが対立構造になってしまうからである。

不正の定義とリスク評価を実施する

(1) 会計不正を定義する

リスク管理のためには，リスクの正確な定義が必要となってくる。不正リスクも例外ではない。すなわち，企業として何を会計不正と考えるのかという定義づけ，意識づけが必要である。

【不正リスクの棚卸し例】

　不正リスクの棚卸しは，仮説検証アプローチを念頭におき実施する必要がある。社内外の多方面の情報源から不正に関する情報を収集・整理し，討議を通じていかに適切に不正に対する仮説を構築できるかがポイントとなる。例えば，競合他社での会計不正事例を参考に自社の潜在的な不正リスクを炙出す必要がある。

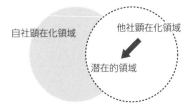

出典：松澤綜合会計事務所プレゼンテーション資料

　各種規程や施策の策定に先だって，会計不正の定義づけをすることが不正リスク管理体制の確立の第一歩である。「会計不正をやってはいけない。」だけでは，多くの人が遵守できないのであろう。
　企業において過去発生した事件や競合他社での会計不正事例をその手口や発生要因ごとに棚卸をし，会計不正の定義の参考とすべきであろう。

企業担当者の対応状況❽

　「当社グループでは，海外子会社で巨額な会計不正が発覚したことを契機に，グループ会社で生じた過去20年間の会計不正を含む不正・不祥事の棚卸しを実施した。当該不正事例を，不正の手口ごとに類型化し，内部監査の手法の改善や社内研修等に利用している。」　　　　　　　　　　　　　　　　（グローバル企業　CFO）

> 「日本でも不正予防・早期発見に対する社会の要求が，年々高まっているのは同業者との会話からも感じられる。法規制を追いかけるように対策を練るのではなく積極的に不正対応策を実践したい。」
> (外資系医薬品卸業　法務部部長)
>
> 「世界的な不正防止要求の流れを受け，当社でも行動規範を作成し研修も行ったものの，効果はあまり実感できず形式的なものでしかなかった。当社にとって許容できない重要な不正はなにかをまず問直し定義の見直しを行いたい。」
> (IT産業　コンプライアンス部部長)
>
> 「当社では，企業としてどのような行為を会計不正と考えているかという明文化されたものはない。知らずに会計不正を犯しているケースも実は存在するのではないか。」
> (建設業　CFO)

(2) 初期的リスク評価

不正リスク管理理論において，不正リスク評価は，不正リスク（要因）を識別し，リスクの発生可能性及び影響の程度を評価し，その対応を決定する一連のプロセスであると定義される。

まず，不正リスク評価チームは，企業が対象とすべき不正リスクを適切に識別し，その不正リスクがどのようにして顕在化しうるか（発生部門，人物，不正シナリオ，不正手口）の仮説を構築し，不正リスクを可視化する必要がある。特に，不正リスク評価チームの討議においてはファシリテーションが有効であり次の事項を考慮する。

- ファシリテーターとして不正調査の専門家等の活用
- 組織のさまざまな部門・階層レベルからの多様な経験・知識を有するメンバーの参加
- 他社の不正事例の収集・分析
- 相互批判や自己防衛に陥らない自由で活発な議論を可能とする場・関係性の形成
- 経営者が内部統制を無効化するリスク（「聖域」を設けない）
- 仮説の構造化（不正リスク要因，発生領域，不正の手口，財務的

影響，発生時期など）
> 評価チームにおける合意形成と組織全体への浸透（不正リスク評価結果のフィードバック）

―企業担当者の対応状況❾――――――――――――――――――

「自社で過去発生した不正事例の他，競合他社で発覚した不正事例についても不正リスク評価の際に考慮している。」　　　　　（製造業　リスク管理部門責任者）

「買収を予定している企業に過去不正があった場合などにはデューデリジェンス依頼項目に不正リスクの診断を追加している。」　　　（サービス業　経営企画室長）

「内部監査部門で定期的に自社の不正リスク要因や考えられる不正手口やその発見方法についてブレーンストーミングを実施している。」（サービス業　内部監査室長）

「不正防止のための活発な意見交換ができるようコンプライアンス研修の一環として不正に関するテーマを設けて不正リスクに対する正しい理解を伝えている。」
　　　　　　　　　　　　　　　　　　　（情報サービス業　コンプライアンス部長）

「当社では本社の各部署及び子会社にリスク管理担当者を配置し，年間を通じて定期的なミーティングを実施し，不正リスクを含めた事業リスクについて洗出しを行っている。」　　　　　　　　　　　　　　　（IT企業　リスク管理部門責任者）

「経済環境が急激に変化しているにもかかわらず，不正リスクを含むリスクの洗出しや対応が適時に対応できていない。」（サービス業　コンプライアンス部門責任者）

「取締役会では不正リスク要因を認識し対応の必要性を主張していたが，掛け声だけで実効性のある対応に着手しなかった結果，長期間にわたり不正が行われていたことが発覚した。」　　　　　　　　　　　　　　　　　　（製造業　専務取締役）

「大規模な不正が行われていたものの，業界慣行として通常に行われている取引を利用して行われていたため，組織内の誰も異常な取引と認識していなかった。」
　　　　　　　　　　　　　　　　　　　　　　　　　　　　（製造業　取締役）

「グローバルに事業展開している中で，文化や習慣の大きく異なる海外子会社で発生する不正による影響をどうすれば低減できるか，あるいは防止できるのか危惧している。」　　　　　　　　　　　　　　　　　（商社　コンプライアンス部門）

初期的な不正リスク評価の目的は，対処すべき不正リスクに対して優先順位と対応策について経営意思決定のための情報を提供することである。したがって，この段階では，識別された重大な不正リスクには十分に注意する必要はあるものの，全体として意思決定ができる程度に相対的優先順位が決定されていれば十分であり，必ずしも全ての不正リスクについて自社グループの通常の事業遂行を阻害する時間と労力をかけてまで不正の発生可能性と重要度を精緻に測定する必要はないであろう。

- リスクマップ方式：リスクの「発生可能性」及び「重要性」の高低によるポートフォリオマトリクスに配置した手法であり，ヒートマップ（Heat Map－直観分析図）とも呼ばれる。それぞれのカテゴリーごとに効果的であると考えられている不正リスクへの対応アプローチを全員が共有できる。
- リスク評点化方式：一般的には，「影響度」，「発生可能性」，「コントロールの有効性」等を評点化し，乗じることによって，残余リスクを評点化する。「残余リスク」の評点に「閾値」を設けて，重要度を評価するのが一般的である。固有リスクの「影響度」や「コントロールの有効性」の評点に「閾値」を設けて，重要度を評価することもある。
- リスク計量化方式：市場リスクや信用リスク等をリスク要因ごとに整理し，可能な限り計量化して評価する手法である。例えば，金融機関では，リスクの計量化において既に業界標準で用いられているのがVaR（Value at Risk）であり，これは，「過去の一定期間（観測期間）の変動データに基づき将来のある一定期間（保有期間）のうちにある一定の確率（信頼水準）の範囲内で被る可能性のある最大損失額を統計的手法により推定した値」である。

【リスク評価（イメージ）】

リスクマップ方式

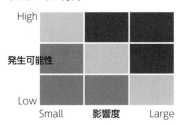

リスク評点化方式

リスク内容	固有リスク		コントロール	残余リスク
	影響度 （評点A）	発生可能性 （評点B）	有効性 （評点C）	評価 （A×B−C）
	点	点	点	点
	点	点	点	点
	点	点	点	点

リスク計量化方式

リスク内容	影響度			発生頻度	統制上の 改善点
	直接費用	間接費用	その他		
	点	点	点	点	
	点	点	点	点	
	点	点	点	点	

　一般事業会社で行われる不正リスクの評価は，リスクマップ方式又はリスク評点化方式で十分である。不正評価チームは不正リスクに対する既存の発見・防止コントロールの有効性を評価し，それでもなお会計不正を防止・発見できないリスク（残余リスク）を識別し，残余リスクに対して次の対応のいずれか，あるいは組み合わせによる対応策を策定する。なお，不正リスクの優先順位づけや残余リスクへの対応においては経済合理性と適正な資源配分が重要である。例えば，既存の内部統制手続あるいは不正防止・発見コントロールが優先順位の低い不正リスクにのみ効果が期待できる場合においては，むしろ既存手続へのコストをより重要な不正リスク対応へ向けなければならない。

(3) 継続的評価

　不正リスク評価は，不正リスク管理の技術面における根幹部分を構成し，他の施策に広く影響を及ぼす重要なプロセスであるため，継続的に実施しなければ意味はない。

　経営者は限られた経営資源の中で残余の不正リスクを企業目的の達成上許容できる範囲まで低減するために，戦略的に不正リスクへの対応の方針を決定し実行することが重要である。また，以下の理由から不正リスク評価と対応状況の定期的評価は不可欠である。

- 経営環境の変化により新たな不正リスク要因が識別される可能性がある
- 不正のコントロールの有効性が想定していた状況から変化し改善が必要な可能性がある
- 不正リスク評価は主観的判断の要素が大きいため，評価時点の判断を修正する可能性がある

　再評価のタイミングは不正リスク管理に関連する投資及び施策が年度の年度事業計画に適切に反映されるように設定されることが多い。しかし，新たな不正リスク要因の発生，不正リスクに重要な影響を及ぼしうるような事象が発生した場合には，適時に不正リスク評価の見直しを検討する必要がある。また，不正リスクの定期的な評価にあたり，不正リスクマネジメントのモニタリング結果もリスク評価時のインプット情報として考慮し，不正リスク評価を継続的に運用することが重要である。

道標となる行動規範を策定する

　企業は，会計不正の再発を防止するために基本方針の策定あるいは見直しの必要があるであろう。特に企業グループの役職員の道標となる行動規範の重要性を再認識することが必要である。具体的には，企業に属する全役職員が遵守すべき行動の指針であり，このような行動の指針が行動規範（code of conduct）と呼ばれ，「企業によって作成された，役員，管理職，その他従業員等にとっての現在及び将来の行動指針を規定した文書」として定義されている。行動規範の名称は，各社により，「会社方針」「企業理念」「企業倫理」「行動規約」「社是」「宣言」「倫理要綱」「行動指針」「行動規範」等とさまざまであり，多くの企業で策定され，発覚した不正に対する施策や新たな法令の導入等により適宜改訂を実施している。また，様式は，企業の経営理念を定義した1ページだけからなるものから，従業員の行動を詳細に規定した数十ページのものまでさまざま存在する。

　行動規範に詳細な基準及び規則を含めるべきかについて，賛否両論あるものの，筆者らの経験では一般的に，経営理念，基本的価値観，各利害関係者に対する責任の宣言（これが企業の価値判断の拠り所になるものであり，企業のあらゆる行動の基準を定めた憲法のようなもの）について定めた冊子と，より詳細な基準及び規則について定められた冊子の2種類で構成されている場合が多いようである。

> 経営理念：経営理念は，企業の目的等が記載され，企業が利害関係者，企業の成長に影響する内部及び外部要因，そして経営陣が企業自身をどのように考え，評価するのかについての基盤となる。

> 基本的価値：基本的価値観は役員，管理職，その他従業員等の意識に焦点を置いており，企業の経営理念，組織の原動力，企業

文化の源となる。
> 利害関係者に対する責任の宣言：利害関係者に対する責任の宣言に関しては，従業員，消費者，競合他社，取引先，社会・自然環境，政府，株主に対するものなどがある。
> 基準及び規則：基準及び規則は，管理職及びその他従業員等に対して，明確なルールが存在しない状況でどのように行動するべきかのガイドラインとなる。

(1) 有効な行動規範の条件

行動規範は，企業に属する全役職員が遵守すべき行動の指針に足りうるものでなければならず，そのため行動規範等においては，①明確性，②具体性，③透明性，④信頼性の4つの要件を最低限備えておく必要がある。すなわち，他社のものを丸写ししたものや，サンプルとして出回っている教科書的なものでは意味をなさず，行動規範が明確かつ具体性をもったものでなければ，グループ全役職員の行動の指針となり得ないであろう。また，対外的に情報開示され，それに基づいた運用がなされるよう体制づくりをすることにより対外的な信頼が得られるものとなる。

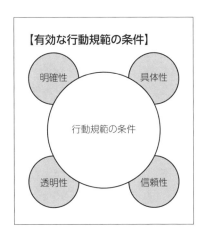

(2) 行動規範の作成手順

行動規範の作成は，担当部署等が原案を作成し，関係各部との調整を経て，取締役会等の機関において承認することにより成立する。行動規範は，全役職員がその重要性を十分に理解し，今後遵守すべき行動の指針となるべきものであるため，関係各部の問題点を洗出し，その意見を十分に吸い上げる必要があり，全社的な取組みとすることで効果がある。

そのため，企業は，有効な行動規範等を作成するために，次のことを考慮する必要があるであろう。

- ▶ 経営者と従業員が現在直面しているリスクと問題を評価・分析し，何を行動規範等に含まなければいけないかを決定する。
- ▶ 経営理念・責任・価値観・規則等に関して，企業が期待されていることを各利害関係者に問う。
- ▶ アドバイスをもらう為に，新行動規範等案を社内外の人に見てもらう。
- ▶ 経営者と，行動規範等の中で企業の理想像をどれ位表現するかについて議論を交わす。
- ▶ 従業員のモラルにおける影響を考慮し，会計不正に関して前向きに議論される企業文化を創造する。
- ▶ 行動規範を，管理職の要件やコーチング・開発・レビュープロセスの一部とする。
- ▶ 部署毎に行動規範の遵守状況だけでなく，ビジネスプランニングサイクル[2]への適応状況もモニタリングする。
- ▶ 行動規範の遵守を業績評価の対象とする。従業員に行動規範に関する事を問い，遵守の観点で評価をする。
- ▶ 行動規範に関する議論を利害関係者との会議で実施する。行動規範について議論し，利害関係者に現実的な適応・改善方法に関する認識やアドバイスを依頼する。

(3) 経営者のレビューポイント

経営者は，従業員が自らの良識を十分に発揮でき，かつ，従業員が不正行為をせずに正しい選択ができるように倫理的な意思決定ツールとして機能するよう工夫しなければ意味はない。そのために，経営者は次の

---

[2] ビジネス プランニングとは，非定常的に行われる業務，目的・目標を明確にし，期限を定め，そこで行われるべきタスクを設定し，各々のタスクの中の手順を洗出し，関係する人の関連づけや利用する設備などの利用計画を立て，そしてそれらを総合的にスケジュール化する手法であり，PDCA（Plan-Do-Check-Action）のビジネスサイクルを具体的に実践するビジネス遂行手法でもある。

観点から査閲すべきであろう。

- 経営者自ら常に推奨できるか
- 企業の主要な規程，コンプライアンスリスクの領域と整合しているか
- 従業員が正しい選択ができるように倫理的な意思決定ツールとなっているか
- 従業員が，懲罰のおそれを抱かずに不正の兆候を報告したり助言を求めることができるような仕組みとなっているか
- 簡潔で，前向きな用語が使用されているか
- 実務的なガイダンスとなっているか
- 読みやすく，理解しやすく，興味を持たせる視覚的な工夫がなされているか

企業担当者の対応状況❿

「当社では，行動規範及び関連規則（経営理念・企業の社会的責任・価値観・規則等）の確立の際に，各ステークホルダーから当社が何を期待されているかを議論し作成した。」　　　　　　　　　　　　　　　（IT関連業　コンプライアンス本部部長）

「行動規範の確立には，従業員等のモラルへの影響を考慮し，不正に関して前向きな議論がされる企業文化を創造できることも考慮にいれることが重要である。」
（グローバル企業　監査役）

「当社は，「不正を知った場合には速やかに適切な担当者・部門に報告すること」を行動規範に明記し義務付けている。」　　　　　　　　　　　　　　（金融業　監査役）

「当社は，行動規範の浸透のため以下の施策を実施している。
- 社内の広報誌で定期的に特集
- オフィス内の人がよく通る場所に行動規範のポスターの貼出し
- 行動規範が記載されているカードの配布
- イントラネットのバナーへ掲載

など」　　　　　　　　　　　　　　　　　　　　　（コンサルティング業　広報担当者）

「当社では，コンプライアンス風土の浸透のために，従業員に入社時に行動規範を配布し，従業員の行動規範の受領，同意の確認書を提出させている。」
（輸入業　人事部部長）

第5 人事関連規程を改訂から教育へ

(1) 諸規程の改訂

不正防止方針とは，企業ごとに異なる状況下で発生するさまざまな不正やコンプライアンスの問題について，当該企業の対応方法が具体的に明文化されたものの総称である。名称は，何でもよい。記載される内容は，すでに就業規程等の人事関連の規程に含まれていることが多いが，多くのグループ役職員はその存在は認知しつつも実際に閲覧して自らの行動に反映することが少ないであろう。また，既存の規程を改訂するには，手間が掛かる。

> **不正防止方針（例）**
> - 経営者による声明及び適用範囲
> - 不正行為の具体的列挙
> - 不正調査実施の責任者と権限の明確化
> - 不正行為を知った場合の報告義務及び報告先
> - 不正報告に対する機密保持の明言、不利益を被ることがないことの明言
> - 実務的アドバイスを求める際の連絡先
> - 不正行為実行者の処分方法 など
>
> 出典：松澤綜合会計事務所プレゼンテーション資料

泣いて馬謖を斬る

よって，特に不正発覚企業など，一度でも痛い目にあった企業は，特に行動規範との整合性を考慮して，不正防止方針において不正行為を具体的に列挙してしまう方が，作成も浸透も早いであろう。

そのうえで，適切に懲戒規程を改訂することにより，経営者はグループ企業の役職員に不正防止が重要な事項であることを伝えることができる。これは，企業の期待に反する行

動は許容されるものではないということを明確に伝えるメッセージにもなる。

　懲戒規程を作成するうえで重要なことは，犯した違反の性質とその重大さに即して懲罰が課されるように適切に設計すべきであり，同時にこの制裁措置は企業の役職員の地位，在任期間，職務権限に関係なく一様に適用されなければならない点である。また，管理者は，部下の犯した違反に対して説明責任を負うのであるから，管理者が不正が発生しているかもしれないと知っていた，あるいは知るべきであったにも関わらず説明責任が果たせなかった場合にも，懲罰の対象となるように設計することも重要である。

　懲戒規程の改訂以外にも，その他人事関連規程も整合させて改訂が必要となる。

> 入社志望者：企業は様々な方法で新入社員に対して行動規範等を説明している。国・地域によって，実施できない場合はあるものの，管理職候補者に対して身元調査（バックグラウンドチェック）の実施を人事規程に記載して実施する必要がある。筆者らの経験でも，前職で同様の会計不正を行っていた不正実行者に出くわすことがある。身元調査を実施していれば，入社後に会計不正を実施しようとする者を牽制することができたはずである。

> 同意確認書：過去又は今後のコンプライアンスの遵守のために，行動規範等の受領，同意の確認書を提出させるべきであろう。粉飾決算を含む会計不正に手を染めないという確認も記載が必要で

ある。
> 人事考課：人事評価の面談時に行動規範等への遵守を要求し，昇給・昇格基準は行動規範等の遵守を直接影響させる必要がある。

ただし，繰返し不正を行う人を排除すれば不正が起きないということではない。会計不正の実行者の大多数が初犯であることを忘れてはならない。

企業担当者の対応状況⓫

「当社では，行動規範等の遵守状況も人事考課の対象となっている。」
(製造業　人事部長)

「管理者が部下に対しての管理者責任を負うことと同様，親会社が子会社の管理責任を負うことは当然だと考える。」
(半導体製造業　CEO)

「懲戒規程に具体性がなければ，仮に従業員に違反行為があった場合に懲罰を課すことができないのではないか。」
(消費者金融業　コンプライアンス部担当者)

「コンプライアンス違反の早期発見のために，役職員に対して通報義務を課すように規程を改訂した。また，次の段階として今後は取引先にも通報の協力を要請したい。」
(専門商社　経営者)

「当社の懲罰基準は，非常に曖昧である。仮に従業員に懲罰を課そうとしたときに法的な問題が持ち上がる可能性があり，実際には懲罰を課せられないのではないか。」
(不動産業　人事部長)

---

(2) 人材育成・教育研修は怠らない

筆者らが関与した会計不正に対する再発防止策として，多くの企業にて会計不正のリスクを従業員に周知するために，次のようなコミュニケーションを実施することを助言している。

> 会計不正リスクの重要性をE-Mailや伝達文書に含める
> イントラネットに専用のページを設ける
> 社内広報誌で特集する
> オフィス内の人がよく通る場所に会計不正防止のポスターを貼る

- デジタル／オンラインゲームなどのツールを開発する
- 特別なイベントを企画する
- 会計不正事例を配布する，または，ウェブサイトのバナーに掲載する
- 経営者がスピーチの場で会計不正リスクについて触れる

　また，粉飾決算の防止を役職員に企業文化として根付かせるためには，機会を捉えた継続的な教育研修が必要である。教育研修には多くのリソースが必要となるが，社内にリソースがない場合は，外部の専門家に依頼することも検討が必要である。筆者らも，集合研修やファシリテーションの研修講師を依頼されることがある。

企業担当者の対応状況⓬

「今の若い者は，適切な教育をすることにより，従業員の士気に前向きな影響をもたらすのではないかと考えている。誠実な従業員は誠実な会社で働きたいと思っているのではないか。」
　　　　　　　　　　　　　　　　　　　　　　　　　　（建設業　内部監査部部長）

「当社では，全ての新入社員に，コンプライアンス教育を実施している。企業の不正を許容しない姿勢を伝達する最初の機会である。」
　　　　　　　　　　　　　　　　　　　　　　　　　　（総合電機　CEO）

「当社では，半期に一度，外部の専門家を招き，経営者及び幹部候補向けに不正防止研修を実施している。」
　　　　　　　　　　　　　　　　　　　　　　　　　　（専門商社　監査役）

　当然のことながら教育研修は，定期的に開催しグループ企業の役職員を網羅することが重要である。また，共謀による会計不正を実行させないためにも，一部の研修は取引先等を招いて実施することも有効であろう。また，理解した旨を確認するために従業員等より署名を受け，確認書として保管することがのぞましい。

　また，唯一絶対という研修内容とスタイルは存在しない。よって，事業内容，企業が置かれている状況や環境に付随する重要なリスクを把握し，研修内容は決められるべきである。精神的哲学的な議論に終始するよりも，身近な事例を利用し，不正の手口や兆候の発見方法，所属する部署でも類似した不正が起こり得るか，または起こっているか，不正を

知った場合はどのような行動をとるべきか等，適切な行動とは何かを考えさせることをお薦めする。

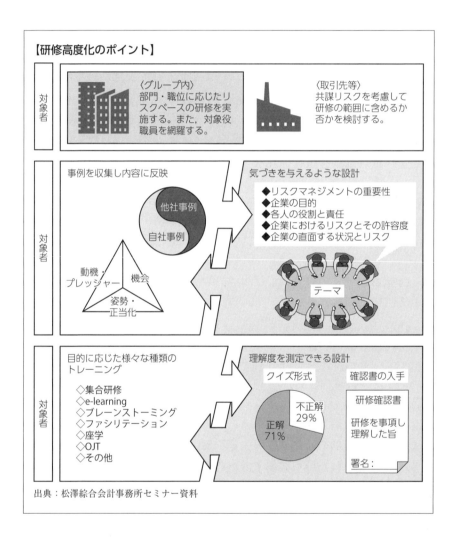

第6 手口を無効にする統制をデザインする

　不正を予防することと発見することは関連があるが，同じ概念ではない。「予防」の概念は，規程・手続・研修・コミュニケーションを通じて不正の発生を予防するものであるが，「発見」の概念は，主に不正を適時に見つけ出す活動や技術である。そのため，予防的統制（preventive control）と発見的統制（detective control）を組合せることで，不正リスク管理機能の有効性を強化できるであろう。なお，発見的コントロールは不正が起きた又は起きていることを証明できるが，不正の予防はできないことに留意が必要である。

　不正を予防する目的は，不正が発生しないことを担保するわけではなく，企業等の不正リスクを低減させることである。全ての企業等に不正リスクは存在しているが，全ての不正が予防できるわけでもなく，費用対効果に見合うわけでもない。企業によっては，予防的コントロールよりも特定の不正に対する発見的コントロールを構築する方が費用対効果は良いと判断するかもしれないであろう。なお，不正の発見のプロセスには，内部監査人の監査手続の見直しや会計データや販売データ等のデータそのものを利用した分析等が含まれる。

　会計不正による効果的な統制は，会計不正の手口により異なり，また，他の章で言及しているため，本章では個別の統制は割愛する。

第7 取引先との共謀を回避する

　取引先との共謀による会計不正は，発見しにくいだけではなく，発覚時には巨額となっていることがある。人事規程に則り，担当者は定期的にジョブローテーション等をすべきであるが，社外の利害関係者に対しても自社グループの粉飾決算を含む会計不正に加担することがないようにインテグリティーデューデリジェンスを実施したうえで審査し，取引を開始する必要がある。なお，インテグリティーデューデリジェンス (IDD)[3] とは，公開及び非公開情報に基づく，企業や個人の素性，資本関係，実績，評判，倫理観に係る情報収集及び分析である。共謀による不正行為を排除するためには，IDDを実施し十分な情報を入手した上で取引先等を決定することが有効である。なお，社内にIDDを実施するリソースが確保できない場合，外部のリソースを使用し実施することも可能である。

　また，取引先との契約書に不正防止条項を追記することで，会計不正

業務委託契約書（ひな型）

- 業務内容
- 委託業務の遂行方法
- 業務委託料・費用負担方法
- 契約期間・契約更新
- 再委託の制限
- 知的財産権（成果物）の所属
- 業務の履行状況の報告義務
- 名称等重要事項変更の通知義務
- 業務上知り得た秘密保持
- 損害賠償
- 遅延損害金
- 解除
- 契約終了後の処理
- 裁判管轄

追加：不正防止条項

出典：松澤綜合会計事務所プレゼンテーション資料

---

[3] 新規取引先には特にバックグラウンドチェックと呼ばれる場合もある。

への加担の牽制にもなる。監査権（Audit Rights）を含めることが重要であろう。なお，一般的に不正防止条項は以下の事項が記載される。

- 会計不正を契約締結時点で行っていないことの表明保証
- 契約締結後も会計不正を行わないことの表明保証
- 当該義務を遵守しているか否かの確認のための監査・検査権利及びそのための帳票類の保存義務（Audit Rights）
- 会計不正の発生，またはその恐れが発覚した場合の報告義務
- 当該義務違反の場合の賠償義務
- 当該義務違反またはその恐れがある場合の契約解除権利　など

内部監査を工夫する

　日常的なモニタリング活動を実施しなければ，粉飾決算を含む会計不正の防止が実践されているかを検証することができず，実効性を伴わないこととなる。筆者らの経験では，特にこの規程を作成しただけで，会計不正の是正措置が達成できたとして，後日再発したという企業も多数存在する。

　なお，外部監査を受けることは，一定の効果が認められる可能性はある。しかしながら，外部監査は企業の統制に不可欠な役割を果たすことはできるが，主要な不正対策の仕組みとして企業はこれに頼るべきではない。

(1) 不正対策の浸透度を知る

　不正対策の浸透度を測るためには，前述したアンケート調査（Integrity Survey）を活用することが有効である。グループ企業の全員又は一部に対してアンケート調査を実施することにより，「経営者の姿勢」や「各種不正に関連する規程」の浸透度を検証することができる。なお，アンケート調査の実施は，浸透度を測るだけではなく次の目的で利用される場合もある。

> - 会計不正リスクが低い子会社や領域の内部監査の代替
> - 会計不正リスクが低い海外子会社の内部監査の代替
> - 通報しにくい事案の誘発（内部通報制度を補完するため）など

　なお，アンケート調査の実施において考慮すべき事項は次のとおりである。ただし，総合商社のように多事業を営み国内外に複数の子会社を所有している内部監査人が実施するアンケート調査を想定している。自社の規模や置かれている状況を勘案してイメージして頂きたい。

> - 不正に関する対策等（Fraud Control Strategy）の浸透度合：子

会社にグループ方針の浸透度，又は子会社独自の不正防止に対策があるかを評価する。
- マネジメント（Management Commitement）の取組み状況：経営者・管理者の不正対策に対する取組みへの努力度合いについて評価する。マネジメントが模範的行動を行っていなければ，不正対策も効果的ではない。
- 企業倫理・企業風土（Ethical Framework）：子会社の各種規程や規則，報告手順が不正防止対策にどれくらい寄与しているか評価する。健全な企業風土は不正防止に向けてのベストプラクティスの基礎部分にあたる。
- 不正対策に関する認知度（Fraud Awareness）：子会社が不正に関する危機感・認知度を意識付けするために実施している施策について評価する。
- 不正リスクの認識と評価（Fraud Risk Assessment）：子会社が正しく不正リスクが高い領域を評価・認識し，それに対する適切な対策が十分であるか評価する。
- 内部統制（Internal Control）：子会社に発生可能性が高い不正に対応する効果的な内部統制があるかを評価する。
- 各部門長の管理責任（Line Manager's Responsibility）：子会社で，各長が自身の不正対策実施に関する責任を理解しているかを評価する。
- 管理体制と責任の明確化（Responsibility structures）：不正防止対策が，子会社の事業全体で適切，かつ確実に実行されるよう管理体制と責任が明確化されているか評価する。
- 内部監査（Internal Audit）：内部監査が不正防止にどのような役割を果たしているか，内部監査結果は，不正防止対策に反映されているかを評価する。
- 従業員採用時のチェック体制（Pre-employment screening）：従業員や新たに採用する従業員による不正の可能性を最小限に抑えているか評価する。

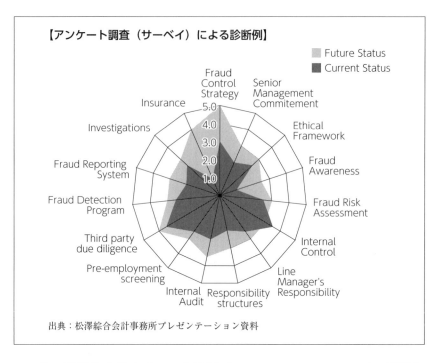

出典:松澤綜合会計事務所プレゼンテーション資料

- ▶ 取引先企業のチェック体制(Third party due diligence):取引先との共謀による不正の可能性を最小限に抑えているか評価する。
- ▶ 不正発見に対する取組み(Fraud Detection Program):不正発見体制があるか評価する。これらのプログラムは,コンピュータを使った調査や会計記録の監査を含む。
- ▶ 通報手順(Fraud Reporting System)の理解:不正の兆候が発覚したとき,通報者はルートを理解しているか。子会社が適切,かつ的確に対応できるか評価する。これは通報者を保護する適切な仕組みと規程があるかも含む。
- ▶ 不正発生時の調査体制(Investigations):子会社に不正発生時に適切,的確でかつ効果的な調査を行える仕組みと規程があるか評価する。これは外部の弁護士との関係性も含む。
- ▶ 不正による損失に対する保険の準備(Insurance):子会社の保険範囲が不正による損害をカバーできるか判定する。

(2) 内部監査の高度化

通常、内部監査は、通常担当部署があらかじめ策定した実施計画に則り、現場の担当者等を通じてあらかじめ準備したチェック項目に基づいて実践状況を検証し、担当部署に報告することにより実施されることが多く、検証結果に問題があれば、必要な指導を行うこととなり、その後のコンプライアンス体制等の強化計画の策定にあたり参考としている。

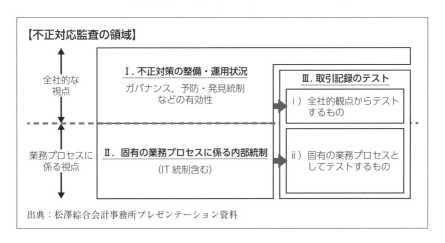

企業は、会計不正防止の効果をモニタリングするために、不正調査のアプローチである仮説検証アプローチを監査の手法に取入れることがのぞましい。

- 企業の倫理状態や文化を定期的に評価する（例：アンケート調査（サーベイ）の活用）。
- 評価方法や手段の効果を評価する。
- 役職員に会計不正に関する経験や考えられる改善点を問う。
- 是正措置等の導入後にどのようなフォローアップ策が講ぜられたかを検証する。
- 競合他社で発覚した会計不正を分析し、再発防止と改善の余地を考える。
- 会計不正防止の効果に関する主要評価指標のダッシュボード（一覧表）を作成する。

そのうえで，監査チーム内にて，十分に不正討議を実施の上，監査を実施することをお薦めする。会計不正が行われる可能性，どのように行われる可能性があるかについて，特に重点を置き，対象部門・子会社の実態及びその環境に基づき適用される会計処理等を含む財務報告の枠組みについて討議し，メンバー全員で共有することが重要である。

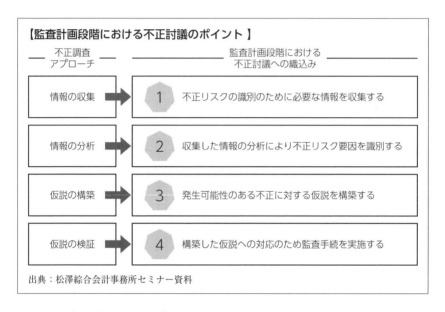

このような監査チーム内の討議が可能とするためには，企業とその統制環境の理解の一環として理解する業務プロセスについて非常に詳細に理解しているとともに，特に当該業務プロセスに整備・運用されている内部統制に係る不備や脆弱さを把握し，適切に識別した不正リスク要因によってひいては誰が実行者となり得るかまでも判断しておくことが必要となる。監査人は，常日頃から不正リスクへの感応度を鍛えておく必要があるであろう。また，監査メンバーは，経営者，取締役等及び監査役等が信頼でき誠実であるという考えを持たずに，監査業務を遂行することが重要である。是非，会計不正が行われていることを前提にして監査を実施して頂きたい。

第9 通報制度の高度化を目指す

日本における内部通報ホットラインの制度化の歴史は，2002年10月に日本経済団体連合会が「企業行動憲章」を改訂し，「企業倫理ヘルプライン」（内部通報制度）の導入を奨励したことに始まる。その後，法令違反行為を通報した労働者を解雇等の不利益な取り扱いから保護し，事業者の法令遵守経営を強化する目的で2006年4月に「公益通報者保護法」が施行された。内閣府では，「公益通報者保護法に関する民間事業者向

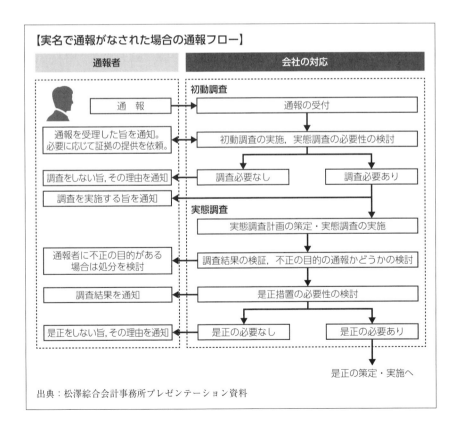

出典：松澤綜合会計事務所プレゼンテーション資料

けガイドライン」（2005年7月）を公表し，事業者がコンプライアンス経営への取組みを強化するために，内部通報を事業者内で適切に処理するための指針を示しており，このような動きに伴い通報制度を導入する企業は増えている。現在は，上場企業で内部通報制度を備えていない企業は，ごく少数であろう。なお，一般的に有効な内部通報ホットラインを設置することにより次の効果があるといわれている。

> 不正の早期発見・抑止効果：社内に監視の目をはりめぐらすことにより，不正を早期発見・抑止する。誰もが内部通報者なのである。

> 外部告発防止効果：ソーシャルメディアやブログ等には，一般の人間が簡単に世の中に向けて告発できるという利便性があり，また，マスコミ等は，記事として取扱いやすいスキャンダラスなものは，即座に公表してしまう。ソーシャルメディアやマスコミ等がつかんでいる不正に関する情報を企業が後追いする形で公表した場合，企業の社会的信頼は大幅に低下せざるを得ないため，まず社外ではなく社内に不正に関する情報が集約されるようにするのである。

しかしながら，多くの企業が自社の内部通報制度の有効性に対して疑問をもっているのも事実である。多くの企業は，内部通報制度が形骸化しているのではないか。有効に機能する内部通報ホットラインを構築すれば，より多くの企業において不正の早期発見が可能になることも事実であろう。

企業担当者の対応状況⓭

「当社は，通報可能時間が，営業時間内となっていたため，営業時間外も通報可能な制度に変更をした。」　　　　　　　　　　　　　（国内運送業　法務部部長）

「当事務所は，複数の上場企業の通報窓口を設置して10年経つが，電話が鳴ったことは一度もない。」　　　　　　　　　　　　　　　　　　　　　　　　（弁護士）

「海外に複数の拠点や子会社にあるため，地域ごとに24時間多言語対応の通報窓口を設置し，定期的に本社にて通報内容をチェックしている。」

（グローバル企業　コンプライアンス部部長）

最低限必要な制度設計

　情報をできるだけ多元的なチャネルから吸上げ，通報が集まりやすくなるようにしくみを構築することが，有効な内部通報ホットラインの設置の第一歩であり，「窓口の間口を広く，敷居は低くする」のがポイントである。まず，匿名の通報を可能とするとともに，外部の窓口の設置を含め複数のルートを設けることが重要である。企業の内部窓口は信用できない，自分が通報者だと社内に知られたくない，いつ自分が報復されるかわからないと考えている従業員は少なからずいる。外部窓口の担当者は守秘義務を守り，通報者の氏名・所属の企業への報告は通報者からの承諾を得てからでないと行われないということが理解されれば，通報者は外部窓口を使用しやすくなる。

　また，仕入先や得意先等の企業外部者が利用できるようにすることである。これにより共謀等による不正等の兆候を未然に発見できる可能性がある。

　さらに，通報にあたっての言語的または時間的な制約を除去することも重要である。多言語対応のホットラインの設置や，24時間対応のホットラインの設置は有効である。例えば，ホットラインが日本語のみの対応の場合には海外子会社における従業員からの通報はそれほど期待できないであろうが，現地の言語に対応し，通報内容が直接本社に報告されるような外部サービスを新たに利用できるようにすれば，現地の不正に関する情報が，現地に派遣されている日本人の不正によるものも含めて本社に集まりやすくなる。また，時間の制約を除去するのは，言うまでもなく，勤務時間外の通報しやすい時間帯の通報を可能とするためである。

❷ 継続的な周知

　内部通報制度の存在を継続的に周知徹底することは重要なことである。内部通報制度の利用度の差は，国の文化的要因や国民性の違いによるのではなく，制度を有効に利用するための企業ごとの努力の差である。そこを勘違いしてはいけない。

　周知の際に一番大切な要素は，経営者自身が通報しやすい企業風土を構築し，率先して通報制度利用の積極的な活用を期待しているという姿勢を利用者に伝達することである。役職員の入社時や昇格時等の教育研修，経営者による全従業員に向けたメッセージの発信等で頻繁に，しかも，「通報者は必ず保護される旨」，「企業は通報された情報に対して適切な対応をする旨」，「些細なことでも相談や連絡をしてほしい旨」を伝達することがポイントとなる。また，経営者の姿勢の伝達方法は，上記のほかに部署内各種ミーティングの活用，強化月間の設定，ポスター，カードや定期刊行物の配布，研修等の手段を用いての定期的・恒常的な周知も有効だろう。研修等や社内アンケートを通じて周知度合いを定期的に検証することも重要である。

企業担当者の対応状況⓮

　「当社グループでは，内部通報窓口であるコンプライアンス本部の担当者を増員し，どんな些細なことでも相談するように，グループ内外へ伝達している。また，同時に「色々なことを相談してくれて有難い」とメッセージも伝達している。」
（保険会社　コンプライアンス本部長）

　「当社グループでは，行動規範とホットラインの通報先を記した手帳を従業員に携帯することを義務付けており，抜き打ちで携帯しているかをチェックしている。」
（精密機器関連業　内部監査部部長）

　「当社のホットラインの通報先は，WebサイトのTop画面に掲載しており，誰からでも通報できるようしている。」
（グローバル製造業　経営者）

　「不正の兆候の情報を持った者が，行動を起こす決心をする鍵となるように，通報者保護のメッセージは重要である。」
（通信業　経営者）

> 「当社では,実名・匿名を問わず通報があった場合には,それを放置することのないように規定されている。」　　　　　　　　　　（資源エネルギー業　内部監査部部長）

❸ 通報窓口の対応の向上

　通報窓口の担当者は,通報者の信頼関係を確保しながらコミュニケーションを持続させ,事実認定に必要な情報を引出す必要があるため,コミュニケーション能力に優れている必要がある。

　通報者に,通報内容について適切な対応を企業がとるだろうという信頼感があることが重要であり,企業は提供された情報に基づき常に真摯に適切な対応を行うことが,制度の信頼感を向上させる。適切なトレーニングを積んだ人材を担当者とし,社内にリソースがない場合には,経験豊富な外部専門家によるアドバイスを適宜仰ぐことが重要である。また,通報内容の吟味や調査の必要性等の判断は経営者,法務・コンプライアンス責任者,監査役により重層的になされるべきである。

　通報情報は完全な情報とは限らないため,通報を受けた事項に対しては,明らかに通報内容に疑問点がある場合等を除き,適切と思われる調査が実施されるべきである。断片的で不確実性の高い情報・不完全な情報等の通報があった際に,「あてにならない情報だから軽々しく動かない方が良い」,または,「動く必要はない」という態度は,それ以上に信頼性の高い情報が入手できる機会も失われることになる。通報情報の内容が完全でない以上,真偽を確かめるべく更なる情報を入手する等の調査を実施する必要がある。また,適切な行動を実施しなければ,制度の信頼性を高めることができないし,特に匿名の場合においては外部告発リスクが高まることに留意が必要である。

第10 監査役・監査委員を巻込む

　経営者自らが不正実行者となっている場合も多数存在する。特に上場会社であれば，経営者不正は企業に重大な影響を及ぼすことが多く，上場廃止や，場合によっては企業の存続を脅かすことにもなりかねないであろう。監査役は何をやっていたんだろうか。法令で要求されている義務（会社382条，383条，384条）を果たさず，また監査のために与えられている権限（同法381条2項・3項，385条）を行使せず取締役の違反若しくは著しく不当な行為を阻止しなかった場合は，任務懈怠責任（同法423条1項）を問われる可能性がある。また，職務執行にあたり，悪意または重過失により第三者に損害を与えた場合においても責任を負うことになる（同法429条1項）。

　また，2014年6月に会社法の改正が成立し，監査役会設置会社，指名委員会等設置会社（従来の委員会設置会社）に次ぐ株式会社の第三の機関設計として「監査等委員会設置会社」が創設されている。2015年5月に改正会社法が施行され，多くの会社が監査等委員会設置会社へ移行または移行を表明しているものが，機関設計を変更しただけでは意味をなさないであろう。

　すなわち，経営者不正を未然に防止するためには，監査役・監査委員の能力向上だけでなく監査役・監査委員が如何に「経営者不正に対する牽制機能」となれるかが重要な鍵となる。

― **企業担当者の対応状況⓯** ―

　「当社の監査役の中には，経営者不正など起きないであろうと楽観視している者がおり，監査の強化の必要性を伝えているものの，なかなか理解してもらえない。」

（情報通信業　社外監査役）

　「コンプライアンス強化のために，社内体制の改善点について代表取締役に進言し

> たところ，そこまでの役割を期待していないと言われたことがある。」
> 　　　　　　　　　　　　　　　　　　　　（サービス業　社外監査役）
>
> 「現在の監査役は昔，社長の直属の部下であったため，独立した中立的な立場から監査を行えるか疑問である。」　　　　　　　（IT関連業　常務監査役）
>
> 「当社の監査役は，社長の遠い親族であり，取締役会に出席するだけが仕事だと思っているのではないか。」　　　　　　　　（製造業　監査役スタッフ）

❶ 経営者不正の不正リスク要因の察知

　監査役が経営者不正に対する牽制機能をより高めるためには，まず過去・現在・将来において経営者にとって何が不正リスク要因となり得るかを察知することが第一歩である。

- ▶ **動機の把握**：経営者は，企業の存続及び企業業績に対して最終的な責任を有する立場である。当然のことながら企業の財務状況の悪化の脅威や業績達成へのプレッシャーが経営者にとって大きな重圧となり，不正行為を実際に行う際の心理的きっかけとなる可能性がある。また，経営者不正においては上述した組織的要因だけではなく，重要な経済的利害関係や業績連動型の報酬等に関するプレッシャーが個人的動機を誘発することにも留意する必要がある。

- ▶ **機会の把握**：経営者は会社の内部統制を構築し適切に運用する責任を有するものの，その一方で内部統制を容易に無視できる立場にある（内部統制の限界）。また，複雑な組織構造（異例な組織実態や権限系統），異常な取引（事業上の合理性の欠如，極めて複雑な取引スキーム，関連当事者との取引，仕入先・得意先との関係や影響力を利用した取引等）の決定が経営者単独により行われている状況などは経営者不正の実行を可能とする絶好の機会となる。

> 誠実性の欠如：企業全体のコンプライアンス意識は経営者による経営理念や企業倫理の伝達・実践を通じて醸成される。内部統制の重大な欠陥の放置や不当な税金対策，取引の公私混同等，経営者自身のコンプライアンス意識が低い場合には，企業全体のコンプライアンス意識にも重大な影響を及ぼす。その他にも，過去の法令違反等の事実，株価や利益の維持・増大への過度な関心，投資家・債権者等に積極的あるいは非現実的な業績の達成を確約している等の状況が当てはまるであろう。

会計不正発覚企業の失敗事例3

（ケース1）
システム開発会社のA社は，実際は赤字決算であったが，多額の銀行融資の継続を得るために，創業者及び社長の主導のもと，売上前倒計上や売上原価の在庫への付替えにより粉飾決算を行っていた。

（ケース2）
IT企業のB社の社長が，株式交換による買収により連結利益を大幅に増益する経営計画を発表していた。しかし，買収企業の多くは数年のうちに転売，解散あるいは休眠状態になっていた。社長は買収対象企業の資産査定に関与していた公認会計士と共謀して，買収対象企業の売上を水増しして資産価値を査定していた。

（ケース3）
食品加工を営むC社の取締役は原料購買部門と営業部門の両部門を統括していた。取締役主導のもと循環取引が行われいたものの，他の取締役，監査役のモニタリングが不十分であったため，長期間にわたり不正が行われ，発覚時には債務超過に陥っていた。

(ケース4)
　不動産事業を営むD社の取締役は，買い戻し条件を付した覚書を交わした不動産取引について収益計上していた。D社では迅速な意思決定を過度に重視していたため取引物件の開発計画の実現可能性の検証や評価を行う等の十分な稟議手続が整備されていなかった。取締役会でも報告されていたが当該取引に対するモニタリングが適切に行われていなかった。

(ケース5)
　教育事業を営むE社は，中途解約時の前受金返金精算に関して消費者からの苦情が増加していたものの，経営者は是正することはなく，特定商取引法違反により経済産業省から一部業務停止命令を受けた。また社長は，従業員の福利厚生目的で積立ていた資金を不正に流用し，逮捕された。

(ケース6)
　情報システム開発会社F社の社長は上場に必要な売上目標を達成するために架空取引により売上高を水増ししていた。他の取締役からの上場中止の提案を聞き入れず株式上場した。上場後には転換社債を利用して架空増資を行い，入手した株式を金融業者に売却し利益を得るなど，その後もコンプライアンス無視の経営が行われ最終的に社長は逮捕された。

❷ 取締役とのコミュニケーション強化

　監査役が経営者不正に対する牽制機能をより高めるためには，日頃から取締役の行動等について注意しておくことが必要である。監査役は，取締役会に出席して，必要がある場合は意見を述べる必要がある（会社法383条1項）が，それ以外にも積極的に取締役とコミュニケーションの機会を持ち，取締役の行動や，倫理及びコンプライアンス等に関する

意識について把握しておくことが望ましい。また，このようなコミュニケーションの場を通じて，監査役から取締役に対して，不正が起きやすい状況等について随時意見を述べることも重要である。そうすることで，経営者不正リスクの察知に役立つだけでなく，取締役に対しても監査役が日頃から監視していることをアピールでき，経営者不正を犯しにくい環境を構築することができる。

―― 企業担当者の対応状況⓰ ――――――――――――――――――

「当社では，独立した立場にいる社外監査役の利点を最大限に活かすため，取締役と社外監査役との架け橋になれるよう頻繁に意見交換をしている。」
（サービス業　常勤監査役）

「情報不足による的外れな意見を述べることのないよう，日頃から常勤の社内監査役とは情報の共有を図っている。」　　　　　　　（商社　非常勤社外監査役）

「当社では，社外監査役に公認会計士が就任しており，会計不正の他社事例を定期的に収集してもらっている。」　　　　　　　　（IT企業　内部監査部長）

「監査役会で，監査計画の策定時に，近年公表された不正事例の情報を収集してディスカッションを行い，重点監査項目の決定に役立てている。」
（IT企業　常勤社内監査役）

「経営者不正の手口に関する知識を得るため，外部の研修に積極的に参加し，監査役の間で内容を共有するようにしている。」　　（グローバル企業　常勤監査役）

❸ 関係機関等からの情報入手及び連携強化

　監査役が経営者不正に対する牽制機能をより高めるためには，経営者不正リスクに関する情報や経営者不正の兆候を示す情報等を適時に入手できる体制がなくてはならない。監査役は会社の機関であるため，単独で不正行為を是正する権限を持っている（会社法385条1項）。しかし，企業の規模が大きくなればなるほど，少数の監査役で有効な監査を実施することは難しくなる。したがって，経営者不正リスクを抑止するため

の実効性のある監査を実施するためには，監査役補助者（以下，「監査役スタッフ」という）の補強及び効果的な利用，内部監査部門及び会計監査人との連携，外部専門家の支援等によって，不正に関する情報を適時に入手できる体制を構築し，不正の兆候が存在する場合には迅速に対応できるようにすることが求められる。

監査役の前払費用請求権 Column 24

会社と監査役との関係は，準委任関係にあり，監査役は受任者として，会社に対し，職務執行のために必要な費用の前払請求することができる。また，職務執行のための調査活動費用である監査費用等を，事前に支出したときは，その費用と利息の償還を請求でき，監査事務処理のために必要な債務を負担したときは，その債務につき，会社が弁済または担保の提供をするように請求することができる（会社法388条）。

> （費用等の請求）
> 第388条　監査役がその職務の執行について監査役設置会社（監査役の監査の範囲を会計に関するものに限定する旨の定款の定めがある株式会社を含む。）に対して次に掲げる請求をしたときは，当該監査役設置会社は，当該請求に係る費用又は債務が当該監査役の職務の執行に必要でないことを証明した場合を除き，これを拒むことができない。
> 一　費用の前払の請求
> 二　支出した費用及び支出の日以後におけるその利息の償還の請求
> 三　負担した債務の債権者に対する弁済（当該債務が弁済期にない場合にあっては，相当の担保の提供）の請求

一般的な監査費用としては，会社の支店への出張旅費，日当宿泊費，通信費，コピー代，打合せ会議費，公認会計士や弁護士に対する調査委託報酬等が考えられる。

会計不正の発生時には，不正調査への監査役の積極的な関与も期待される。

監査役の監査対象は非常に広く，会計監査だけでなく業務監査にまで及ぶため，経営管理，法務，財務・経理，リスクマネジメント等の広範なビジネス知識が必要となる。監査役の出身部署は，営業・販売，経理・財務，総務・人事・労務，企画などさまざまであり，出身分野の業務における不正リスクに関してはある程度精通しているものの，企業全体のどこで，どのような手口で不正が行われる可能性があるかを把握できる監査役はおそらく少数であろう。平時より不正事例の研究や各部門との討議を通じて不正に対する見識及び企業内部の不正感度を高めておくことが重要である。

　監査役は，経営者による不正行為を防止・発見するための「最後の砦」であると言われている。実際にこのような行為を未然に防止した場合は表面化することが少ないため，監査役の功績は目に見えにくいものとなっている。しかし，法改正により監査役の機能が強化された後でも，経営者による不正が絶えないことを踏まえると，経営者不正に対する牽制機能としての役割をより一層強化する必要がある。そうすることで，監査役の努力が益々実を結ぶことになるであろう。今後の監査役及び監査委員の皆様のご活躍を期待したい。

第11 来たるべき有事に備える

　残念ながら，不正が発生しないことを完全に保証してくれる内部統制は存在しない。そのため，企業等は予め不正調査及び是正措置プロセスの構築・準備を行っておくべきである。

　特に不正が発覚した場合において，企業の対応に問題がある場合，企業価値の重大な毀損さらに企業の存続そのものが困難となる可能性があることはいうまでもない。比較的重要度が低い不正においても，そのまま放置すると，将来大きな損害につながる可能性がある。

　不正発覚という緊急事態に迅速かつ適切に対応するためには，調査手順を不正調査基準として策定しておくことをお薦めする。これにより，発覚後の早い段階で適切な対応・方針決定が可能となり，証拠の散逸・隠滅の防止，不正の実態のより的確な把握等，より効果的な対応ができ，損害を最小限に抑えることが可能となるであろう。なお，グローバル企業においては，国・地域により法律・文化等が異なるため，不正発覚時の対応において問題となる可能性のある法規制や海外拠点との連絡，報告体制を予め考慮し，不正調査手順を決定する必要がある。なお，不正調査基準において規定しておくポイントは，次のとおりである。

- 会計不正の兆候が生じた場合の報告手順
- 独立性，目的，守秘性，公正な手順等の調査基本事項
- 不正の報告・申告を受理した時の内部報告手順（経営者，取締役会，監査役会等）
- 初動調査のガイドライン（調査の範囲，体制，調査計画の立案）
- 調査情報に関するファイアーウォールの設定
- 証拠の収集方法や取扱，インタビュー実施方法等の調査実施方法・手順
- 社内及び社外への報告方法とその後の対応策の策定基準　　など

企業担当者の対応状況⓱

「不正発覚時に第三者調査委員会を発足しさえすれば株主が納得すると思っている経営者は少なからずいるのではないか。」　　　　　　　　　　　　　　（ジャーナリスト）

「社内で初めての不正調査であったため，専門家にアドバイザーとして参加してもらい，十分な調査が実施できた。」　　　　　　　　　　　　　（製造業　経営者）

「多くの企業は初動調査の段階で失敗する。」　　　　　　　　（不正調査専門家）

「証拠が十分にない状況下で，不正関与者の供述だけを根拠に子会社の関係者にインタビューを実施した。調査結果の公表後に，親会社にも不正協力者がいたことが判明し，不正の実態を意図的に隠蔽したのではと疑われ，株主に不信感を与える結果となった。」　　　　　　　　　　　　　　　　　　（情報サービス業　経営者）

「幸い当社は重大な不正は過去に発覚していないが，もし競合他社のように重大な不正が発覚した場合に適切な対応ができるかどうか不安である。」
　　　　　　　　　　　　　　　　　　　　　（自動車部品製造業　取締役）

「当社では取締役就任時に，記者会見のトレーニングを受けるようにしている。」
　　　　　　　　　　　　　　　　　　　　　　　　　（製造業　監査役）

　また，調査基準の内容の決定にあたっては特に以下の点に留意する必要がある。特に，調査における透明性・客観性を確保するため，どのような業務をどの段階で第三者に依頼するべきかについても検討しておくべきである。企業として速やかにかつ適切に対処し自浄能力を示すことで，追加的な社会的制裁を受けるリスクを軽減することができることがあるからである。

- 取締役会による特別委員会，あるいは監査役会等により選定された不正調査専門家等，経営者から独立した者による監督体制があること
- 調査メンバーの調査対象からの独立性確保（及び影響力排除），指揮命令等の調査体制
- 外部専門家の関与の要否を判断する基準（社内調査メンバーに必要な能力も明確になっている必要がある）

- 従業員や経営者が不正調査事実を覆い隠すこと（隠蔽体質）を許容しない徹底した全面的協力要請の明示
- 不正調査によって発見された情報を公表する報告手順

第5章

おわりに

近年,企業で発生した不正・不祥事が表面化する事例が増加しており,例えば,食品業界を例に取ってみても,表示上に係るものから,品質そのものに係るものまで,さまざま存在する。企業は存立基盤を社会に依存している以上,社会で定められたルールを遵守して行動すべきは至極当然のことであり,これらに反した行動をとった場合には,それまでに築き上げた「評判」や「信用」は,一瞬にしてくずれ市場からの退場を余儀なくされることになる。会計不正も例外ではなく,市場からの「評判」や「信用」を維持するために,経営者は,不正リスク管理体制を確立し,自ら率先し実践しなければならないであろう。

会計不正は,中小企業であれば許されるという問題ではない。中小企業は,その規模とは対照的に不正の被害を受けやすく,また不正リスク管理体制の確立も著しく劣っている可能性が高く,不正の脅威に特に侵されやすいであろう。

では,どうやったら不正がなくなるか。筆者らも同様の質問を受けることが多いが,例外なくある事例を紹介することにしている。これは筆者らの経験ではないが,筆者らの先輩の経験談で,特に印象に残っている事案の一つである。許可を得たので記載したい。

製パン業界AM社の異物混入事例

AM社の製造した菓子パンに2週間に亘って毎日のように実行される悪意の異物混入事件に悩まされていた。異物はカッターナイフの刃,決まって販売店舗の現場で菓子パンに包材外部からねじ込まれていた。毎日菓子パンの種類が変わり,混入された地域も複数の都道府県にまたがっていた。当初所轄警察署は悪質な異物混入事件として犯人逮捕を捜査刑事に厳命していたが,管轄エリアを超えた場所で事件が発生し,捜査は混乱していた。また,異物が混入された販売店舗はいずれも大規模小売店舗で,顧客の出入りが激しく監視カメラでは犯人を特定することは不可能であり,しかも犯行は夕方から夜にかけて特に混み合う時間に集中していた。犯人は予想以上に頭のいい愉快犯であったことに間違いはない。

(中略）７回目の混入で一部のマスコミに知られた。消費者の中にも会社に問合せしてくる者が増えてきた。世間に知れるときもそう遠くない。（中略）地元新聞社の報道から数日が経ち，いつ自分の地域の小売店に異物が混入されるか，消費者は心配と不安で戦々恐々となっている。協力的な小売店はそれでもAM社の製品を陳列していてくれたが，消費者の買控えは確実に進行していた。
（中略）

【新聞の緊急告知の内容】

お客様へ

（抜粋）
当社が製造した製品は，ある人物から異物混入という攻撃を受けております。
（抜粋）
お客様には大変申し訳ございませんが，当社の製品に，異物が混入していないか十分にご確認のうえお買い求めください。
（抜粋）

犯人に告ぐ

これで貴方は，貴方以外全員から監視されることになった。直ちに貴方の行為をやめなさい。
（抜粋）

注：内容は加工修正しているため，原文とは異なる。

会社から依頼を受けた危機管理の専門家のアドバイスした方法は前代未聞であり，あえて経緯と状況を本日開示し，全国民に対して小売店舗内での不審人物の発見，警察への摘発を呼びかけるセンセーショナルな内容で，これを大手新聞社と地方紙に緊急告知として掲載するというものだった。

緊急告知の内容を裏返せば，犯人に対して，犯罪を実行すれば全国民が犯行の目撃者となり，すぐにも逮捕されるぞ，と言わんばかりの告知である。プロファイリングにより犯人像が絞り込まれた今，この内容を開示すれば気の小さい犯人は，犯行を停止し逮捕は限りなく難しくなることは必至，司法関係者にとっても判断が迫られる告知であった。犯人へのメッセージが翌朝の朝刊に掲載された。マスコミ各社が取上げ，反響は大きかった。同時に犯人の犯行も止まり，その後二度と犯行は起きることはなかった。

出典：白井邦芳著：「犯人に告ぐ！ 愉快犯に対する伝説の緊急告知」(宣伝会議AdverTimes 2011. 2.24 掲載) より抜粋して修正

「どうやったら不正がなくなるか。」

　残念ながら会計不正を含む不正のなくなる方法に王道はない。継続的に戦わなければならない相手なのである。不正の重要性の程度に関わらず、企業が発覚した不正に対して適切に対処することは非常に重要である。連日のように報道されている企業の不正は、不正の発生を示す警告シグナル（兆候）に対して、企業が日々の適切な対応を怠ってきたことが原因である。ただ、上記の事例を教訓にして言えることは、不正は「一人で戦う必要はない」ということである。

　企業で不正が発覚すると、やれ内部監査は何をしていた、やれ会計監査人は何をしていた、やれメインバンクは何をしていたという議論になる。筆者らに、「どうやったら不正を発見できるか。」と質問をしてくる人間の多くは、このような責任転嫁に合う人間である。これは、議論のすり替えである。一番悪いのは、不正に関与した人間とその行為を許容した人間である。

　不正の問題は、「学校のイジメ」の問題に例えられることがある。イジメが起きると、決まって学校の先生が責められることになる。イジメをした人間が未成年であることから仕方ないかもしれないが、先生が変わればイジメはなくなるのか。

【企業とステークホルダーの関係】

出典：松澤綜合会計事務所プレゼンテーション資料

答えはNOであろう。一方で，もし，隣の席の生徒が，イジメに気づき，その時点でアクションを起こしていたらイジメは発生すらしなかったかもしれない。

「学校のイジメ」の問題を，ご自身の組織に置き換えたら如何であろうか。企業グループの内外の人間が，不正に気付いた人がアクションを起こせるであろうか。このような観点を組織における不正リスク管理体制の確立のヒントにして頂きたい。

特に不正が発覚した場合において，企業の対応に問題がある場合，企業価値の重大な毀損さらに企業の存続そのものが困難となる可能性がある。比較的重要度が低い不正においても，そのまま放置すると，将来大きな損害につながる可能性がある。さらに最近では，専門家であるはずの外部不正調査人の調査が不良のために，企業がレピュテーションリスクに晒され，窮地に追込まれる例も散見されている。

本来なら，経営者，管理職，従業員，監査人らは不正の兆候を識別するための訓練を受けるべきであるが，信頼できる専門家を横に置いておくことを忘れてはならない。不正調査に携わり15年を超えた現在，改めてこれからも不正と戦う皆さまのご活躍を支援したいと考えている。

巻末付録

[●事項索引　●主な会計不正の類型（例示）
　●参考文献　●著者及び執筆応援団]

事項索引

A-Z

CAATs ································ 112
MECE ································ 233
PEACE ································ 66
PPA ·································· 53
SNS ······················· 225, 249, 250
VaR（Value at Risk）··············· 307

あ

アイ・アクセシング・キュー
　（EAQ）······························ 72
アンケート調査·················260, 322
インテグリティーデューデリジェ
　ンス（IDD）························320
インタビューテクニック············ 61
売上債権の操作······················ 52
売上代金の着服······················ 42
エドウィン・H・サザランド········ 80
押込み販売を利用した収益の早期
　計上································ 39
汚職行為·····························170

か

会計上の見積り······················· 8
会計不正······························· 3
会計方針変更の不開示··············· 59
回帰分析（Regression analysis）·· 103
懐疑心の保持·························· 83
仮説検証アプローチ··········253, 325
仮装経理······························135
架空収益の計上······················ 41

課徴金減免制度······················191
関連当事者との取引の隠蔽·········· 57
業務上横領罪·················235, 236
クリティカルパス（Critical path）· 96
クロス取引・バーター取引····133, 189
経営者等の不祥事の発生の不開示·· 56
行動規範······················298, 310
固定資産の操作·········53, 54, 55, 82
後発事象の不開示···················· 56
工事進行基準························ 38
合理性テスト（Overall test）······101

さ

サプライチェーン不正···············197
資産の流用·························3, 12
収益の操作··························· 37
スルー取引·····················133, 189
センシティビティ分析
　（Sensitivity Analysis）···········102
在庫不正（Inventory fraud）·······198
支出額の資産計上···················· 44
資産の操作··························· 49
実務的制約（Practical constraints）
　······································ 95
囚人のジレンマ······················265
循環取引·················60, 132, 189
条件付売上を利用した収益の早期
　計上································ 40
神経言語プログラミング············ 72
人件費の偽装························ 48
推定（Extrapolation）··············102
趨勢分析（Trend analysis）········ 97

製造不正（Production fraud）
··198, 201
相関分析（Correlation analysis）··100

た

通常の収益の早期計上··············· 38
ドナルド・R・クレッシー··········· 81
他社請求書の偽装····················· 46
棚卸資産の操作······················· 51
調査報告書·····················273, 275
調達（購買）不正（Procurement fraud）
···198, 199
長期契約を利用した収益の早期計上·· 38
適格な情報···························· 254
投資有価証券の操作·················· 56
動機なき不正実行者·················· 83
閉ざされた質問······················· 63
立替経費の精算······················· 44

な

認識と測定······························· 7

は

ハイレベル分析（High level analysis）
··· 92
ハッシュ関数（hash function）····269
パラ言語······························· 72
ビジネスマップ······················· 90
フォレンジックテクノロジー·······267
不適切会計····························· 10
腐敗認識指数························ 197
プロバビリティ（可能性）分析···103
粉飾決算·····················3, 12, 36
ポジションペーパー················ 250
開かれた質問·························· 63
振込人名の偽装····················· 229
八何の原則·····················70, 270

比率分析（Ratio analysis）··93, 96, 98
費用の操作······················· 43, 48
不正実行者特定に係る5段階ステップ·······················287, 288
不正スケールモデル·················· 81
不正のダイアモンドモデル·········· 81
不正のトライアングル·········76, 81
不正リスク管理モデル·······272, 294
不正リスク要因（Fraud risk factor）
··· 77
複雑な質問···························· 64
物理的制約（Physical constraints）
··· 95
分化（Disaggregation）············ 100

ま

眼の動き······························· 72
前払費用請求権······················337
面接メモ······························· 68
メタデータ··························· 268

や

Uターン取引・まわし取引········ 134
誘導質問······························· 64
予測分析（Predictive analysis）
···93, 102

ら

ラポール··························67, 70
リスク計量化方式··················· 307
リスク評価·····················304, 308
リスク評点化方式··················· 307
リスクベースドアプローチ········ 300
リスクマップ方式··················· 307
ログ··································· 255
流通不正（Distribution fraud）
···198, 208
連結外し······················· 59, 82
論理的分析（Logical analysis）··93, 94

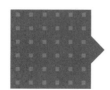

主な会計不正の類型（例示）

(1) 不適切な収益認識の例
- 架空収益の計上
- 商品が引渡されていない又はサービスが提供されていない，引渡しが完了していない，顧客が承諾していないのに引渡しがなされた場合に収益が認識されている
- 顧客に対して請求書が発行されているが，商品が発送されていない売上取引（「未出荷売上」）の収益認識
- 実需を超えた再販業者への過大な発送（「押込み販売」）に基づく収益認識
- 回収可能性が合理的に見込まれない販売からの収益認識
- 販売した企業による顧客への不適切な資金提供をともなう売上からの収益認識
- 委託商品に対する収益認識
- 論争ないし苦情が生じている場合の収益認識
- リースの貸し手によるオペレーティング・リースの借り手への販売処理による収益認識
- 売上割引等に対して適切な引当を設定していない
- 返品，交換，取消の権利ないし拒否権又は開示されていない口約束又は文書による契約（「付帯契約」）による無制限かつ無条件の返品権に対して適切な引当金を計上していない
- スワップ又はバーター取引に対する不適切な金額の収益の認識
- 支払対価として株式又はその他の証券の受領を伴う取引の収益の不適切な金額による認識

- ❏ 長期契約（進行基準を含む）の不適切な収益認識
- ❏ 誤った期間における収益認識（翌期の収益を当期に計上する場合と当期の収益を翌期に計上する場合の両方の場合を含む。）
- ❏ 解決されていない偶発事象をともなう取引の収益認識
- ❏ 複数の構成要素を含む契約（「セット販売契約」）における履行されていない構成要素に関連した収益の認識　など

(2) 会計上の見積りに係る例

- ❏ 資産価値が減少している場合におけるのれん，無形資産及び固定資産の減損が計上されていない
- ❏ 棚卸資産の簿価を正味実現可能価額まで減額するための適切な引当金が計上されていない
- ❏ 売却可能又は満期保有目的の投資の減損が計上されていない
- ❏ 売掛金やローンのポートフォリオといった金融資産の簿価を回収可能価額まで減額するための適切な引当金が計上されていない
- ❏ 法人税及びその他の税金の不適切な計上
- ❏ 回収可能性のない繰延税金資産の計上
- ❏ 不適切な償却方法又は耐用年数を用いた固定資産又は無形資産の償却
- ❏ 不適切な方法又は仮定を用いた株式報酬に対する費用の計上
- ❏ 不適切な方法又は仮定を用いた退職給付債務の計上
- ❏ 損害賠償請求や環境債務といった見積りを伴う周知の負債に対する適切な引当金等を計上していない
- ❏ 将来の期間に利益を計上するための根拠のない引当金等の計上（「クッキージャー・リザーブ」）
- ❏ 長期契約の完了までのコストを正確に計算せず，結果として発生している損失を計上していない
- ❏ 財務報告における重要な経営者の見積りの判断の根拠について記述している会計方針を適切に開示していない
- ❏ 容易に算定可能な時価がない場合，公正価値で測定される金融資産

又はその他の資産の過大計上（又は過少計上）
- ❏ 容易に算定可能な時価がない場合，公正価値により測定される負債の過少計上（又は過大計上）
- ❏ 活発に取引されている市場が実際に存在しない状況における時価を算定する場合の「市場価格」の使用　など

(3) 通例でない取引
- ❏ 企業結合の会計操作
- ❏ キャピタルリースにおける借入債務をリースの借手が計上していない
- ❏ 特別目的会社又はその他の「オフ・バランスシート」契約の資産及び負債を適切に会計処理していない
- ❏ 偶発債務及び関連費用を適切に会計処理ないし開示していない
- ❏ ファクタリングの取り決めを行っても回収に関連するリスクがまだ存在する場合に，売掛金を減額している
- ❏ 資本性金融商品と負債性金融商品を適切に区分していない
- ❏ 流動負債を固定負債として不適切に区分している
- ❏ 財務諸表の注記において重要かつ通例でない取引の内容を適切に開示していない　など

(4) 関連当事者との会計不正
- ❏ 関連当事者取引及び残高を適切に開示していない
- ❏ 関連当事者が計上すべき費用を不適切に計上している
- ❏ 取締役及びオフィサーの報酬又は費用が承認されていない，又は適切に開示されていない
- ❏ 関連当事者取引の事業上の合理性を誤表示する意図で，関連当事者取引に架空の条件を付すこと
- ❏ 市場価格から著しく乖離した金額で経営者からの譲渡又は譲受として資産の移動を不正に計画すること
- ❏ 企業の財政状態あるいは財務実績を誤表示するために組成した関連

当事者（例えば，特別目的会社）との複雑な取引への関与　など

(5) 収益性，流動性及び継続企業の注記などに関する不正
- 棚卸資産の数量又は単価の過大計上
- 架空の現金預金残高の計上
- 利息，資本的支出，研究開発費又はその他の費用の不適切な資産計上
- 当期に認識されるべき支出を計上していない
- リベート，割引等が不適切な金額で計上されている
- 負債又は繰延収益とすべき現金預金受領を収益として計上する
- 継続企業の前提に関する不確実性又は契約条項不履行を適切に開示していない　など

　上記の会計不正のスキームは，主に粉飾決算リスクを検討するのに役立つことを意図している。ただし，あくまで例示であり，包括的に作成しておらず，その他の会計不正のスキームが存在する。また，上記の全ての会計不正スキームは，状況により適用可能な状況でない場合がある。

参考文献

- 2006年12月　松澤公貴著「不正の兆候が内部通報等で検出された場合の対応」
- 2008年9月　松澤公貴著「行動規範等を活用した不正リスクマネジメント～ITや規則では防げない不正リスクを考慮して～」
- 2008年10月　松澤公貴著「粉飾決算と経営破綻-企業再生におけるInvestigative due diligenceの必要性」（銀行研修社　ターンアラウンドマネジャー）
- 2008年11月　松澤公貴著「「事業上の不正リスク管理のための実務指針」の概説」
- 2008年12月　松澤公貴著「不正経理の手口と対策　不正な循環取引における対応策」（中央経済社　企業会計）
- 2009年7月　松澤公貴著「Ⅱ章　9つの失敗事例で原因と対処方を究めるフォレンジックのテクニックと留意点」（中央経済社　旬刊経理情報）
- 2009年9月　松澤公貴著「不正調査の専門家によるインタビューテクニック　入門編：効果的な情報収集のためのポイント」（季刊誌「企業リスク」）
- 2009年12月　【不況期における粉飾決算の早期発見と再生マネジメント（連載）】松澤公貴著「前編　不況期と粉飾決算」
- 2010年3月　松澤公貴監修【不正リスクを防止・発見するために日本企業が抱える共通課題と対応（連載）】
- 2010年4月　松澤公貴著「サプライチェーンの入り口で戦略的対応を　アジア調達・購買での不正リスクマネジメント」（中央経済社　旬刊経理情報）
- 2010年6月　【再生企業の粉飾決算の見分け方（連載）】松澤公貴著「(1)　粉飾決算発生のメカニズム」（金融財政事情）
- 2010年7月　【再生企業の粉飾決算の見分け方（連載）】松澤公貴著「(3)　建設業に潜む問題」（金融財政事情）
- 2010年7月　【再生企業の粉飾決算の見分け方（連載）】石田晃一著「(4)　流通業に潜む問題」（金融財政事情）
- 2010年7月　【再生企業の粉飾決算の見分け方（連載）】松澤公貴著「(5)　水産業に潜む問題」（金融財政事情）
- 2010年7月　【再生企業の粉飾決算の見分け方（連載）】石田晃一著「(6)　グループ会社，兄弟会社取引に潜む問題」（金融財政事情）

- 2010年7月　松澤公貴著「フォレンジック会計士から見た　第三者委員会運営マネジメント（特集　新ルール設立なるか！　第三者委員会"新時代"）」（中央経済社　ビジネス法務）
- 2010年8月　【再生企業の粉飾決算の見分け方（連載）】松澤公貴著「(7)　医療産業に潜む問題」（金融財政事情）
- 2010年8月　【再生企業の粉飾決算の見分け方（連載）】松澤公貴著「(8)　学校法人に潜む問題」（金融財政事情）
- 2010年8月　松澤公貴著「サプライチェーンの中心で複数統制対応を　アジア製造での不正リスクマネジメント」（中央経済社　旬刊経理情報）
- 2010年12月　松澤公貴著「サプライチェーンの出口で人的管理の重点的対応を　アジア流通・販売での不正リスクマネジメント」（中央経済社　旬刊経理情報）
- 2011年3月　松澤公貴著「―不正防止体制をつくる―「手口」別不正事例とその発生メカニズム」（季刊誌「企業リスク」）
- 2011年3月　共著「窮境企業の粉飾決算と実態把握・経営支援のポイント」（銀行研修社　ターンアラウンドマネジャー）
- 2012年4月　共著「コーポレートリスク＆ガバナンス　海外子会社における不正リスクとガバナンス」（金融財政事情研究会　季刊　事業再生と債権管理）
- 2012年10月　共著「「企業実態調査」でわかる不正リスクの傾向と取組み方」（中央経済社　旬刊経理情報）
- 2013年12月　松澤公貴著「JICPA解説　経営研究調査会研究報告51号「不正調査ガイドライン」の実務上のポイント（上）」（中央経済社　旬刊経理情報）
- 2013年12月　松澤公貴著「JICPA解説　経営研究調査会研究報告51号「不正調査ガイドライン」の実務上のポイント（下）」（中央経済社　旬刊経理情報）
- 2015年6月　共著「知らなかったでは済まされない　外国カルテル規制対策の実務上のポイント【第1回　法令の概要と日本企業の制裁事例】」（中央経済社　旬刊経理情報）
- 2015年6月　共著「知らなかったでは済まされない　外国カルテル規制対策の実務上のポイント【第2回　コンプライアンス制度の確立①】」（中央経済社　旬刊経理情報）
- 2015年7月　共著「知らなかったでは済まされない　外国カルテル規制対策の実務上のポイント【第3回・完　コンプライアンス制度の確立②】」（中央経済社　旬刊経理情報）
- 2015年10月　共著「知らなかったでは済まされない　外国贈賄対策の実務上のポイント【第1回　法令の概要と日本企業の制裁事例】」（中央経済

- 2015年11月　共著「知らなかったでは済まされない　外国贈賄規制対策の実務上のポイント【第2回　贈賄の手口と発見の端緒】」(中央経済社　旬刊経理情報)
- 2015年11月　松澤公貴著「[子会社不祥事を未然に防ぐ] グループ企業における内部統制システムの再構築とリスクアプローチ【第2回】「周辺エリアで生じやすい不祥事」〜子会社で不祥事が生じやすいのには, 様々な要因がある〜」(Profession Journal No.143)
- 2015年11月　共著「知らなかったでは済まされない　外国贈賄規制対策の実務上のポイント【第3回　コンプライアンス制度の確立①】」(中央経済社　旬刊経理情報)
- 2015年11月　共著「知らなかったでは済まされない　外国贈賄規制対策の実務上のポイント【第4回　コンプライアンス制度の確立②】」(中央経済社　旬刊経理情報)
- 2015年11月　松澤公貴著「[子会社不祥事を未然に防ぐ] グループ企業における内部統制システムの再構築とリスクアプローチ【第2回】「周辺エリアで生じやすい不祥事」〜子会社で不祥事が生じやすいのには, 様々な要因がある〜」(Profession Journal No.142)
- 2015年12月　共著「知らなかったでは済まされない　外国贈賄規制対策の実務上のポイント【第5回　コンプライアンス制度の確立③】」(中央経済社　旬刊経理情報)
- 2015年12月　松澤公貴著「[子会社不祥事を未然に防ぐ] グループ企業における内部統制システムの再構築とリスクアプローチ【第6回】「グループ企業管理に関わる基本的方針（その3）」〜早期不正対処の重要性〜」(Profession Journal No.150)
- 監査基準委員会報告書240「財務諸表監査における不正」(2011年12月22日　改正2013年6月17日　日本公認会計士協会監査基準委員会)

著者及び執筆応援団

1 著者

松澤　公貴（まつざわ　こうき）

　1973年生まれ。埼玉県和光市出身。大手会計事務所の執行役員を経て現職。長年に亘り第三者委員，外部調査委員及び委員補佐を含む不正調査業務にあたり，案件数は500件を超え，不正関与者へのインタビューは2,000人にも及ぶ。特に，粉飾決算，資産横領，コンプライアンス違反（インサイダー取引，情報漏えい，反社会的勢力との取引，贈収賄，カルテル）等の不正調査業務に関しては相当数の経験がありフォレンジック会計士と呼ばれている。当該業務以外にも会計監査，M&A，事業・企業再編時等におけるデューデリジェンス，株式価値評価，内部監査，IPO支援業務等の多数で多様なコンサルティング経験がある。

　現在，日本公認会計士協会に設置されている経営研究調査会の「不正調査専門部会」において専門部会長に就任しており，「不正調査ガイドライン」（日本公認会計士協会　経営研究調査会研究報告第51号　平成25年9月4日）の作成に関与している。

- 公認会計士
- 税理士
- 行政書士
- 日本証券アナリスト協会検定会員
- 公認不正検査士
- 登録政治資金監査人

（公職その他の活動歴）
- 日本公認不正検査士協会（ACFE JAPAN）18年度アドバイザ

リー・コミッティー委員（2006．5．15付）
- 日本公認会計士協会　経営研究調査会　不正調査専門部会　専門委員　2007年―現在
- 日本公認会計士協会　経営研究調査会　不正調査専門部会　副専門部会長（総22第249号）　任期2010．9．2―任期満了
- 日本公認会計士協会　経営研究調査会　不正調査専門部会　専門部会長（総27第26号）　任期2015．5．1―現在

松澤綜合会計事務所　株式会社Koki Glocal Advisory

　松澤綜合会計事務所及び株式会社Koki Glocal Advisoryは，会計・財務調査・コンサルティングの分野にわたるプロフェッショナルファームである。不正調査，財務調査等に関して豊富な経験を有する公認会計士等により，組織や個人が直面しているさまざまな課題や紛争等の問題を解決するための適切なアドバイスを提供している。「Key of knowledge integration（KOKI）」となることを使命とし，従来の会計事務所にとらわれない柔軟な発想と迅速な行動力で高品質のサービスを提供し，クライアントの良き理解者であり続けたいと願っている。社名に含まれるGlocalとは，Global（地球規模の，世界規模の）とLocal（地方の，地域的な）を掛け合わせた造語で，「地球規模の視野で考え，地域視点で行動する（Think globally, act locally）」という考え方であり，日本企業をGlocalな視点で支援するという思いが込められている。

2　執筆応援団（50音順）

　本書を執筆にあたり，下記の実務家と不正調査や財務調査業務などを通じて様々な経験を共有し参考とした。また，貴重なお時間を割いて頂き，執筆への多大な協力を得た。この場を借りて改めて御礼申し上げる。

- 甘粕　　潔（不正防止コンサルタント）
- 荒井　清孝（社会保険労務士・人事労務コンサルタント）
- 石田　晃一（公認会計士）
- 板橋　未来（アナリスト）
- 井田まゆみ（公認会計士）
- 上田　智雄（税理士）
- 大島　瑛史（アナリスト）
- 小田原崇行（公認会計士）
- 小原　暁人（事業再生・経営コンサルタント）
- 加藤　裕司（公認会計士・税理士）
- 金本　大志（アナリスト）
- 君野　　匠（公認会計士・税理士）
- 金田一希世美（税理士）
- 小針　千重（アナリスト）
- 佐藤　淳一（公認会計士・税理士）
- 末澤　俊裕（経営コンサルタント）
- 外川　麻貴（アナリスト）
- 高橋　康平（弁護士）
- 高橋　若葉（FP技能士）
- 高山　博充（アナリスト）
- 田中　大祐（デジタルフォレンジック専門家・公認不正検査士）
- 田中　康之（公認会計士）
- 千葉慎太郎（公認会計士）
- 当山　信嗣（米国公認会計士）
- 中井　和彦（公認会計士・税理士）
- 新田　拓巳（行政書士・入管申請取次行政書士）
- 松谷　理代（経営コンサルタント）
- 三井田　隆（公認会計士）
- 宮　　　啓（アナリスト）
- 森　　陽平（公認会計士・税理士）
- 山下　大輔（公認会計士・税理士）
- 山本　圭一（米国公認会計士）
- 吉田　武史（弁護士・公認不正検査士）
- 李　　顕史（公認会計士・税理士）
- 渡辺　広康（公認会計士・税理士）
- 渡邊　賢司（中小企業診断士）

実務事例　会計不正と粉飾決算の発見と調査

定価：本体3,400円（税別）

平成29年7月25日　初版発行

編著者　松澤綜合会計事務所

発行者　尾　中　哲　夫

発行所　日本加除出版株式会社

本　社　郵便番号 171-8516
東京都豊島区南長崎3丁目16番6号
ＴＥＬ　（03）3953-5757（代表）
　　　　（03）3952-5759（編集）
ＦＡＸ　（03）3953-5772
ＵＲＬ　http://www.kajo.co.jp/

営業部　郵便番号 171-8516
東京都豊島区南長崎3丁目16番6号
ＴＥＬ　（03）3953-5642
ＦＡＸ　（03）3953-2061

組版　㈱郁文　／　印刷・製本　㈱倉田印刷

落丁本・乱丁本は本社でお取替えいたします。
Ⓒ 松澤綜合会計事務所 2017
Printed in Japan
ISBN978-4-8178-4410-1 C2032 ¥3400E

JCOPY 〈出版者著作権管理機構　委託出版物〉

本書を無断で複写複製（電子化を含む）することは、著作権法上の例外を除き、禁じられています。複写される場合は、そのつど事前に出版者著作権管理機構（JCOPY）の許諾を得てください。
また本書を代行業者等の第三者に依頼してスキャンやデジタル化することは、たとえ個人や家庭内での利用であっても一切認められておりません。

〈JCOPY〉　ＨＰ：http://www.jcopy.or.jp/、e-mail：info@jcopy.or.jp
電話：03-3513-6969、FAX：03-3513-6979

ストーリーでわかる
営業損害算定の実務
新人弁護士、会計数値に挑む

横張清威・伊勢田篤史 著
2016年11月刊 A5判 276頁 本体2,700円+税 978-4-8178-4346-3

商品番号：40649
略　号：営算

- 営業損害の算定方法という、法律と会計が交錯する分野について、弁護士・公認会計士の視点から考え方と具体的な主張・反証の方法を提示。
- 実務に即したストーリーとそれを補足する解説で「なぜそのように算定するか」「実際にどのように会計数値を用いるか」が容易に理解できる。

有価証券報告書等
虚偽記載の法律実務
粉飾決算・会計不正による損害賠償責任

加藤真朗 編著
2015年9月刊 A5判 396頁 本体3,700円+税 978-4-8178-4254-1

商品番号：40600
略　号：有価

- 近年相次ぐ企業の粉飾決算等会計不正に関する「基礎知識」から「具体的事例」までを実務的に解説した一冊。金融商品取引法上の開示制度に関係する基礎知識を平易に説明。金融商品取引法21条の2の責任を中心として、実務上問題となる論点を幅広く取り上げ、各論を詳説したQ&Aを収録。

海外の具体的事例から学ぶ
腐敗防止対策のプラクティス
各国最新情報と賄賂要求に対する効果的対処法

村上康聡 著
2015年6月刊 A5判 496頁 本体4,300円+税 978-4-8178-4238-1

商品番号：40591
略　号：海プラ

- 腐敗防止対策をめぐる国際情勢の流れと国連腐敗防止条約について説明した上で、35の国・地域における法規制状況と法執行状況の最新情報を紹介。
- 実際に使用されている行動規範、贈答・接待規定等を用いて、実効的なコンプライアンス・プログラムの策定と実践について解説。

Q&A 社外取締役・社外監査役
ハンドブック

岩田合同法律事務所 編　田子真也 編著
2015年3月刊 A5判 456頁 本体4,000円+税 978-4-8178-4217-6

商品番号：40580
略　号：取監

- 社外取締役・社外監査役が実務において遭遇し得る場面を具体的・網羅的に設定した全146問を収録。
- 岩田合同法律事務所の弁護士23名が実務的・具体的に回答。
- 改正会社法の成立による機関設計の変更にも対応。

〒171-8516　東京都豊島区南長崎3丁目16番6号
TEL（03）3953-5642　FAX（03）3953-2061（営業部）
http://www.kajo.co.jp/